Das Buch

Was treibt Männer dazu, ihre vielbeschworenen «männlichen» Werte wie Rationalität, Leistungsdenken, Aggressivität, Überlegenheitsgefühl zu betonen, was treibt sie dazu, ihre Kinder, ihre Frauen, letztlich aber sich selbst emotional im Stich zu lassen? Der amerikanische Psychoanalytiker Pedersen zeigt in seinem klaren, unaufdringlichen Beitrag zur Psychologie des Mannes, wie es quer durch Mythos und Geschichte zur Verdrängung der «weiblichen» Wesensanteile im Mann kam und welche individuellen und gesellschaftlichen Folgen dieser Prozeß hat. Dabei kommt Pedersen immer wieder auf die heute vielfach gestörte Beziehung zwischen Vätern und Söhnen zurück – eine Beziehung, die später den Umgang der Söhne wiederum mit anderen Männern und auch Frauen beeinflußt – und verwirft in diesem Zusammenhang die Freudsche Theorie vom Ödipuskomplex: ein bald hundert Jahre altes Erbe, «von dem wir uns psychologisch noch nicht ganz erholt haben». Pedersen ruft die Männer auf, Wege zur Reintegration ihrer «Weiblichkeit» zu beschreiten, und schildert, wie dieses seinen Geschlechtsgenossen in Einzel- oder Gruppentherapie gelungen ist: anhand von selten zu lesenden Träumen von Männern, ihren Phantasien und auch Tagebuchaufzeichnungen, die aus diesem Buch auch ein Dokument des «ganzen Mannes» machen, der nicht mehr nur ein «halber Mensch» ist.

W0236294

Der Autor

Loren E. Pedersen, in Chicago geboren, studierte Psychologie in Chicago, Milwaukee und San Francisco. Heute arbeitet er in leitender Stellung als Psychoanalytiker am C. G. Jung-Institut in San Francisco und ist Mitarbeiter der Psychosomatic Medicine Clinic in Berkeley.

Loren E. Pedersen:
Das Weibliche im Mann
Eine Psychologie des Mannes

Aus dem Amerikanischen von
Elke vom Scheidt

Deutscher
Taschenbuch
Verlag

Zum Gedenken an meine Brüder Michael und Dennis

Ungekürzte Ausgabe
Dezember 1994
Deutscher Taschenbuch Verlag GmbH & Co. KG, München
© 1991 Loren E. Pedersen
Titel der amerikanischen Originalausgabe:
Dark Hearts. The Hidden Forces, That Shape Men's Lives
Shambhala Publications, Boston & London 1991
© der deutschsprachigen Ausgabe:
Scherz Verlag, Bern und München 1992
mit dem zusätzlichen Untertitel: Die Wiederentdeckung der
weiblichen Kräfte, die aus einem halben Mann einen ganzen
Menschen machen.
ISBN 3-502-13572-X
Umschlaggestaltung: Boris Sokolow
Umschlagfoto Rückseite: Scherz Verlag
Satz: Ebner Ulm
Druck und Bindung: C. H. Beck'sche Buchdruckerei, Nördlingen
Printed in Germany · ISBN 3-423-35083-0

Inhalt

Einführung

Auf dem Weg zu einer Psychologie des Mannes

Vieles von dem, was man gegenwärtig über die Psychologie des Mannes und männliches Verhalten weiß, beruht auf einer wachsenden Literatur, die sich in erster Linie damit befaßt, wie Frauen Männer erleben. In den siebziger und achtziger Jahren gehörte diese Literatur zu einem ungeheuren Informationsausstoß über die psychologischen, sozialen und ökonomischen Dimensionen des Frauenlebens. In jeder Bücherei oder Buchhandlung finden wir ganze Abteilungen, die der Psychologie der Frau bzw. Frauenthemen gewidmet sind. Colleges und Universitäten bieten zahlreiche neuentwickelte Studienprogramme zu diesem Gebiet an. Es sieht so aus, als sei der Feminismus erwachsen geworden; gleichzeitig herrscht noch immer Mangel an entsprechend profunden Informationen über Männer.

Vor über zwanzig Jahren las ich Simone de Beauvoirs *Das andere Geschlecht.* Bis dahin hatte ich nicht viel über Frauenbefreiung oder Feminismus nachgedacht und ganz gewiß nicht über eine spezielle Psychologie des Mannes. Ich erinnere mich, daß ich beeindruckt war von der Gefühlstiefe, mit der Simone de Beauvoir die untergeordnete Stellung der Frau im zeitgenössischen Europa schilderte. In den Vereinigten Staaten wurden die sozialen und psychologischen Beschränkungen der Frauenrolle in der modernen Welt durch Betty Friedans Buch *Der*

Weiblichkeitswahn oder die Selbstbefreiung der Frau weiter erhellt. Inzwischen hat es noch mehr, zunehmend leidenschaftliche und beredte Darstellungen der sozialen, politischen, ökonomischen und sogar moralischen Ungleichheiten zwischen Männern und Frauen gegeben.

Infolge des Feminismus erleben wir nun eine neue, positivere Einschätzung der Frau und des Weiblichen, die sich in einer Flut von populärer Literatur widerspiegelt – von Selbsthilfebüchern für Frauen bis hin zu Büchern über die Mythologie der Göttin. Eine der weniger erfreulichen Folgen dieser reichen Literatur ist allerdings die weitverbreitete Auffassung, daß die meisten Männer ziemlich brutale, seichte, selbstsüchtige, überintellektualisierte und gefühlsarme Geschöpfe sind. Warren Farrell bemerkt in seinem jüngst erschienenen Buch, wenn man die Fragen, die Frauen sich über Männer stellen, in einer einzigen zusammenfassen müßte, dann würde diese lauten: «Warum sind Männer solche Nullen?»[1] Mir scheint, daß sich ein großer Teil der gegenwärtigen Literatur über Männer auf die *Symptomatologie* männlichen Verhaltens konzentriert statt auf das Verständnis der tieferen Wurzeln der Probleme, mit denen Männer zu kämpfen haben.

Von dem, was über den Mann bekannt ist, scheint wenig von Männern selbst zu stammen, seien sie nun Laien oder Psychologen und Psychoanalytiker (und dies trotz der Tatsache, daß Männer in den letztgenannten Berufen weit stärker vertreten sind als Frauen). Liegt es daran, daß Frauen für männliche Autoren interessantere Studienobjekte sind? Oder liegt es daran, daß Männer weniger dazu neigen, nach innen zu schauen? Herrscht unter Männern ein allgemeiner psychischer Widerstand, tiefer in sich selbst hineinzublicken?

Traditionell galt vieles von dem, was in der Literatur an «Psychologie» angeboten wurde, als auf beide Geschlechter gleichermaßen anwendbar; da es Männern aber in der Regel schwerfällt, sich in psychologische Behandlung zu begeben, sind sie als konkrete Studienobjekte oder als Patienten entschieden unterrepräsentiert. So ist eine gewisse Voreingenommenheit entstanden, und zwar sowohl aufgrund der größeren Zahl weiblicher Patienten, Klienten und Versuchspersonen als auch aufgrund der verwirrenden, allzu häufigen Verwendung des Pronomens *er* in der psychologischen Literatur. Der vielsagendste Beleg für das Defizit an Informationen über Männer ist vielleicht die Tatsache, daß das Gros der Literatur zur Entwicklungspsychologie sich in ihren Forschungs- und Quellenangaben im wesentlichen auf die Rolle der *Mutter* im emotionalen und psychischen Leben des Kindes bezieht. Diese Betonung spiegelt die mangelnde Anteilnahme an Kindern wider, die die Väter traditionell an den Tag gelegt haben, und auch einen Mangel an professionellem Interesse an der Bedeutung der Vaterrolle im Familienleben. Es ist eine beunruhigende Tatsache, daß die überwältigende Aufmerksamkeit, die Vätern gegenwärtig zuteil wird, sich statt dessen mit ihnen als Inzesttätern beschäftigt. Wie wir sehen werden, gibt es eine verstörende Menge an objektiven Gründen dafür.

Das Männliche hat Wissenschaft und Philosophie seinen Stempel aufgedrückt in seinem Bestreben, alles außer sich selbst zu erforschen. Sogar die wissenschaftliche Methodologie wird neuerdings angezweifelt, da ihre Ergebnisse aufgrund ihrer maskulinen Determinante nicht wirklich «objektiv» sein könnten. Mein Ansatz zur Untersuchung der Männlichkeit ist per se weder philosophisch noch wissenschaftlich. Ich schreibe nicht, um irgend etwas zu *beweisen*, sondern um einen psychologischen Garten mit «Samenkörnern» zu bestellen – Ideen, Tatsachen, Theorien, Erfahrungen aus der analytischen Arbeit mit Männern und einige meiner persönlichen psychologischen und Lebenserfahrungen. Ich verspreche dem Leser oder der Leserin kein bestimmtes Ergebnis, sondern lade sie vielmehr ein, als Teil eines gegenseitigen Erforschungsprozesses seine oder ihre eigenen Samenkörner auszustreuen. Was ich uns Männern am meisten wünsche, ist Wachstum, und ich glaube, daß Wachstum heute von innen kommen muß.

Die Psychologie selbst war immer das abtrünnige Kind der Wissenschaft, das versuchte, seine Existenz mit dem Hinweis auf «wissenschaftliche» Stringenz und Gesetze zu rechtfertigen. Es gibt jedoch keine Gesetze der Psychologie, zumindest keine, von denen ich wüßte. Ähnlich ist die Psychiatrie als unerwünschtes Kind von Medizin und Neurologie herangewachsen und muß die gesunde Trennung von ihren Eltern erst noch leisten. Die Psychologie kann sich bemühen, so sehr sie will – den Status einer rein wissenschaftlichen Disziplin hat sie noch nicht erreicht und wird ihn vielleicht auch nie erreichen. Sogar die Wissenschaft als solche ist, neuen Konzepten der Feldtheorie und der Quantenphysik zufolge, sehr viel relativer geworden, als man nach den alten Begriffen der traditionellen Newtonschen Physik dachte. Wir wissen beispielsweise, daß eine subjektive Komponente nicht nur unvermeidlich ist, sondern auch Eingang in unsere «wissenschaftlich objektiven» Resultate finden kann.

Manches von dem, was die Psychologie in ihrem Streben nach dem Status einer Wissenschaft erreicht hat, war von zweifelhaftem Wert und reduktiv; einige der wesentlichsten Werte menschlicher Erfahrung sind als geeignete Untersuchungsgegenstände verlorengegangen. Dies geschieht sehr häufig, wenn Teilbereiche menschlichen Verhaltens von ihrer Naturgeschichte, ihrem Kontext und ihrer Umgebung getrennt und unter ein Vergrößerungsglas gelegt werden, wie etwa im Falle des Behaviorismus. Die «wissenschaftliche» Untersuchung von Träumen beispielsweise hat in gewissen Kreisen zu der Schlußfolgerung geführt, sie seien bloß wahlloses neuronales Feuer der Hirnrinde, ohne signifikante Bedeutung in und an sich – gewiß ein Beispiel für eine *reductio ad absurdum*. Jahrelange Untersuchung isolierter Bruchstücke menschlichen Verhaltens hat zu einer beleidigenden Auffassung von der Natur des menschlichen Bewußtseins geführt; der einflußreichste Behaviorist der amerikanischen Psychologie, B. F. Skinner, schrieb, seiner Meinung nach müsse eine wissenschaftliche Analyse des

Verhaltens annehmen, daß das Verhalten einer Person von ihrer genetischen und ihrer Umweltgeschichte kontrolliert wird und nicht von der Person selbst als treibender kreativer Kraft.[2]

Wissenschaft und Religion sind seltsame Bettgenossen, die stets versuchen, einander aus dem Weg zu gehen, aber beide Anspruch auf die «letzt‹ Wahrheit» erheben möchten. Als Wahrheitssucher landen sie immer in einem ähnlichen Bett, aber wenn die Standpunkte nicht zusammenpassen, erinnert das an ein Prokrustesbett. Ich glaube nicht, daß wir alle für immer kürzer oder länger gemacht werden können; also werden vielleicht alle Disziplinen lernen müssen, ein größeres Lager zu teilen.

Die «Energie» des Bewußtseins

Wenn man vom Bewußtsein sagen kann, es «bestehe» aus etwas, dann könnte man es sich als aus Energie bestehend vorstellen. Weiter könnten wir, da Energie sich in Polaritäten auszudrücken scheint, in Begriffen männlicher und weiblicher *Energien* denken statt männlicher und weiblicher Eigenschaften, die einem spezifischen Geschlecht zugehören oder von diesem getragen werden. In diesem Sinne sind Männlichkeit und Weiblichkeit Polaritäten innerhalb des Bewußtseins selbst, ebenso wie positive und negative Wertigkeiten in unterschiedlichen Anteilen in der Natur koexistieren.

In der prähistorischen, matrilinearen Periode scheint das Bewußtsein als primär weiblich verstanden worden zu sein, wobei der archetypische Symbolismus der Mutter – verbunden mit den Zyklen von Natur, Ackerbau, Fortpflanzung und Geburt – dominierte.

Als die matrilineare Ära in das Patriarchat überging, wurde das Bewußtsein männlicher – das heißt zielorientierter, produktorientierter, geradlinig und wissenschaftlich. Die wissenschaftliche Revolution war eine Hochblüte männlicher Dominanz auf allen Gebieten; um diese Zeit wurde das weibliche Prinzip oder die weibliche Energie vergleichsweise inaktiv. Die veräußerlichten Produkte männlicher Dominanz haben die Lebensqualität durch technologische, wissenschaftliche und medizinische Fortschritte verbessert; gleichzeitig haben sie den Keim gelegt zu einer Technologie und Wissenschaft, die potentiell in der Lage sind, alles Leben zu vernichten.

Historisch und psychologisch wurden Männer und Frauen zunehmend mit den speziellen Eigenschaften von Männlichkeit und Weiblichkeit identifiziert, als gehörten diese Eigenschaften ausschließlich zur Domäne des jeweiligen Geschlechts. Die Begriffe *männlich* und *weiblich* wurden derart mit kulturellen Stereotypen und Vorurteilen über die Geschlechterrollen befrachtet, daß Themen wie natürliche sexuelle Orientierung und Geschlechtsidentifikation heftige Diskussionen darüber auslösten, ob es zulässig sei, eine Eigenschaft oder eine Person überhaupt auf diese oder jene Weise zu etikettieren. In der gegenwärtigen Psychologie und Soziologie sind das Patriarchat und die betonte Männlichkeit nun zur «dunklen Seite» des Bewußtseins geworden, insbesondere aus feministischer Sicht.

Wir werden uns dieser dunklen Seite mehr und mehr bewußt, die sich in Umweltschäden, dem Atomproblem, den immer neuen Kriegen, die von Männern geführt werden, und anderen negativen Folgen der männlichen Dominanz äußert. Männer als «Träger» dieser Tradition sind mit jener dunklen Seite des Bewußtseins untrennbar verbunden. Die zerstörerischen Auswirkungen patriarchalischer Haltungen haben auch zu einer Form von männlichem Masochismus geführt, den Männer unbewußt perpetuieren und gegen sich selbst und gegeneinander richten.

Da die Umwelt und der Planet als solcher allmählich den ihnen zustehenden Platz in der menschlichen Wertskala wieder einnehmen und Frauen nach Gleichheit in allen Lebensbereichen streben, scheint der feminine Pol des Bewußtseins wieder im Aufwind zu sein. Weibliches Bewußtsein scheint in Form von Lebensbejahung wiederaufzutauchen, im Gegensatz zu der Negation, die durch den einseitig überentwickelten Pol der Männlichkeit erfolgte. Frauen lassen sich nicht mehr von der patriarchalischen Attitüde täuschen, die Männer an den Tag legen.

Gleichzeitig werden Männer mit der Notwendigkeit konfrontiert, sich von ihrer übertriebenen Außenorientiertheit zu lösen und sich mit der latenten weiblichen Komponente ihrer eigenen Persönlichkeit zu arrangieren. Die gegenwärtige Herausforderung besteht darin, die männlichen und weiblichen Energien des Bewußtseins *innerhalb* sowohl der männlichen wie der weiblichen Psyche zu entdecken und ins Gleichgewicht zu bringen.

Mein ursprüngliches Interesse an männlicher Psychologie begann mit der Neugier auf mich selbst als Mann, vor allem im Rahmen meiner Beziehungen zu Frauen und anderen Männern und aufgrund eines Bedürfnisses, die spontanen Produkte meines Unbewußten zu verstehen – meine Träume. Dieses Interesse verstärkte sich, als ich während meines Studiums eine jungianische Analyse begann. Ich fing an, mich zu fragen, ob es überhaupt eine Psychologie des Mannes im Unterschied zu der der Frau gebe, und weiter spekulierte ich, daß Männer vielleicht, so wie Frauen sozial und ökonomisch benachteiligt sind, emotional und spirituell ins Hintertreffen geraten seien.

Als sehr junger Mann habe ich ziemlich intensiv Freud gelesen und großen Respekt für ihn als Pionier in der Erforschung des Unbewußten entwickelt, vor allem wie sie sich in der *Traumdeutung* manifestiert. Gleichzeitig fand ich nur wenig, das mir zum Verständnis der psychischen Unterschiede zwischen Männern und Frauen sinnvoll erschien. Tatsächlich empfand ich Freuds Werk in dieser Hinsicht als verwirrend und möglicherweise als Spiegelbild seiner eigenen persönlichen und kulturellen Prägungen.

Es ist bemerkenswert, daß ein großer Teil seiner Psychologie der Frau auf dem Konzept des Penisneides basiert, und implizit baute er seine Psychologie des Mannes (obwohl er es nicht so ausdrückte) weitgehend auf dem Ödipuskomplex auf. Obwohl seit der Entstehung der Psychoanalyse fast hundert Jahre vergangen sind, ist uns ein historisches und theoretisches Erbe geblieben, von dem wir uns psychologisch nicht ganz erholt haben. Die Verwendung dieser Konzepte war nicht nur unfair den Frauen gegenüber, sondern auch den Männern gegenüber sehr ungerecht. Freuds Theorien müssen im Licht seiner persönlichen und kulturellen Determiniertheit, die sein Denken über Männer und Frauen bestimmte, neu bewertet werden.

Das Inzesttabu und der Ödipusmythos waren besonders interessant für mich; die Funktion der symbolischen Aspekte des Inzests ebenso wie sein tatsächliches Ausagieren, einschließlich des psychischen Inzests, sind Themen von großer psychologischer und sozialer Tragweite. In diesem Buch versuche ich, einige der signifikanten Aspekte des Ödipuskomplexes, wie sie speziell für die Vater/Sohn-Beziehung relevant sind, und deren Konsequenzen für den Inzest zu überdenken.

Bei der Lektüre der Werke von C. G. Jung und im Zuge meiner eigenen jungianischen Analyse bekam ich das Gefühl, hier einen lebensfähigeren psychologischen Kontext für das Verständnis meiner selbst als Mann gefunden zu haben, und ich entdeckte auch eine potentielle theoretische Grundlage, um die Männlichkeit verstehen zu lernen. Jungs Konzepte der Archetypen und des kollektiven Unbewußten schienen, verbunden mit meinem Verständnis vom persönlichen Unbewußten, eine fruchtbare Grundlage für die Erforschung der tieferen Aspekte männlichen Verhaltens zu bieten.

Als ich sieben Jahre alt war, hatte ich folgenden Traum:

Ich befinde mich im Heim meiner Kindheit, einem zweistök-kigen roten Ziegelhaus ohne Aufzug im nördlichen Chicago. Ich gehe den Gang vor der Wohnung im ersten Stock entlang. Als ich die Treppe erreiche, bemerke ich, daß drei Wurzeln anfangen, durch Löcher in den verputzten Wänden zu brechen und rasch aus einer Seite der Wand herauszuwachsen, um in und scheinbar durch die Wand auf der anderen Seite zu dringen. Während ich nach unten gehe, brechen mehr und mehr Wurzeln aus der Wand, und nach kurzer Zeit sind es so viele, daß ich fast völlig gefangen bin. Ich kämpfe, während ich die Treppe hinuntergehe, und es fällt mir immer schwerer, mir einen Weg durch die Wurzeln zu bahnen. Sie werden so dick, daß es zum Schluß aussieht, als sei es unmöglich, nach draußen zu gelangen. Ich bekomme immer größere Angst und bin sicher, daß es für mich keinen Ausweg mehr gibt. Voller Panik wache ich auf.

Dieser scheinbar einfache Traum gab mir viele Jahre lang Rätsel auf. Erst als ich fast fünfundzwanzig Jahre später mit der Analyse begann, konnte ich anfangen, seine tiefe Bedeutung für mein ganzes psychisches, emotionales und spirituelles Leben zu verstehen. Der ungeheure Eindruck, den er auf mich gemacht hatte, war der erste Hinweis auf einen inneren Vorgang, den ich nicht ignorieren konnte. Dieser Traum half mir, das in Angriff zu nehmen, was ich später als den *Individuationsprozeß* kennenlernen sollte.

Jung zufolge zeigt die Psyche durch die Individuation – das heißt, das menschliche Wesen erkennt nach und nach die Ganzheit seines Lebens – eine Neigung zum Wachstum und eine natürliche Bewegung in Richtung auf die Integration der Persönlichkeit.[3] Die Psyche hat eine angeborene und natürliche Tendenz, nach «Ganzheit» zu streben. Doch dieser Weg erfordert die Teilnahme des Individuums. Es muß sich der archetypischen Prozesse bewußt werden, die sich durch das Unbewußte mittels Bildern und machtvoller sie begleitender Emotionen bemerkbar zu machen versuchen.

Mein Kindheitstraum sowie eine Reihe späterer Erfahrungen führten dazu, daß ich das etwas verblüffende und irrationale Gefühl bekam, mein Leben liege nicht ganz in meiner

Hand. Das heißt, es schien so, als entfalte sich in mir ein Prozeß, den ich nicht voll kontrollierte und dessen ich mir unbedingt bewußt werden mußte, da ich auch den Eindruck hatte, emotional zu stagnieren, und oft schweren depressiven Anfällen ausgesetzt war, die ich nicht verstehen konnte. Ich «gestand» meinem Analytiker diese scheinbar eigenartige Vorwarnung hinsichtlich meiner Entwicklung recht früh und fürchtete, er werde mich für noch kränker halten, als ich war. Zu meiner Erleichterung meinte er nicht nur, dieses Gefühl sei nicht so seltsam, wie ich gedacht hatte, sondern sogar, es sei für mich von größter Bedeutung, es zu fördern.

Durch meine Analyse lernte ich den Individuationsprozeß als persönlich bedeutsam kennen. Die Symbole von Tod, Verstümmelung und Wiedergeburt sowie die Bilder von Müttern und weiblichen Figuren, denen ich in meinen Träumen und Phantasien begegnete, faszinierten mich, weil ich noch wenig über sie wußte, als ich mit der Analyse begann. Ich hatte immer mein Ich als Zentrum, wenn nicht gar als das Ganze meiner Psyche betrachtet. Andererseits hatte es oft so ausgesehen, als habe mein Unbewußtes ein Eigenleben, was mich sowohl verwirrte als auch faszinierte. Um diese Symbole und ihre Bedeutung für mich zu verstehen, begann ich, sie gründlicher zu untersuchen. Wie wir sehen werden, begann mit diesem Prozeß meine Begegnung mit meiner *Anima*, meiner eigenen inneren Weiblichkeit. Durch diesen Vorgang fing ich an, den Sinn meines Lebens zu finden.

Bei mir und bei Männern im allgemeinen führt eine solche Erforschung oft zu den ursprünglichen Bildern und Symbolen der Mutter zurück, wie man ihr ganz am Anfang des Lebens selbst begegnete. Es ist, als müßten wir zu diesen Bildern zurückkehren, um die Metaphern und die Wurzeln unserer Psyche zu entdecken. Weil die Mutter die erste und wichtigste Frau im Leben des Mannes ist, prägt sie auch sein inneres Bild vom Weiblichen.

Das reiche und komplexe Konzept der Anima kann ein

Werkzeug sein zur Vertiefung unseres Verständnisses signifikanter Aspekte im Verhalten eines Mannes. Die Anima ist die sexuelle oder psychische Gegenseite des Mannes, derer er sich meistens nicht bewußt ist. Wird er seiner inneren Frau nach und nach gewahr, so kann er leichter sehen, daß «sie» ein machtvoller Faktor in einigen der wichtigsten Dimensionen seines Verhaltens ist, einschließlich seiner zwischenmenschlichen Bziehungen.

Um bestimmte Aspekte männlicher Psychologie und männlichen Verhaltens zu erörtern, habe ich die Rolle der Anima auf einige ganz pragmatische Funktionen beschränkt – hoffentlich, ohne ihre Bedeutung in anderen Zusammenhängen zu schmälern. Einige werden vielleicht sagen, eine solche Verwendung des Begriffs *Anima* nehme diesem etwas von seiner Breite und Tiefe, und man sollte ihn vor allem nicht getrennt von seinem weiblichen Pendant, dem *Animus*, benutzen. Solche Leser bitte ich um Entschuldigung. Aber ich kann eher etwas über die Anima sagen, außerdem würden weitergehende Ausführungen den Rahmen dieses Buches sprengen. Vielleicht obliegt es überhaupt den Frauen, den *Animus* näher zu erläutern, denn ich glaube nicht, daß die Männer, die in der Vergangenheit über diesen Aspekt geschrieben haben, dem Konzept sonderlich gerecht geworden sind.

Warum Männer (im Unterschied zu Frauen) sich auf bestimmte Weise(n) verhalten, ist natürlich relativ und komplex. Menschliches Verhalten im allgemeinen wird durch viele Faktoren konditioniert, einschließlich des geschichtlichen, kulturellen und sozialen Umfelds sowie der in jeder historischen Periode virulenten Ebene kollektiven Bewußtseins. Offenkundig verhalten sich nicht alle Männer gleich. In diesem Sinne versuche ich, das Konzept der *Anima* als einen Faktor unter vielen im männlichen Verhalten zu betrachten.

Als ich Psychologe wurde und vor allem, als ich später jungianischer Analytiker wurde, verblüffte mich die Tatsache, daß so wenige Männer in Analyse sind. Ich begann, ein Interesse an der Arbeit mit männlichen Patienten zu entwickeln, und dann fing ich an, das zu beobachten – in ihrem Verhalten, ihren Vorstellungen, ihren Träumen und Phantasien –, was ich für signifikant anders in der Selbstdarstellung des männlichen Unbewußten im Vergleich zum weiblichen hielt. Vor allem der Archetyp der Anima scheint ein *dunkles Herz* des Mannes zu sein – ein häufig unbekanntes, unerforschtes und geheimnisvolles Substrat seiner Persönlichkeit, das sich als *prima materia* für viele psychologische und spirituelle Einsichten anbietet.

1982 hatte ich endlich genügend männliche Patienten in meiner Privatpraxis, um eine Gruppe bilden zu können, bestehend aus sechs Männern, die alle auch in Einzelanalyse waren. Diese Gruppe kam sechs Jahre lang jede Woche zusammen. In dieser Zeit trafen wir uns auch ein- oder zweimal jährlich zu zweitägigen Intensivsitzungen. Am Ende dieser sechs Jahre waren noch drei Männer übrig: Einer hatte die Gruppe verlassen, einer war einem Herzinfarkt erlegen, der dritte hatte Selbstmord begangen.

Meine persönliche Erfahrung sowie meine Erfahrungen mit anderen Männern in Analyse bilden weitgehend die materielle Grundlage dieses Buches. Einige der Männer, mit denen ich gearbeitet habe, stellten mir großzügigerweise ihre eigenen Aufzeichnungen von Träumen, Phantasien und persönlichen Erfahrungen zur Verfügung und überließen mir ihre Tagebücher. Dieses klinische Material ist ein reicher Fundus, dessen Auswertung zur Verbesserung unseres Verständnisses der männlichen Psyche beitragen kann.

Ich hoffe, meine Beobachtungen und Erfahrungen werden Männer in ihren Bemühungen ermutigen, eine psychospirituelle Reise in die tieferen Regionen ihres Unbewußten zu beginnen oder fortzusetzen. Ich hoffe auch, daß das Verständnis von Frauen für Männer wächst und ihre Einschätzung von Wert und Macht des Weiblichen durch die entsprechenden psychologischen und spirituellen Erfahrungen der Männer positiv verändert wird.

Dieses Buch ist nicht der Versuch, Männlichkeit oder männliche Psychologie erschöpfend zu definieren, sondern der Beginn einer tieferen Erforschung der männlichen Psyche, indem es die dunklen Herzen der Männer etwas erhellt.

1 Anima: Der Mann und seine Innere Frau

Denn des Anschauns, siehe, ist eine Grenze.
Und die geschautere Welt
will in der Liebe gedeihn.

Werk des Gesichts ist getan,
tue nun Herz-Werk
an den Bildern in dir, jenen gefangenen; denn du
überwältigtest sie: aber nun kennst du sie nicht.
Siehe, innerer Mann, dein inneres Mädchen,
dieses errungene aus
tausend Naturen, dieses
erst nur errungene, nie
noch geliebte Geschöpf.

Rainer Maria Rilke

Kollektive Bilder

Einer von C. G. Jungs größten Beiträgen zur Erforschung der Psyche war die Entdeckung des kollektiven Unbewußten – der faszinierenden Welt archetypischer Bilder, auf die er stieß, indem er die Träume und Phantasien seiner Patienten analysierte. Im Gegensatz zum persönlichen (subjektiven) Unterbewußten, das aus den einst bewußten, aber dann verdrängten oder vergessenen Elementen der Lebenserfahrung eines Individuums besteht, setzt sich das kollektive Unbewußte aus Elementen zusammen, die primäre psychische Strukturen oder Formen sind.

In den Anfangsjahren seiner analytischen Arbeit erkannte Jung, daß diese kollektiven Bilder im Material vieler seiner Patienten vorkamen. Er versuchte sie zu verstehen, indem er sie bis zu ihren Ursprüngen zurückverfolgte und nach Parallelen in Geschichte, Religion, Mythos, Märchen und den symbolischen Aspekten alchimistischer Schriften fahndete. Er entdeckte, daß die Strukturen dieser Bilder (weniger die Bilder selbst) scheinbar «genetisch» sind insofern, als sie ein wesentlicher Bestandteil der menschlichen Psyche sind. Sie bleiben jedoch im allgemeinen unbewußt, es sei denn, sie werden in Zeiten von Streß, bei emotionalen Krisen, Psychosen oder während wichtiger Entwicklungsphasen im Leben aktiviert.

Archetypen sind die Katalysatoren des Bewußtseins; sie sind ursprüngliche Strukturen, die in je spezifischer kultureller Ausprägung in Erscheinung treten, dabei aber eine gemeinsame zugrundeliegende Form behalten. Archetypen können fast wie Wandler wirken, indem sie im Unbewußten enthaltene Energie in eine bewußtere, differenzierte Form überführen. In der Biologie sind die Instinkte Vorläufer der Archetypen, indem sie die Anpassung des Organismus an seine Umgebung erleichtern und überlebensnotwendige Verhaltensweisen fördern. Soweit wir wissen, sind die Menschen aus den meisten «reinen» Instinkten und instinktvermittelten Verhaltensweisen herausgewachsen; vielleicht sind die Archetypen das Äquivalent, das instinktvermitteltem Verhalten am nächsten kommt.

Wir können ein tieferes Verständnis für das Verhalten eines Mannes in zwischenmenschlichen Beziehungen gewinnen, wenn wir eine Bewertung des Archetyps der Anima einschließen, eines unbewußten Faktors, der die Art und Weise, wie Männer fühlen und handeln, formt. Ganz generell bezieht sich die Anima auf die *unbewußte Persönlichkeit* eines Mannes, die Jung als weiblich betrachtet. *Anima* ist ein lateinisches Wort, das «Seele» oder «Atem» bedeutet. Dieses Konzept ist speziell jungianisch und steht im Gegensatz zur freudianischen und anderen psychoanalytischen Theorien. Weil jungianische Analytiker in der Vergangenheit vor allem füreinander und nicht für die breite Öffentlichkeit geschrieben haben, ist es den meisten unbekannt; jungianischen Analytikern aber ist es so vertraut wie den Freudianern der Ödipuskomplex.

Umgekehrt heißt das Konstrukt, das sich auf die unbewußte männliche Persönlichkeit der Frau bezieht, *Animus*, das lateinische Wort für «Geist». Der Animus verkörpert das Prinzip des Logos und fungiert als Brücke zwischen dem Ich einer Frau und ihren kreativen Ressourcen im Unbewußten. Dies sind die traditionellen Definitionen; in den letzten Jahren haben einige Jungianer sie neu überdacht, so daß nun Anima/Animus als in der Psyche von Männern *und* Frauen vorhanden betrachtet werden.[1]

Jung erkannte schon früh die Bedeutung der inneren weiblichen Bilder eines Mannes und die dynamische Rolle, die sie in seiner psychischen und emotionalen Entwicklung spielen können. In seiner Autobiographie berichtet er, daß er nach seinem Bruch mit Freud desorientiert und emotional verstört war. Er begann, seine Träume genau zu registrieren, um zu verstehen, was mit ihm geschah. In einigen dieser Träume begegnete er wichtigen weiblichen Bildern – zum Beispiel einem jungen Mädchen von etwa acht Jahren oder der Gestalt der blinden Salome, die Elias begleitet. Er hörte auch eine weibliche Stimme, die von Zeit zu Zeit in sein Bewußtsein brach und in seiner gelenkten Phantasie zu ihm sprach; ja zwischen ihm und ihr entwickelte sich geradezu ein Dialog. Er schreibt über diese Gestalten:

Worauf es vor allem ankommt, ist die Unterscheidung zwischen dem Bewußtsein und den Inhalten des Unbewußten. Diese muß man sozusagen isolieren, und das geschieht am leichtesten, indem man sie personifiziert und dann vom Bewußtsein her einen Kontakt mit ihnen herstellt. Nur so kann man ihnen die Macht entziehen, die sie sonst auf das Bewußtsein ausüben. Da die Inhalte des Unbewußten einen gewissen Grad an Autonomie besitzen, bietet diese Technik keine besonderen Schwierigkeiten. Etwas ganz anderes ist es, sich überhaupt mit der Tatsache der Autonomie unbewußter Inhalte zu befreunden. Und doch liegt gerade hierin die Möglichkeit, mit dem Unbewußten umzugehen ...

Sie [die Anima] ist es, welche die Bilder des Unbewußten dem Bewußtsein vermittelt, und darauf kam es mir hauptsächlich an. Während Jahrzehnten habe ich mich immer an die Anima gewandt, wenn ich fühlte, daß meine Affektivität gestört und ich in Unruhe versetzt war. Dann war etwas im Unbewußten konstelliert. In solchen Augenblicken fragte ich die Anima: «Was hast du jetzt wieder? Was siehst du? Ich möchte das wissen!»[2]

Neudefinition von Männlichkeit und Weiblichkeit

Wenn Jung auf innere weibliche und männliche Eigenschaften Bezug nimmt, dann müssen wir uns klarmachen, daß er nicht vom *Geschlecht* als solchem sprach. Er meinte auch nicht die sozialen und kulturellen Klischees dieser Eigenschaften und die oft falschen Vorstellungen von dem, was es bedeutet, ein «richtiger» Mann oder eine «richtige» Frau zu sein.[3]

In der amerikanischen Gesellschaft wird das konventionelle männliche Ich noch immer häufig als zäh, stark, viril, unabhängig, realistisch, rational, gefühllos usw. dargestellt. Das weibliche Ego dagegen gilt als weich, zärtlich, schwach, passiv, abhängig, emotional und nährend. Trotz individueller Variationen sind die kollektiven Stereotype weiterhin so stark, daß sie sich in einem Großteil unserer kulturellen Ausdrucksformen – Literatur, Werbung, Musik, Kunst etc. – widerspiegeln.

Solche «Eigenschaften» sind jedoch mit Vorsicht und einiger Zurückhaltung zu betrachten, denn sonst besteht die Gefahr, daß Begriffe von Männlichkeit und Weiblichkeit sich zu kulturellen Klischees entwickeln und das Konzept von Anima /

Animus zunehmend verengt gesehen wird. Wir müssen uns auch hüten vor einem impliziten (oder expliziten) psychologischen Sexismus durch den reduktiven Gebrauch so gängiger gesellschaftlicher Gemeinplätze wie «Männer können ihre Gefühle nicht ausdrücken» und «Frauen können nicht denken».

Eine gegenwärtige jungianische Betrachtungsweise des Konstrukts der Anima schließt auch die Auffassung ein, daß sowohl Männer wie Frauen eine Anima besitzen – so wie auch beide einen Animus haben. Die Anima wird in wechselseitiger Durchdringung mit dem Animus als umfassende Dimension der menschlichen Erfahrung gesehen, wodurch ein *syzygy* oder Paar entsteht, das sich gegenseitig hilft auf dem Weg der Läuterung.[4] Wir dürfen nicht vergessen, daß wir hier von relativen psychologischen Eigenschaften sprechen und nicht von fixen oder unveränderlichen Attributen, die auf biologischen oder sexuellen Determinanten beruhen. Man kann also von jedem einzelnen Mann sagen, er verhalte sich und reagiere aufgrund einer Kombination aus: spezifischen Lebenserfahrungen, kulturell geförderten Rollenerwartungen sowie angeborenen archetypischen Mustern. Wenn das Geschlecht im metaphorischen statt im streng biologischen Sinn definiert wird, dann haben Frauen und Männer beide Zugang zu den psychischen Welten sowohl der Männlichkeit als auch der Weiblichkeit. Beim Mann kann man die Anima dann als Entwicklungspotential des *Andersseins* betrachten, das in einseitigen Begriffen von Männlichkeit fehlt.

Die gegenwärtigen sozialen Rollen definieren Männlichkeit und Weiblichkeit als geschlechtsspezifische Gegensätze. Die Folge davon ist eine Tendenz zu Werturteilen. Wenn von einem Mann beispielsweise gesagt wird, er «verhalte sich feminin», dann wird er tatsächlich auf zwei Arten beschrieben, nicht auf eine. *Webster's* Wörterbuch definiert *feminin* als «Eigenschaften aufweisend, die allgemein Frauen zugeschrieben werden, wie Schwäche, Schüchternheit, Zartheit etc.; unmännlich; nicht viril.»[5] Das angegebene Synonym lautet *weiblich*. In der amerikanischen Kultur ist Weiblichkeit ein Zug, der traditionell Frauen zugeschrieben wird; *feminin* zu sein bedeutet also, sich «nicht wie ein Mann» bzw. «wie eine Frau» zu verhalten. Der feminine Mann wird aus der Klasse *männlich* entfernt und der Klasse *weiblich* zugeordnet, mit dem Ergebnis, daß der feminine Mann kein «richtiger» Mann mehr ist.

Unser kollektives Bewußtsein und unsere psychologischen Abwehrmechanismen sind augenscheinlich noch immer so stark, daß wir das Vorhandensein von zu viel «Anderssein» innerhalb des gleichen Geschlechts nicht tolerieren können. Hierin liegt ein großes Dilemma für den heutigen Mann: Weiblichkeit wie Anderssein gehört in den psychosexuellen Mülleimer, oder man ist kein «richtiger Mann». Unglücklicherweise entscheiden sich die meisten Männer dafür, den Weg einzuschlagen, der von ihnen erwartet wird, und schreiben diese Entscheidung für sich selbst und ihre Söhne fest. Wie wir in Kapitel 7 sehen werden, leisten sie auf diese Weise einen signifikanten Beitrag zur Homophobie.

Die bipolare Anima

Es gibt noch eine andere Eigenschaft der Anima, die es uns schwermacht, sie zu verstehen: ihr bipolarer Charakter. Die Anima ist gewöhnlich in zwei Aspekte aufgespalten: den positiven (oft bewußteren) und den negativen (oft unbewußteren). Der positive ist der verzaubernde oder idealisierende Pol: Das Ich hält seine Projektion anfänglich für die ganze Person. Der negative Pol des Bildes ist häufig in den positiven Pol eingebettet oder wird durch ihn abgeschottet; sie werden nicht gleichzeitig bewußt erfahren. Je schmerzlicher die Erfahrungen sind, die ein Mann mit dem Weiblichen gemacht hat, desto stärker wird der negative Pol unterdrückt; das Ich ist sich dann der negativen Aspekte des Anima-Bildes nicht bewußt. Die Auswirkung dieses Prozesses ist die Schaffung eines inneren Bildes von einer *verwundeten Frau.* Der negative Pol mag erst nach einer gewissen Zeit auftauchen – mal früher, mal später, je nach Grad der Selbstreflexion und der Verwundbarkeit des Betreffenden.

Mit der Unterdrückung des negativen Pols des weiblichen Bildes erfolgt eine entsprechende *Verarmung des Bewußtseins.* Sie bringt einen Verlust an Fülle und Reichtum menschlicher Erlebnisfähigkeit mit sich, ganz gleich, wie erfolgreich die schmerzlichen Erfahrungen verdrängt wurden. Diese Verarmung des Bewußtseins ist auch eine Verarmung des Lebens, da das Unbewußte dem Bewußten die Energie raubt und namenlose Befürchtungen, Ängste und scheinbar unerklärliche Depressionen hervorruft – wie zum Beispiel im Fall von Harry Haller, dem Protagonisten in Hermann Hesses Roman *Steppenwolf* (siehe S. 31).

Es ist eine faszinierende Eigenschaft der Psyche, daß sie von sich aus eine Reintegration der abgespaltenen Teile ihrer selbst zu wünschen scheint; sie verlangt eine Integration der in ihr enthaltenen Gegensätze. Für den Mann ist dies eine wesentliche Funktion der Anima, die als Brücke zwischen dem Ich und dem Unbewußten fungiert. Aufgrund dieser angeborenen Fähigkeit kann ein Mann Zugang zu den tieferen Schichten seiner Persönlichkeit gewinnen, wo die ungelösten Entwicklungsaufgaben liegen, die sein Ich zu übersehen versuchte, die seine Anima ihm aber nicht erläßt. Die Anima gestattet ihm vor allem den Zugang zu differenziertem Fühlen, zwischenmenschlicher Verbundenheit, Kreativität, Spiritualität und weitergehender Entwicklung seines Bewußtseins. Wenn das Ich die Forderung der Anima nach Reintegration ständig ignoriert, kann das weitreichende und manchmal tragische Folgen haben.

Die Persona

Ehe wir uns näher mit dem Konstrukt der Anima beschäftigen, müssen wir uns erst den Begriff der *Persona* näher ansehen. *Persona* oder «Maske» ist ein den frühen Dramen entlehntes Wort; dort bezeichnete es die Rolle, die jemand spielte. Psychologisch bezieht sich die Persona auf die äußerste Schicht der Persönlichkeit, die weitgehend sozial definiert ist. Jeder von uns hat eine Persona, was normal ist und die soziale Interaktion erleichtert. Manchmal definiert die Stellung, der Beruf oder sogar der wirtschaftliche Status die Persona. Eine Funktion der Persona besteht darin, einen gewissen Grad von sozialer Identität und Sensibilität zu erleichtern, ohne den man als gesellschaftlich unbeholfen oder naiv erscheinen würde. Doch die Persona verbirgt auch einiges. Wenn ein Mann sich zu sehr mit seiner Persona identifiziert, bekommt er ein eingeschränktes und oberflächliches Bild von sich selbst. Paradoxerweise entwickelt er einerseits ein übersteigertes bewußtes Ichgefühl, da soviel Wert auf seine äußere Persönlichkeit gelegt wird, während er andererseits einen Verlust an Gefühl für das innere Selbst erleidet und die Verbindung zum Unbewußten mehr und mehr verliert.

Insofern die Anima eine Personifizierung von Teilen des Unbewußten ist, kann sie als Antithese zur Persona betrachtet werden. Da die Funktion der Anima darin besteht, eine lebensfähige Verbindung zum Unbewußten zu schaffen, kann eine zu starke Konzentrierung auf die Persona in manchen Fällen den Zugang zum Unbewußten gänzlich blockieren.

Sam, einer der Männer aus meiner Gruppe, hatte einen Traum, der das dramatisch veranschaulicht:

Ich bereite mich auf die Präsentation des Academy Award für die beste Schauspielerin vor. Auf einem Spickzettel steht der Name Joan Crawford. Ich bin nervös und besorgt, daß ich die Papiere durcheinanderbringe, wenn ich den Umschlag erhalte. Ich frage mich: «Woher weiß ich, daß Joan Crawford den Preis gewinnen wird? In welchem Film hat sie mitgespielt?» Dann erinnere ich mich, daß alles auf dem Umschlag stehen wird, den sie mir geben. Mir fällt ein, daß ich ja im Radio spreche, das Publikum mich also nicht sehen kann und ich daher meine Stimme kontrollieren und meinen Humor zur rechten Zeit einsetzen sollte. Als der Zeitpunkt näher rückt, frage ich mich: «Wieso verkünde eigentlich ich, wer den Preis bekommt, da das doch immer vom besten männlichen Schauspieler des Vorjahres gemacht wird?» Dann erinnere ich mich, daß ich mit mehreren anderen Männern in einem Film mitgespielt habe. Daraufhin bin ich ganz ruhig und entspannt. Ich sammle meine Kräfte und habe mich völlig in der Hand. Mein Eröffnungswitz lautet: «Wer ist Sam? Na ja, er ist so unbekannt, daß ich kaum weiß, wer er ist!»

Dieser Traum ist ein besonders schönes Beispiel für das Persona-Problem; er enthält sogar Metaphern aus der Schauspielerei. Er ist ein kreativer Versuch des Unbewußten, Sam klarzumachen, daß er tatsächlich «schauspielert» und daß die Fragen, die er sich in dem Traum stellt, Fragen sind, die er sich wirklich stellen muß. Seine verschiedenen Versuche, sich zu beruhigen, schlagen am Ende fehl, als er sich die kritischste Frage überhaupt stellt: «Wer ist Sam?» Die Grandiosität, als augenscheinlich bester Schauspieler des Vorjahres identifiziert zu werden, wird konterkariert durch sein mangelndes Wissen darüber, wer er wirklich ist. Das heißt, je stärker seine Identifikation mit der Persona, desto höher die Wahrscheinlichkeit, daß er sich eigentlich überhaupt nicht kennt. Die Werte und sogar die Gefühle, die ein Mann ausdrückt, der in der Persona gefangen ist, sind wahrscheinlich die, von denen er annimmt, er sollte sie haben – also die konventionellen sozialen Werte und Gefühle –, aber es ist möglich, daß sie in Wirklichkeit weder seine eigenen sind noch auf Werten basieren, die für ihn große Bedeutung besitzen.[6]

In Arthur Millers Drama *Tod eines Handlungsreisenden* sehen wir in der Figur des Willy Loman ein besonders ergreifendes und tragisches Beispiel der Identifikation mit der Persona. Kurz vor Ende des Stücks hat Willy Selbstmord begangen. Seine Frau und seine Söhne versuchen, seinen Tod zu verstehen:

Linda [Willys Frau]: Mit den Händen war er sehr geschickt.
Biff: Er hatte nur den falschen Traum. Völlig falsch.
Happy (bereit, mit Biff zu kämpfen): Sag das nicht!
Biff: Er hat nie gewußt, wer er war.
Charley (hält Happy auf und antwortet Biff): Niemand erhebe einen Vorwurf gegen diesen Mann. Versteht ihr nicht, daß Willy ein Handlungsreisender war. Und ein Handlungsreisender hat nie festen Boden unter den Füßen. Er fügt kein Brett in Nut und Feder, er spricht kein Recht und verschreibt keine Arznei. Er ist allein da draußen im Nichts, und sein Lächeln und seine blankgeputzten Schuhe sind seine einzigen Waffen. Und wenn sein Lächeln nicht mehr erwidert wird – geht die Welt unter. Und wenn du dann noch ein paar Flecken am Hut hast – bist du erledigt. Niemand mache diesem Mann einen Vorwurf. Ein Reisender braucht Träume, Junge. Er hat ja sonst nichts als seinen Bezirk.
Biff: Charley, der Mann wußte nicht, wer er war.[7]

Kein Mann kann dieses Theaterstück lesen oder sehen, ohne eine innere Beklemmung zu verspüren. Willys Selbst-Mord war der vorsätzliche Akt eines unbekannten Selbst; als seine Persona versagte, war auch sein Leben fehlgeschlagen. Da er sich selbst nie wirklich kannte, kannte er auch sonst niemanden, nicht einmal seine Frau oder seine Söhne. Am Ende scheint nur sein Sohn Biff allmählich das eigentliche Problem zu verstehen: Willy wußte einfach nicht, wer er war.

Ein Mann ist natürlich weniger vertraut mit seiner unbewußten Persönlichkeit als mit seiner Persona. Wenn die Persona das ist, womit er sich am meisten identifiziert, dann ist sie für ihn sein ganzes Sein. Wenn ein Mann nicht ungewöhnlich introvertiert ist oder sich einer psychologischen Analyse unterzogen hat, betrachtet er möglicherweise die Persona als einzige Basis seiner Persönlichkeit. In diesem Sinne kann die Persona ein Hindernis für die Selbst-Bewußtheit sein, die den Zugang zu tieferen Schichten des Selbst, insbesondere zur Anima, versperrt.

Eine der Funktionen der Anima besteht darin, einem Mann zu einer stärkeren Verbindung mit einem tieferen Selbstgefühl zu verhelfen. Ein wunderbares Beispiel für diese Funktion findet man in Hermann Hesses Roman *Steppenwolf* in der Beziehung zwischen Harry Haller und einer geheimnisvollen Frau, Hermine. Zunächst ist Harry Haller ein kultivierter und überintellektueller Mann, der versucht, seine Persona auszuleben. Er ist depressiv und neigt zum Suizid. Dann trifft er Hermine, die ihm prophezeit, er werde sich in sie verlieben und eines Tages ihren letzten Befehl ausführen, den sie ihm aber erst im richtigen Moment geben will. Sie macht ihn mit seiner vergessenen Triebseite, seiner Schatten-Seite bekannt, personifiziert durch Pablo, den kokainschnupfenden Jazzmusiker, den er zunächst verachtet, weil dieser so offen und roh ist. Hermine stellt ihn einer Frau vor, mit der er eine intensive Affäre hat und die in ihm Träume hervorruft, die seine verdrängte Triebnatur zum Vorschein bringen. Sie zeigt ihm, wie man tanzt und leidenschaftlich liebt, und sie lehrt ihn, über seine düstere Natur zu lachen und seine abgespaltene Aggressivität zu akzeptieren. All das geschieht im Magischen Theater, das ihm schließlich ermöglicht, sich anzunehmen als der, der er in Wahrheit ist. Hermines letzter Befehl lautet, er müsse sie töten, wenn er sie nackt bei Pablo liegend findet. Als dies wirklich geschieht, ermordet er Hermine, blind vor Wut und Eifersucht. Das heißt, er «erledigt» seine Anima, die inzwischen ihren Zweck erfüllt hat, nämlich ihn mit den dunkelsten Seiten seiner Psyche in Berührung zu bringen.

Wenn wir einige der tieferen Aspekte der Beziehung eines Mannes zu Frauen verstehen wollen, dann müssen wir begreifen, daß seine bewußten Vorstellungen von Frauen nur eine Facette dessen darstellen, was er mit wirklichen Frauen erlebt hat. Die Anima oder *innere Frau*, die seine Beziehungen prägt, ist sowohl von persönlichen als auch von archetypischen Bildern weiblicher Gestalten abgeleitet. Qualität und Art der Erfahrung eines Mannes mit seiner leiblichen Mutter, mit Ersatzmüttern, Schwestern und den anderen Frauen, denen er in seiner Kindheit begegnet ist, tragen ebenfalls zur inneren Weiblichkeit seiner Psyche bei. Diese inneren Bilder werden außerdem durch gesellschaftliche und kulturelle Definitionen von Weiblichkeit beeinflußt.

Für einen Mann repräsentiert die Frau einen großen Teil des geheimnisvollen, ungelösten Andersseins in seinem Leben. Ob sich ein Mann dessen bewußt ist oder nicht, der innere Kampf mit der Polarität von männlich und weiblich ist eines seiner großen Lebensthemen. Neben anderen Dingen *gibt es tatsächlich* hinter jedem Mann eine Frau, ob er nun erfolgreich ist oder nicht. Die tiefere Wahrheit jedoch lautet, daß die einflußreichste Frau in seinem Leben nicht die äußere Frau ist, sondern die persönliche und archetypische innere Repräsentation des weiblichen Bildes – seine Anima. Die äußere Frau oder die Frauen entsprechen oft in vieler Hinsicht diesem unbewußten Anima-Bild, da dieses auf die Frau bzw. die Frauen projiziert wird.

Um Zugang zu dieser inneren Frau zu gewinnen, muß ein Mann sie erst mal «suchen». Männer – vor allem solche, die eine Analyse machen – haben die Gelegenheit, die innere Frau in ihren Träumen zu finden und eine Beziehung zu ihr herzustellen.

Verschmelzung der Anima mit dem Schatten

Die innere Frau hilft einem Mann schließlich, seine Beziehung zur äußeren Frau zu klären. Doch die Verbindung mit der Anima umfaßt auch die Konfrontation mit seinem *Schatten*, der männlichen Personifizierung jener Teile seiner selbst, deren er sich entledigt hat, weil sie sein Persona-Bild stören. (In Kapitel 6 werde ich näher auf den Schatten eingehen.) Wenn ein Mann sich zu sehr auf seine Persona-Orientierung verläßt, kann das zur Folge haben, daß seine Anima und sein Schatten in einem Zustand der *Verschmelzung* oder Kontamination existieren. Ein ausgezeichnetes Beispiel hierfür finden wir in Sams Traum über ein Mädchen namens Misty:

Ich arbeite für die Polizei, und wir suchen ein vermißtes Mädchen. Man hat einen Berater engagiert, und der hilft mir. Wir fahren durch hügeliges Gelände, und unterwegs sehen wir eine Straße, an der man alle Felsformationen erkennen kann. Da gibt es eine schmale Felskuppe, die härter ist als der Fels darunter, und mir fällt ein, daß Felskuppen manchmal abrutschen, über den darunterliegenden, weicheren Felsen gleiten, und so einen Erdrutsch verursachen.
Wir beide fahren auf einem Höhenrücken oberhalb des Tals. Ich sage zu dem Berater, daß niemand das Mädchen in diesem Tal gesehen habe. Aber wenn man nur von oben schaut, kann man sie leicht übersehen, weil von hier aus nicht das ganze Tal zu überblicken ist. Wir klettern hinunter ins Tal. Der Weg ist sehr steil, und unter unseren Füßen lösen sich viele Steine und kullern hinunter. Der Berater sagt, die Suche sei schwieriger, als er sie sich vorgestellt habe. Ich erwidere, daß Berater den doppelten Preis fordern können, und verlange, daß er bei mir bleibt.
Im Tal gibt es zwei Gebäudekomplexe; wir untersuchen den linken Komplex. Er besteht aus einem zweistöckigen Haus und einem getrennt davon stehenden einstöckigen mit zwei

Räumen. Ich sage zu dem Berater, daß Polizei in der Gegend patrouilliert, wenn Frauen in dem Zweizimmerhaus schlafen, angeblich, um sie zu beschützen, in Wirklichkeit aber, damit sie nichts Lasterhaftes tun. Das vermißte Mädchen ist nicht da.

Wir gehen zu dem Gebäudekomplex rechts; die Häuser sehen genauso aus wie die auf der linken Seite, nur daß sie dunkel und mit Weinlaub bewachsen sind und schmiedeeiserne Gitter vor den Fenstern haben. Ich klettere mit dem Berater in den ersten Stock; wir kraxeln an der Fassade hoch und halten uns an den Gittern fest. Ich schaffe es, ins Haus zu gelangen. Ich merke, daß eines der Gitter locker ist, und entdecke eine falsche Blende am unteren Teil des Fensters. Das vermißte Mädchen finden wir nicht. Jetzt sind wir besorgt, ein Mörder könne in der Gegend sein und das Mädchen getötet haben.

In den Fels sind einige Symbole eingemeißelt. Ich weiß, daß das vermißte Mädchen Misty heißt. Es gibt einen gepflasterten Bereich, der von der Straße bis zum Fuß dieses in den Fels gehauenen Symbols führt. Ich sage dem Berater, daß das Mädchen Misty heißt und daß es im rechten Häuserkomplex sei. Ich erkenne das an dem Symbol, das in den Fels gemeißelt ist.

Wir gehen zurück aufs Revier, um uns mit Pistolen, kugelsicheren Westen etc. zu versehen und weitere Unterstützung für die Suche nach dem Mörder anzufordern. Ich denke an das lose Gitter und die falsche Fensterblende und meine, den Mörder dort fassen zu können. Als ich die kugelsichere Weste anziehe, kommt J. [seine Ex-Frau] zu mir, und wir umarmen uns zärtlich und leidenschaftlich. Ich weine und bin ganz aufgewühlt. Ich weiß, daß ich meinen Ehering abziehen muß, um das vermißte Mädchen und den Mörder zu suchen. Ich frage mich: «Warum lassen sie zu, daß Polizisten weinen und emotional so aufgewühlt sind, bevor sie losgehen, um jemanden zu töten?» Wenn ein Polizist solche Gefühle hat, kann er leicht seine Konzentration und seinen Tötungswillen verlieren.

Das ist eine wunderbare Darstellung von Sams Suche nach seiner Anima. Im folgenden nun seine Assoziationen und meine Deutungen: Er arbeitet für die Polizei – ein stereotypes Bild des «Guten», deren Vertreter für Sam Autorität, Macht und dezidierte Männlichkeit repräsentieren. Ich bin der «Berater» im Traum, den er braucht, um das Mädchen zu finden. Das ist ein gefährliches Unterfangen, weil es einen «Erdrutsch» auslösen könnte; das heißt, die ganze Sache könnte über ihm zusammenbrechen. Er spürt, daß seine innere Arbeit hart werden wird, als der Berater sagt, die Suche sei «schwieriger, als er sie sich vorgestellt habe». Aber Sam ist bereit, den «doppelten Preis» zu zahlen, da er die Hilfe so verzweifelt nötig hat. Dieser Aspekt ist besonders wichtig, weil Sam zu seinem leiblichen Vater eine schlechte Beziehung hatte und emotional von ihm im Stich gelassen worden war. Sein wirklicher Vater hätte ihm bei dieser wichtigen Aufgabe niemals helfen können, daher braucht er einen «Berater». Der eine Gebäudekomplex ist «mit Weinlaub bewachsen» – ein Ort also, an dem lange niemand mehr gewesen ist. Die Häuser sind «zugewachsen», und da, wo er sucht, gibt es eine «falsche Blende», eine Anspielung auf die Persona. Hier entdeckt er, daß vielleicht ein «Mörder in der Gegend» sein könnte. Jetzt lautet seine Aufgabe, zuerst den Schatten zu finden und ihn umzubringen; erst dann kann er die Anima retten. Das ist wichtig, weil es andeutet, daß die Anima vom Schatten kontaminiert und mit ihm verschmolzen ist; man muß sie trennen, damit der Schatten als Teil des Ichs gesehen werden kann.

An diesem Punkt weiß Sam den Namen der Frau – Misty –, was soviel wie verschwommen, dämmrig, undeutlich, dunkel oder vage bedeutet. Das beschreibt gut das Bild seines Ich von der Anima. Mittlerweile wissen wir aber, daß wir zuerst den Schatten finden müssen. Sam verstärkt die stereotype männliche Abwehrposition, indem er noch mehr Hilfe fordert und uns mit kugelsicheren Westen und Waffen ausstattet. Dann sagt er, er müsse «seinen Ehering abziehen», um das vermißte Mädchen und den Mörder zu suchen; damit stellt er fest, daß er seine äußere Beziehung auf Eis legen muß, bis er sich mit dem Schatten befaßt und die vermißte Innere Frau gefunden hat. Gleichzeitig ist seine Ex-Frau da, und sie umarmen sich zärtlich. Trotz seiner Versuche, seine Gefühle zu beherrschen, wird er von ihnen überwältigt, und er kann nicht verhindern, daß sie ihn bei der Aufgabe stören, die erledigt werden muß. Um zu seiner Anima zu gelangen, muß er zuerst den Schatten finden, dessen Gefangene sie ist. Hier stellt er eine kritische Frage: «Warum lassen sie zu, daß Polizisten weinen und emotional so aufgewühlt sind, bevor sie losgehen, um jemanden zu töten?» Das deutet auf den Konflikt hin, den er empfindet zwischen dem «Mannsein» im konventionellen Sinn, nämlich die Kontrolle zu haben, vor allem über seine Gefühle, und der tiefen Verbindung zu dem emotional verwundbareren Teil seiner selbst, der Anima. Die «Beherrschung» zu behalten und gleichzeitig starke Gefühle zu haben, bildet für ihn einen Widerspruch. Seinen «Tötungswillen» zu verlieren, könnte verheerende Folgen zeitigen für seine Machtposition als Mann.

Sams Traum beschreibt eindringlich die Erregung eines Mannes, der auf der Suche nach der Inneren Frau ist, und auch seine Angst davor, sich mit seinem Schatten auseinandersetzen und möglicherweise seine gewöhnlich stärker abwehrende männliche Orientierung gegenüber der Welt aufgeben zu müssen.

Jung schreibt über die Bedeutung der Anima als Personifizierung des Unbewußten und die Beziehung der Anima zu den aufgegebenen Teilen des Ich:

Ist die Animafigur (d. h. das personifizierte Unbewußte) vom Ichbewußtsein getrennt, also unbewußt, so bedeutet diese Tatsache die Existenz einer isolierenden Schicht von persönlich Unbewußtem, die zwischen Ich und Anima hineingelagert ist. Die Existenz eines persönlichen Unbewußten beweist, daß persönlich zugehörige Inhalte, die eigentlich bewußt sein könnten, unrechtmäßigerweise unbewußt sind. Hier liegt also eine mangelhafte oder sogar nichtexistierende Bewußtheit des sogenannten Schattens vor. Der Schatten entspricht einer negativen Ichpersönlichkeit, umschließt also alle jene Eigenschaften, deren Existenz peinlich und bedauerlich ist. In diesem Fall sind Schatten und Anima, weil beide unbewußt, miteinander kontaminiert, was vom Traum etwa als «Ehe» dargestellt wird. Wird nun die Existenz der Anima (oder des Schattens) anerkannt und eingesehen, so tritt eine Trennung der beiden Figuren ein, wie es in unserem Fall geschehen ist. Dabei wird der Schatten als ichzugehörig, die Anima aber als nicht ichzugehörig erkannt.[8]

Projektion

Die Entdeckung der Anima ist ein kritischer Punkt in der Entwicklung des männlichen Bewußtseins, nicht nur, weil ein großer Teil des Erfolgs oder Mißerfolgs der Beziehungen von Männern von der Integration dieses Andersseins abhängt, sondern auch, weil die Anima verantwortlich ist für die Verbindung eines Mannes zu seinem Unbewußten. Wenn er keinen Zugang zum Unbewußten gewinnen kann, bleibt er möglicherweise auf der Ebene der Persona stehen und kommt nie über eine oberflächliche Orientierung im Leben hinaus.

Damit ein Mann sich der Anima bewußt wird, muß er ihre Bilder in seinen Träumen, Phantasien oder Projektionen auf reale Frauen identifizieren. Wenn er diese Bilder identifiziert hat, muß er mit ihnen kämpfen und sie als Projektionen reklamieren, damit er Zugang zu den Möglichkeiten gewinnt, die die Anima für ihn selbst repräsentiert.

In der psychoanalytischen Theorie wurde *Projektion* ursprünglich als Abwehrmechanismus gegen Gedanken, Gefühle oder Impulse definiert, die für das Ich unannehmbar sind – als Mittel, das Selbstbild des Ich zu schützen. Freud betrachtete Abwehrmechanismen als neurotische Mechanismen, die das Ich vor schmerzlichen Gefühlen schützen, die es nicht zur Kenntnis nehmen will. In neuerer und vor allem jungianischer Sicht jedoch mag die Projektion zwar manchmal eine neurotische Abwehr sein, doch ist ihre Funktion auch positiv zu sehen.[9] Projektion ist einer der Wege, auf dem wir uns schließlich der unbewußten Teile unserer selbst bewußt werden können, die tiefer verstanden und integriert werden müssen, wie etwa die Anima. Das völlige Fehlen von Projektion könnte andererseits zu einer narzißtischen Beschäftigung mit der eigenen Person führen; die ganze emotionale Energie eines Mannes wäre selbstbezogen, und es käme zu einer ziemlich distanzierten, ja schizoiden Einstellung zu Frauen und zur Umwelt überhaupt.

Eine Form der Projektion, die *projektive Identifizierung*, tritt auf, wenn der Inhalt der Projektion derart mit der betreffenden Person identifiziert wird, daß nur geringe Aussicht besteht, die Projektion zu durchschauen oder zurückzunehmen. Die Projektion und der davon Betroffene bilden im Geist des Projizierenden eine untrennbare Einheit. Der Projizierende ist sich dessen natürlich nicht bewußt. In gewissem Maße sind alle Projektionen projektive Identifizierungen, weil immer eine gewisse Identifikation (wenn auch unbewußt) mit dem projizierten Inhalt besteht. Das gilt selbst für negative Identifizierungen wie etwa Schattenprojektionen, bei denen der Projizierende behauptet, der andere sei «nicht wie ich» oder «nicht ich».[10]

Dies könnte sich nach einem bewußten Prozeß anhören, aber das ist es ganz und gar nicht: Wie alle archetypischen Gebilde ist die Anima selbst ein «projektionserzeugender» Faktor. Anima-Projektionen beinhalten immer eine Identifizierung, aber gerade die Tatsache, daß man nicht weiß, daß man da etwas von sich selbst projiziert, macht das Verhalten des anderen für den Projizierenden so geheimnisvoll. Wir sind überrascht, wenn wir feststellen, daß der Betreffende nicht der ist, für den wir ihn gehalten haben. Wenn eine Beziehung anscheinend nicht mehr «funktioniert», ist es eher so, daß unsere Projektionen nicht mehr standhalten, obwohl wir möchten, daß sie es tun. Wenn wir dies nicht begreifen und einfach das Projizierte zurücknehmen, finden wir zwangsläufig eine andere Person für unsere Projektionen.

Eine großartige Schilderung einer projektiven Identifizierung ist Somerset Maughams halbautobiographischer Roman *Of Human Bondage* (Das Ewig Menschliche). Der Protagonist, Philip, empfindet eine geradezu besessene «Liebe» zu Mildred, einer Frau, die gar nicht zu ihm paßt und die dazu neigt, ihn auszubeuten und zu erniedrigen. Seine intensive, anscheinend masochistische Beschäftigung mit ihr hat zur Folge, daß seine medizinischen Studien zu kurz kommen; aber er kann sich nicht dazu aufraffen, sich von ihr zu trennen. Er demütigt sich sogar selbst, indem er seinen Klumpfuß erwähnt, um an ihr Mitleid zu appellieren – ohne Erfolg. Schließlich bittet er sie, ihn zu heiraten, aber Mildred sagt ihm, sie werde einen anderen heiraten. Nachdem er einige Zeit ganz ohne Frau gelebt hat, trifft Philip Nora, die das völlige Gegenteil von Mildred ist. Doch statt sich in sie zu verlieben, wie sie sich in ihn verliebt, kehrt er wieder zu Mildred zurück, die jetzt schwanger ist von dem Mann, den sie heiraten wollte. Philip erklärt sich bereit, sich um sie und das Baby zu kümmern, aber sein «Glück» ist nur von kurzer Dauer. Als Philip Mildred mit einem Freund bekannt macht, beginnt sie eine Affäre mit diesem und läßt ihn sitzen; aus Verzweiflung ist Philip sogar bereit, den beiden Geld zu geben, wenn Mildred verspricht, später mit ihm nach Paris zurückzukehren. Sie hält ihr Versprechen nicht und geht auf den Strich, nachdem Philips Freund sie verlassen hat. Als Philip sie wiedertrifft, unterstützt er sie unter der Bedingung, daß sie die Prostitution aufgibt. In einem Wutanfall zerstört sie seine Wohnung und verschwindet wieder, bis sie merkt, daß sie seine Hilfe braucht. Sie kommt zurück, und er stellt fest, daß sie

Syphilis hat. Er verschreibt ihr Medikamente, macht ihr klar, wie ernst ihr Zustand ist, und fleht sie erneut an, die Hurerei zu lassen. Offensichtlich nimmt sie weder die Medikamente ein, noch hört sie auf, sich zu prostituieren – bis sie schließlich stirbt.

Oberflächlich betrachtet, scheint Maugham uns sagen zu wollen, daß es in der Liebe nur Unglück und Elend geben kann: «Er wußte nicht, was es war, das von einem Mann auf eine Frau überging oder von einer Frau auf einen Mann, und das einen von ihnen zum Sklaven machte: Es war bequem, es als Sexualtrieb zu bezeichnen; aber wenn es nicht mehr war als das, dann verstand er nicht, wieso es eine *so heftige Anziehung durch diese eine Person und nicht durch eine andere erzeugte.*»[11]

Auf einer tieferen Ebene könnte Philips Besessenheit sinnvoll sein, wenn wir sie als eine Form projektiver Identifizierung seiner Anima betrachten und annehmen, daß er versucht hat, sich eines abgespaltenen, unbewußten Aspekts seines Gefühlslebens und seiner Beziehung zu seiner Mutter, die ihn im Stich gelassen hat, bewußt zu werden. Darin liegt ein Hinweis auf seine «heftige Anziehung» – sein scheinbar paradoxes Fasziniertsein von Mildred. Vom Standpunkt des rationalen Bewußtseins aus ist dieses Hingezogensein nicht nur sinnlos, sondern scheint auch ein selbstzerstörerisches Unterfangen zu sein. Wenn man es jedoch als ungelöste Entwicklungsaufgabe, als etwas Unbewußtes, betrachtet, dann ergibt es sehr viel mehr Sinn: Es ist eine Identifikation mit einem abgespaltenen Teil seiner selbst. Der Zwang, sich mit Mildred zu vereinen, kann so als prospektive Funktion von Philips Psyche angesehen werden, um mit seinem frühen emotionalen Verwundetsein fertig zu werden.

Der Vater des jungen Philip ist, sechs Monate, bevor die Handlung des Romans einsetzt, gestorben. Philip besucht ein letztes Mal seine Mutter, die in einem Hospital im Sterben liegt, nachdem sie ein totes Kind geboren hat. Der verwaiste Philip, gerade acht Jahre alt, wird zu seiner Patentante und deren Mann geschickt, die sich nicht gerade darüber freuen, nun die Verantwortung für ihn zu haben. Seine Patentante liebt ihn, ist aber nicht fähig, ihre Zuneigung direkt zu äußern. Sein Onkel ist kalt, egoistisch, desinteressiert und durch und durch banal.

Das Hauptteil der Geschichte beginnt, als Philip, nun ein junger Mann, beschließt, doch nicht Künstler zu werden und statt dessen in die Fußstapfen seines Vaters zu treten und Medizin zu studieren. Kurz danach lernt er Mildred kennen, die ihn gleich bei ihrer ersten Begegnung brüskiert. Ihre Beziehung beginnt unmittelbar nach dem Tod seiner Tante, die seine letzte starke emotionale Kindheitsbindung an eine Frau repräsentierte.

Unbewußt sucht Philip nun verzweifelt nach einer Wiederherstellung der Verbindung zur Anima, die noch immer mit seiner frühen Erfahrung des Weiblichen verschmolzen ist: Die Anima ist krank, emotional unerreichbar und läßt ihn im Stich. Die Gestalt der Mildred ist bestens geeignet dafür, da sie selbst ebenfalls tief verwundet ist. Sie ist unfähig, eine emotionale Beziehung zu ihm herzustellen, wird ihn ständig im Stich lassen, und schließlich wird sie trotz seiner Versuche, sie zu retten, sterben. (Außerdem will sie ständig ihr eigenes Kind verlassen, das Philip gleichfalls zu retten versucht und das auch stirbt.)

Was Philip psychologisch rettet, ist, daß er eine gewisse Fähigkeit zur Selbstreflexion entwickelt. Am Ende betrachtet er seine Besessenheit als eine Art Krankheit, die er überwinden kann, und obwohl man vermuten darf, daß er sie nie ganz vergessen wird, verblaßt die Faszination, die Mildred auf ihn ausübte, schließlich, als er erkennt, daß nichts sie zu bewegen vermag, ihn zu lieben. Vielleicht ist es auch ihr Tod, der ihn befreit. Die Anima-Projektion wird endlich zurückgenommen; Philip kann sich bewußt werden, wie müßig der Versuch war, die Liebe zurückzugewinnen, die er verlor, als seine Mutter und seine Patentante ihn im Stich ließen, indem sie starben. Obwohl er sich der Identifikation seiner Beziehung zu seiner Mutter und zu Mildred nie wirklich bewußt wird, hat man den Eindruck, das sein Bindungsproblem endlich existentiell bereinigt ist.

Vielleicht war Maughams Roman der Versuch, ein persönliches Problem zu lösen. Viele Jahre nach der Niederschrift dieses Romans, im Alter von neunzig Jahren, sagte er: «Die vielleicht lebhafteste Erinnerung, die mir geblieben ist, ist jene, die mich mehr als achtzig Jahre lang gequält hat – die Erinnerung an den Tod meiner Mutter. Ich war damals erst acht, aber noch heute ist der Schmerz über ihr Hinscheiden so schneidend wie an jenem Tag, als sie in unserem Heim in Paris starb.»[12]

Unbewußtes Wählen

Viele von uns glauben, wir seien uns der meisten oder aller unserer Wahrnehmungen bewußt. Unbewußte Wahrnehmung ist jedoch ein Phänomen, das den Psychologen wohl vertraut ist, vor allem auf dem Gebiet von Motivation und Wahl. Psychologen wissen, daß äußere Wahrnehmungen von inneren Bedürfnissen und Trieben beeinflußt und sogar verzerrt werden können.

Bei psychologischen Experimenten stellt man immer wieder fest, daß Probanden aufgrund ihrer inneren Bedürfnisse die Schreibweise und Bedeutung von Wörtern verzerren. So wird beispielsweise *moat* (Graben) von hungrigen Versuchspersonen häufig als *meat* (Fleisch) wahrgenommen, von nichthungrigen Personen dagegen korrekt gelesen. *Canker* (Geschwür) wird bei Patienten, die eine übertriebene Angst vor Krebs haben, zu *cancer* (Krebs).[13] Andere interessante Beispiele finden sich in ethologischen Studien. Sie zeigen, daß Tiere fähig sind, auf kaum wahrnehmbare verbale und nonverbale Hinweise von Menschen zu reagieren. Der Betreffende braucht sich dabei nicht mal bewußt zu sein, daß er eine bestimmte Information signalisiert.[14]

Noch zwingendere Beweise für unbewußte Wahrnehmung finden sich in Experimenten mit Hypnose, in denen den Versuchspersonen sogenannte *positive* und *negative Halluzinationen* suggeriert werden. Eine positive Halluzination beinhaltet das «Sehen» von Gegenständen, die in Wirklichkeit gar nicht vorhanden sind; eine negative Halluzination bedeutet, daß Objekte nicht gesehen werden, die tatsächlich vorhanden sind. Die Versuchspersonen unterliegen nicht nur der suggerierten Fehlwahrnehmung, sondern versuchen sogar, diese zu rationalisieren, wenn sie mit der gegenteiligen Information konfrontiert werden. Wenn beispielsweise einer Person suggeriert wird, ein Glas Wasser, auf dem ein Buch liegt, sei nicht vorhanden, so wird die Versuchsperson nicht nur das Glas nicht wahrnehmen, sondern sogar zu erklären versuchen, warum das Buch scheinbar in der Luft hängt. Noch dramatischer sind die Fälle hysterischer Taubheit oder Blindheit, bei denen die Person voll «bewußt» ist und doch zeitweilig die Fähigkeit verliert, zu hören oder zu sehen.

Tatsächlich ist die Wahrnehmung von Informationen ein höchst subtiler, komplexer und stark selektiver Prozeß, zu dem auch unbewußte Kommunikation gehört. Obwohl wir uns dessen meist nicht bewußt sind, bewerten wir unsere Wahrnehmungen ständig und sondern die aus, die wir nicht akzeptieren wollen. Informationen, die aus dem Bewußtsein verdrängt wurden, verschwinden nicht einfach, sondern werden im Unbewußten gespeichert; einige der emotional besonders aufgeladenen Inhalte bilden dann die Grundlage dessen, was wir später unbewußt bei anderen wahrnehmen. Selbstwahrnehmungen, die der Persona fremd sind, werden vom Ich ebenfalls verdrängt und Teil unserer Wahrnehmung anderer. In diesem Sinne können unbewußte Wahrnehmungen der Hauptgrund dafür sein, warum bestimmte Partner einander «wählen».

Bei der klinischen Arbeit mit Paaren ist der Therapeut oft erstaunt, wie genau die beiden «zusammenpassen» in dem Sinne, daß sie ganz bestimmte sich ergänzende Rollen spielen. Nicht alle Frauen sind für das unbewußte Potential der Anima-Projektionen eines Mannes gleich gut geeignet, und daher hat der Wahnsinn eines Mannes, der sich nur in gewisse Frauen verliebt, zweifeilos Methode – selbst wenn diese Frauen nicht «gut» sind für ihn, wie im Fall von Philips «heftiger Anziehung». Auf ähnliche Weise sehen sich Menschen, die mehrfach heiraten, immer wieder mit den gleichen ungelösten Themen und Problemen konfrontiert.

Eine weitere Illustration dieser Dynamik bieten Familien, in denen Kinder körperlich oder sexuell mißbraucht oder mißhandelt werden. Warum heiraten mindestens acht von zehn Frauen, die als Kinder belästigt wurden, Männer, die ihre Kinder belästigen? Gewiß wollen sie nicht bewußt, daß ihre Kinder den gleichen Kummer und das gleiche Leid erleben, das sie selbst erfahren haben. Eine wahrscheinlichere Erklärung ist, daß diese Frauen unbewußt Männer wahrnehmen und dann heiraten, die Anima-Wunden haben, welche den Anima-Wunden ihrer eigenen Väter sehr ähnlich sind.

In einem aufsehenerregenden Fall, der durch die NBC-Fernsehsendung «Brennendes Bett» einer breiten Öffentlichkeit bekannt wurde, ging es um eine Frau, die zwölf Jahre lang körperliche Mißhandlungen erlitten hatte. Endlich ging sie hin und goß Benzin über ihren schlafenden Mann, zündete es an und verbrannte ihn. Millionen Amerikaner «billigten» das. Sie wurde freigesprochen, und scheinbar war der «Gerechtigkeit» Genüge getan. Nur wenige Leute wissen, daß dieselbe Frau kurz darauf wieder einen Mann heiratete, der sie mißhandelte und auch ihre Tochter belästigte. Daß sie so viele Jahre lang mißbraucht worden war, ist in der Tat eine menschliche Tragödie; daß sie ihren Mann ermordete, ist ebenso eine Tragödie. Doch das unbewußte Ausagieren der beiderseitigen Gewalt brachte kein Verstehen mit sich. Der Kreislauf begann kurz nach dem Ende des alten Zyklus von neuem. Dies ist ein tragisches Beispiel dafür, wie zwei Menschen unbewußt in fixierten Projektionen feststecken.

Wenn Männer «die Frauen» oder Frauen «die Männer» anschuldigen, besteht die Gefahr, daß sie sich voneinander abwenden; jeder projiziert dann das *böse Objekt*, sei es auf Individuen, sei es als kollektive Projektion auf eine bestimmte Gruppe. Diese Projektionsdynamik bezeichnet man als *Abspaltung*. Die Polarisierung zwischen Männern und Frauen wächst, und das Bewußtsein beider leidet durch die einseitige Projektion von Schuld. Abspaltung läßt die Entwicklungsaufgaben beider Parteien ungelöst.

Potentiell jedoch kann die unbewußte Komponente der ursprünglichen Anziehung dazu dienen, beide Seiten mit der Entwicklungsaufgabe der Anima zu konfrontieren, die sowohl bewußten Verstehens wie bewußter Integration bedarf.

Durch die Anima konditionierte Beziehungen

Bei der Beratung von Paaren habe ich häufig beobachtet, daß unter der Ebene der Persona eine spezielle Dynamik existiert, die sich schon früh in der Beziehung entwickelt hat. Zu dieser Dynamik gehört eine unbewußte Übereinkunft, als sei da eine Verschwörung von Anima und Animus am Werk – eine *conspiratio*, ein «gemeinsames Atmen». Mit anderen Worten: Männer tun Frauen nicht einfach «Dinge an», und Frauen tun Männern nicht einfach «Dinge an»; sie tun sie gemeinsam, um etwas über sich selbst zu lernen, indem sie sich der besonderen Weise bewußt werden, auf welche die Anima/Animus-Dynamik ihre Beziehung beeinflußt. Spezielle Anima/Animus-Probleme sind oft Relikte mangelhafter und unbefriedigender früher Eltern/Kind-Beziehungen: Die nun Erwachsenen verharren in ihren Kindheitsidentifikationen. Wiederkehrende emotional dürftige Beziehungen werden stets neu aus einer inneren Welt böser Objekte geschaffen, die als geheime Verfolger im Unbewußten weilen – und zuerst Verlangen entfachen und dann die Befriedigung verwehren.[15]

Ein Beispiel dafür ist die Geschichte von Sally und John, die beide jahrelang mit Johns Alkoholismus kämpften. Sally drängte John immer wieder, sich in Behandlung zu begeben. Je mehr sie sich bemühte, ihn dazu zu bringen, die nötige Hilfe zu suchen, desto hartnäckiger wurde sein Widerstand. Seine echte Not rückte in den Hintergrund, während der Kampf mit Sally tobte und zu immer größerer Zwietracht zwischen ihnen führte.

Sie behaupteten, einander zu lieben; er meinte, ihre Beziehung wäre in Ordnung, wenn sie nur aufhören würde, darüber zu bestimmen, ob er behandlungsbedürftig sei oder nicht. Sie meinte, ihre Beziehung wäre in Ordnung, wenn er sich nur in die Behandlung begeben würde, die er brauche. Sallys Vater war ebenfalls Alkoholiker, und ihr daraus resultierender Vater-komplex veranlaßte sie, in ihrem Partner unbewußt einen schwachen Vater zu sehen. Da sie sich nie auf ihren Vater verlassen konnte, war sie auch nicht fähig, einem anderen Mann zu vertrauen. Für sie waren Männer Väter, die sich wie hilflose Söhne benahmen. Vertrauen wurde in ihren Augen zum zentralen Punkt jeder Partnerschaft: ohne Vertrauen keine echte Beziehung. Erweisen mußte sich dieses Vertrauen darin, daß John sich behandeln ließ. John dagegen hatte das Gefühl, Sally müsse darauf vertrauen, daß er schon die richtige Entscheidung für sich treffen würde.

Warum hatte Sally einen so unzuverlässigen Partner gewählt und war nun bereits zehn Jahre bei ihm geblieben? Warum begab John sich nicht einfach in die Behandlung, die er ja brauchte? Die Antwort liegt teilweise darin, daß er einerseits unbewußt die Rolle des rebellischen Sohnes spielen mußte, bis er sich bewußt machen konnte, daß seine Frau mit seiner Anima-als-Mutter verschmolzen war. Johns Mutter, eine geheimnistuerische, rigide, dominierende und starrköpfige Person, war eine erstickende Mutter, die ihren Sohn nicht wirklich sein eigenes Leben führen lassen konnte, weil sie selbst auch nie ein eigenes Leben hatte führen können. Da sie durch ihn lebte, gehörte sein Leben nicht wirklich ihm. Wenn er zu trinken begann und nicht mehr funktionierte, war seine Mutter immer da, um sich um ihn zu kümmern; dadurch stellte sie ihre Kontrolle über ihn wieder her und verstärkte den Eindruck, er sei unfähig, sein Leben allein zu bewältigen. Die ungeheure Ambivalenz, die das in John hervorrief, veranlaßte ihn, sich seiner Mutter – und den Muttersubstituten – zu widersetzen, um sein eigenes Integritätsgefühl zu schützen. Unglücklicherweise war sein oppositionelles Verhalten nicht wirklich befreiend, sondern hatte zur Folge, daß seine Abhängigkeit sowohl von seiner Mutter als auch von seiner Frau perpetuiert wurde.

Es war kein Zufall, daß John Sally wählte, die so sehr einen Mann brauchte, um den sie sich kümmern mußte – ein Versuch, ihren Vater zu retten. Er erlebte Sally als eine andere Form von Mutter, die versuchte, ihn zu kontrollieren und ihr Leben durch ihn zu leben. Aber natürlich war nicht Sally diejenige, die sein Leben kontrollierte, sondern seine Anima, mit der Sally unbewußt verschmolzen wurde. Johns innere Repräsentation der Anima war die einer wütenden, grollenden Frau, die sein Leben dominieren wollte, indem sie ihm sagte, was er zu tun hatte. Und gleichzeitig war sie jemand, der nur zu bereit war, sich um ihn zu kümmern. Er neigte dazu, passiv zu sein, und zornige Gefühle, vor denen er sich fürchtete, zu verbergen. Seine Wut drückte sich nur indirekt durch seine Rebellion aus.

Sally ihrerseits nahm unbewußt die emotionale Distanz ihres Vaters als Schwäche wahr, die nur durch «Bemutterung» zu überbrücken war, eine Lektion, die sie von ihrer Mutter gelernt hatte. Sie hatte das Gefühl, ihren Vater «retten» zu müssen, damit ihr ihre eigenen inneren Kindheitsbedürfnisse erfüllt wurden. Ihr verschleierter Wunsch, umsorgt zu werden, war nicht zu erfüllen, so sehr sie sich auch bemühte. Johns Mutterkomplex paßt gut zu einer Frau, die sich emotional durch einen Vater geschwächt fühlt, der nicht in der Lage ist, ihren Bedürfnissen zu entsprechen. Aber John reagierte auf ihr Bedürfnis, ihn zu «bemuttern», als sei sie die mächtige Mutter, die sein Leben zu kontrollieren versuchte.

So war in dieser Beziehung jeder der Partner mit Projektionen konfrontiert, die zueinander «paßten» und die beiden Kindheitsdramen perpetuierten. Der Konflikt zwischen ihnen war für beide eine Blockierung ihrer Entwicklung. Er mußte zuerst voll verstanden werden, ehe sie aus ihrer jeweiligen Eltern/Kind-Dynamik herauswachsen konnten. Sie mußten sich der unbewußten Projektionen und Erwartungen bewußt werden, die sie einander auferlegten, mußten anfangen, diese zurückzunehmen, und sich bemühen, die entwicklungsspezifische Bedeutung des Problems zu begreifen, das sie ausgelebt hatten. Sally mußte sich ihres ungelösten Problems mit ihrem Vater bewußt werden, damit sie als selbst-bewußte Frau erwachsen werden konnte. John mußte sich seines Mutterkomplexes bewußt werden und lernen, zwischen seinem Anima-Bild und Sally zu unterscheiden, damit er anfangen konnte, sein Leben selbst zu verantworten.

«Stadien» der Anima

Prädifferenzierung ist eine normale Eigenschaft des Säuglingsalters und zum Teil auch der Kindheit. Im erwachsenen Leben gewinnt die Differenzierung größere Bedeutung. Nicht nur, weil es notwendig ist, eine größere Verhaltensvariabilität zu erlangen, sondern auch, um das wieder zu reintegrieren, was in den frühen Jahren abgespalten wurde, und so das Gefühl der Ganzheit der eigenen Persönlichkeit zu gewinnen. Dieses Wachstum beinhaltet die allmähliche Erweiterung der Bewußtseinssphäre, damit diese mehr und mehr Teile des Selbst umfaßt, die, mit Elternbildern verschmolzen, im Laufe der bisherigen Entwicklung vernachiässigt oder einfach niemals bewußt erlebt worden waren.

Die Erkenntnis, daß unbewußte Wahrnehmung bei der Wahl unserer Liebespartner eine so wichtige Rolle spielt, fügt der Erfahrung des «Sich-Verliebens» (engl.: *to fall in love*, wörtlich: «in Liebe fallen») eine weitere Dimension hinzu. Warum sagen wir nicht «in Liebe steigen»? *Fallen* ist vielleicht die passendere Redewendung, da dieses Erleben oft einen Abstieg in das Unbewußte miteinschließt. Wir werden von der unbewußten Macht eines unterschwelligen Andersseins in ein Reich gezogen, in dem Vernunft, Logik und praktischer Verstand überschwemmt werden von einer magischen Phantasie, verursacht durch das Zusammenfließen der Anima eines Mannes und des Animus einer Frau. Wenn ein Mann aus dieser Erfahrung wiederauftaucht, fragt er sich oft, wie etwas, das scheinbar so köstlich begann, am Ende so bitter werden konnte.

Die Anima spielt eine vielgestaltige Rolle im Wachstum der Persönlichkeit eines Mannes; ihre dominierenden Bilder bestimmen in hohem Maße seine Beziehungen zu Frauen, und sie spiegelt auch seine innere Beziehung zum Unbewußten wider. Das projizierte Bild der Anima scheint auf einer Entwicklungsebene zu stehen, die einer inneren Entwicklung weiblicher Qualitäten entspricht. Aus diesem Grunde fühlt sich ein Mann unbewußt von Frauen angezogen, deren Entwicklungsstufe seiner eigenen ähnlich ist.

Die unbewußte Faszination, die ein Mann angesichts einer bestimmten Frau empfindet, kann fast wie ein Bann wirken und ihm das Gefühl geben, von ihr so angelockt zu werden, daß es manchmal einem Zwang gleichkommt. Die Intensität dieser Gefühle ist mit seiner Wahrnehmung von «etwas» in ihr verbunden, das ihn auf manchmal unheimliche Weise anzieht und die Aktivierung eines Anima-Bildes signalisiert.

Die speziellen Bilder der Anima, die in der jeweiligen Phase im Leben eines Mannes vorkommen, umfassen das ganze Spektrum aller weiblichen Personifikationen. Zu diesen Bildern gehören unter anderem: das weibliche Kind, die Heranwachsende, die junge Frau, die Mutter, die Hexe, die Verführerin, die weise alte Frau und die spirituelle Führerin. Jedes dieser Bilder stellt eine bestimmte Entwicklungsleistung in den frühen Identifikationen eines Mannes mit dem Weiblichen dar und weist auch auf sein Potential zu weiterem Wachstum hin.

Es ist zwar nicht möglich, von exakten Stadien der Anima zu sprechen, aber es scheint einige Entwicklungsstufen des Bildes zu geben, die verschiedenen Ebenen der psychischen Entwicklung von Männern entsprechen. Das früheste dieser Bilder ist die Anima als junges Mädchen oder Kind. Männer, denen die Anima ständig als Kind erscheint, sind oft emotional unreif und neigen dazu, in ihren Beziehungen ziemlich narzißtisch zu sein und manchmal zwischen symbiotischen Bindungen und Gefühlskälte hin und her zu schwanken. Sie sind extrem fordernd, haben eine geringe Frustrationstoleranz und sind Wutanfällen oder längeren depressiven Phasen unterworfen, wenn ihre Bedürfnisse durchkreuzt oder bedroht werden. Obwohl es gelegentlich nach dem Gegenteil aussieht, treten sie zu ihren Partnerinnen in eine Art Mutterbeziehung, sehen sie also als jemanden, der im großen und ganzen dazu da ist, ihre Bedürfnisse zu erfüllen. Vielleicht sind sie als Kinder emotional vernachlässigt, verlassen oder mißbraucht worden.

Wenn die Anima vor allem als Heranwachsende erscheint, haben wir es mit Männern zu tun, die dazu neigen, flatterhaft, labil und in ihren Beziehungen unberechenbar zu sein. Dies sind die klassischen Don-Juan-Typen, die ständig von einer Beziehung zur nächsten wechseln. Oft sind sie oberflächlich charmant und übertrieben romantisch, was recht verführerisch wirken kann. Sie sind häufig verliebt, aber ihre Herzensbindungen sind kurzlebig. Statt mütterlicher Vernachlässigung finden wir hier häufiger übermäßige Duldsamkeit und infolgedessen ein übersteigertes Selbstwertgefühl. Der Stolz solcher Männer ist daher leicht zu verletzen, und sie fühlen sich nicht richtig anerkannt. Wenn solche animabesessenen Männer sich doch mal irgendwo niederlassen, können sie auch zu *Kriegern* werden – zwanghaft leistungsorientierte Männer vom Persönlichkeitstyp A mit wenig Sinn für die realistischen Grenzen. Solche Männer wissen selten, wie viel «gut genug» ist oder wann es Zeit ist, aufzuhören. Da sie solche Schwierigkeiten haben, sich selbst Grenzen zu setzen, fällt es ihren Kindern oft schwer, ihren Ansprüchen zu genügen, und sie können sogar zu Konkurrenten werden. Beziehungen zu Partnerinnen sind oft Versuche, diese zu den Frauen zu formen, die sie sich wünschen, statt sie das sein zu lassen, was sie sind.

Leider besitzen wir die geringsten klinischen Informationen über Männer, die entwicklungsmäßig «normal» sind. Der Grund hierfür ist, daß nur wenige von ihnen als Erwachsene so gestörte Beziehungen haben, daß sie einen Therapeuten aufsuchen. Daher ist es schwierig, etwas über die Anima-Bilder eines reifen Mannes zu erfahren, außer durch die Untersuchung der sukzessiven Veränderung der Anima-Bilder im Laufe einer Analyse. Männer, die sich mit Erfolg einer Analyse unterzogen haben, scheinen Anima-Bilder zu entwickeln, die sich in der Regel auf erwachsene Frauen beziehen, sowie Bilder des Weiblichen mit eher spirituellem Aspekt. An diesem Punkt lohnt es möglicherweise nicht mehr, Personifikationen des Weiblichen als Anima zu etikettieren. Darauf bezog sich Jung, als er sagte, daß solche Personifizierungen in Brücken zum Unbewußten umgewandelt werden, wenn die Inhalte des Unbewußten assimiliert wurden.

Der eher spirituelle Aspekt des Weiblichen wird oft als weise alte Frau dargestellt. Dieses Bild kann im ganzen Leben eines Mannes als Vorläufer und Möglichkeit einer spirituellen Beziehung zum Weiblichen auftauchen, ungeachtet seiner gegenwärtigen Entwicklungskämpfe.

Die verwundete Anima

Das Bild der *verwundeten* Anima kommt häufig in den Träumen von Männern vor, die sich übermäßig mit ihrer Persona identifizieren. Diese Männer entdecken möglicherweise, daß ihre Ehefrauen oder Töchter Züge aufweisen, die diesen Anima-Bildern entsprechen.

Charles, ein Mann von dreiundvierzig Jahren, kam in die Behandlung, nachdem er verhaftet worden war, weil er seine Tochter sexuell mißbraucht hatte. Die Beziehung hatte begonnen, als die Kleine erst neun Jahre alt war; Charles war von ihrer aufkeimenden Sexualität fasziniert gewesen und hatte die Obsession entwickelt, ihr körperlich näherzukommen. Sein Zwang führte zu unangemessenen Berührungen des kindlichen Körpers und Jahre später zum vollendeten Geschlechtsverkehr. Seine Ehefrau wußte von den an sich verbotenen Kontakten zu der gemeinsamen Tochter, versuchte aber, diese zu ignorieren. Wie sich herausstellte, war sie im Alter von zehn Jahren ebenfalls von ihrem Vater belästigt worden.

Charles' Fall ist ein Beispiel für eine auf der Stufe des Kindes verharrenden Anima-Identifizierung. In solchen Fällen kann ein Mann einen großen Teil seiner emotionalen und sexuellen Energie auf ein reales weibliches (oder sogar männliches) Kind projizieren – oft sein eigenes Kind oder eines aus der Verwandtschaft; das heißt, es besteht eine starke Tendenz zu Inzest und Pädophilie. Der Mann kann unter einer Beeinträchtigung seiner erwachsenen Sexualität leiden, was zu Impotenz oder anderen sexuellen Problemen mit erwachsenen Frauen führt. Er kann auch Exhibitionist oder Voyeur sein. Ein solcher Mann leidet oft unter Schuld- und Schamgefühlen. Zwar weiß er für gewöhnlich, daß sein Verhalten falsch ist, verspürt aber dennoch einen starken Zwang, seine Phantasien auszuagieren.

Ein Mann, dessen Anima so jung ist, hatte oft eine Mutter, die emotional kalt oder sogar abwesend, kritisch und fordernd war oder die ihn durch Liebesentzug bestrafte. Die Beziehung zum Vater war wahrscheinlich charakterisiert durch emotionales Im-Stich-Lassen, was zu einem kühlen und distanzierten Verhältnis führte. Möglicherweise hatte sich seine Mutter auch innerlich von ihrem Ehemann zurückgezogen, so daß keinerlei Vorbild für reife Liebe oder Akzeptanz bestand. Als Mann fällt es ihm schwer zu «geben», da er selbst so wenig bekommen hat. Auch reagiert er extrem empfindlich auf Zurückweisung oder auch nur leise Kritik. Andern gegenüber kann er fordernd sein und verlangen, daß sie ihn unbesehen akzeptieren, ohne etwas von ihm zu erwarten – eine kompensatorische Abwehr der Möglichkeit, in irgendeiner Weise für unzulänglich befunden zu werden. Seinen Kindern gegenüber kann er ebenfalls fordernd und kritisch sein und gleichzeitig die Erwartung hegen, von ihnen akzeptiert zu werden. Oft neigt er dazu, sich zu distanzieren und keinen Anteil am Leben seiner Kinder zu nehmen; solche Männer finden ihre intensivsten emotionalen Ausdrucksmöglichkeiten gewöhnlich in ihren sexuellen Zwängen.[16]

Ein weiteres Beispiel für eine verwundete Anima ist Jack. Viele Jahre lang war Jack in der Lage, geschickt eine nach außen hin joviale und tüchtige Persona zu spielen. Er war erfolgreich im Beruf und scheinbar recht glücklich – bis auf die Tatsache, daß seine Frau seit vielen Jahren chronisch unter Depressionen litt. Er begriff nie, warum sie so deprimiert war, da er ihr und der Familie doch scheinbar alles bot, was sie brauchten. Andererseits hatte er häufig wiederkehrende Träume von einer geheimnisvollen und unbekannten Frau – seiner Anima –, die eine blasse, stille, traurige und zurückgezogene Gestalt war. In diesen Träumen sah er sie einfach nur durch eine Straße gehen, im Park sitzen oder in dunstiger Ferne dastehen. Sie war stets allein, und sie rief in ihm immer eine ungeheure Faszination hervor; sie sprach niemals und schien fast so schnell wieder zu verschwinden, wie sie auftauchte.

Hier können wir sehen, wie die Anima Jacks Gefühl der Un-Verbundenheit kompensiert. Wenn ein Mann sich übermäßig mit seiner Persona identifiziert, so sind seine differenzierteren Gefühle wahrscheinlich wenig entwickelt, und deshalb tritt er zu anderen nur in oberflächliche Beziehung. Weil er wenig emotionale Tiefe hat, sagen wir, seine Anima sei *verwundet*. Seine reale Frau kann tatsächlich ebenfalls tief verwundet sein, vielleicht durch ihren Vater, und er mag versuchen, sie von ihrem Leid zu befreien. In diesem Fall jedoch war es so, daß Jacks Frau seine verwundete Anima trug. Als sie in Behandlung kam, die Quelle ihrer eigenen Schwierigkeiten entdeckte und diese durchzuarbeiten begann, fing Jack an, emotional zu *dekompensieren* – er verlor allmählich seine oberflächliche emotionale Leichtigkeit und wurde von depressiven Gefühlen und Lebensangst geplagt. Tatsächlich war es so, daß seine Frau, als es ihr besserging, nicht mehr unbewußt seine verwundete Anima für ihn zu tragen brauchte. Nun mußte er seinen Problemen ins Auge sehen, ohne auch nur zu wissen, woher sie kamen.

Nach der Behandlung seiner Frau beschloß Jack, sich ebenfalls analysieren zu lassen. Auf meine Anregung hin fing er an, in einen Dialog mit seiner geheimnisvollen inneren Frau zu treten. Zuerst wollte sie nichts mit ihm zu tun haben. Sie meinte: «Du hast mir nie etwas zu sagen gehabt, wieso sollte ich mit dir reden?» und ging fort. Schließlich konnte er sie doch dazu bewegen, auf ihn einzugehen. Diesmal sagte sie: «Ich werde mit dir sprechen, aber ich glaube nicht, daß dir das, was du hören wirst, gefallen wird.» Ich ermutigte ihn, ihr zu sagen, es sei wichtig, daß sie mit ihm rede, und ich fügte hinzu, er müsse ihr vielleicht versprechen, auch wirklich zuzuhören. Als sie dann sprach, verwandelte sie sich in eine wütende, rasende, fast animalische Kreatur, die ihn anschrie und verfluchte und ihm sagte, wie sehr sie ihn wegen seiner Distanziertheit und seiner gespielten Überlegenheit verachte und was für ein Schwindler er doch sei. So fuhr sie etwa zwanzig Minuten lang fort, dann sank sie auf dem Boden in sich zusammen. Er war verblüfft, erschrocken und schockiert über alles, was sie gesagt hatte. Als er die Augen wieder geöffnet hatte, begann er zu weinen, und sagte nur: «Sie hat recht.» In späteren Sitzungen kehrten wir wieder zu der Frau zurück. Mit der Zeit veränderte sie sich total: Sie war gefaßt, friedlich und schön. Sie schien auch weise, mitfühlend und offen zu sein. Er fragte sie, was er tun könne, um ihr dafür zu danken, daß sie «sein Herz geöffnet» hatte. Sie sagte: «Vergiß mich nicht. Nimm mich mit auf Spaziergänge – in den Park, ans Meer –, nimm mich mit in die Kirche, und nachts, bevor du einschläfst, halte mich in deinem offenen Herzen.»

Während meiner eigenen Analyse hatte ich an einem kritischen Punkt folgenden Traum:

Ich gehe am späten Nachmittag eine verlassene Straße entlang. Ich komme zu einem Haus, wo ich ein junges, hübsches blondes Mädchen von etwa vierzehn oder fünfzehn Jahren am Fenster sitzen sehe. Es schaut hinaus und wirkt ganz traurig, als sei es sehr deprimiert. Gerührt von dieser Traurigkeit, gehe ich zur Tür des Hauses und klopfe. Die Mutter des Mädchens kommt an die Tür, und als sie aufmacht, sehe ich, daß am Schrank ein Männeranzug hängt. Irgendwie weiß ich, daß der Vater des Mädchens gestorben ist. Dann frage ich die Mutter, ob ich das Mädchen vielleicht auf einen Spaziergang mitnehmen kann, um ihm zu helfen. Die Mutter stimmt zu und geht, um das Mädchen zu holen. Es kommt zur Tür. Da ich plötzlich im Haus bin, drehe ich mich um, um die Tür zu öffnen und wieder hinauszugehen. Als ich die Hand nach der Klinke ausstrecke, greift von hinten eine Hand an mir vorbei nach der Klinke und öffnet, noch ehe ich das tun kann. Ich bemerke, daß diese Hand die einer sehr alten Frau ist, obwohl sie eigentlich die des jungen Mädchens sein müßte. Als ich mich umdrehe, nachdem ich wieder draußen bin, stelle ich fest, daß das junge Mädchen sich in eine sehr alte, aber weise und freundliche Frau mit silbergrauem Haar verwandelt hat. Während wir nun weitergehen, hakt sie sich bei mir ein und fragt mit großer Wärme: «Und nun sag mir, wie geht es dir?»

Der Traum ist einem Märchen oder Mythos nicht unähnlich, in dem eine Beziehung zwischen dem Helden und einem Mäd-

chen in Not geschildert wird. Der Traum beginnt mit einem
Mangel an Harmonie, der irgendwie überwunden werden
muß: Das junge Mädchen ist verzweifelt, die Mutter emotional
nicht verfügbar, der Vater abwesend. Dies kann geändert werden, indem man dem jungen Mädchen hilft, seinen Kummer zu
überwinden, das heißt, indem man es aus dem Haus der Trauer
«herausbringt», fort von der deprimierten Mutter. Der Vater
muß auch gefunden werden.

Das Anima-Bild ist vierzehn oder fünfzehn Jahre alt; es ist
traurig und deprimiert wie die Mutter. Im Hinblick auf ihre eigene Animus-Entwicklung ist sie vielleicht in der Adoleszenz
steckengeblieben. Sie ist von ihrem Vater im Stich gelassen worden – emotional, psychisch oder physisch –, und die Folge ist,
daß ihr eigenes Animus-Wachstum stagniert. Auch braucht sie
einen Mann, der für sie den *guten Vater* spielt. Als Held bin ich
von ihrer Traurigkeit bewegt; ich gehe zu ihr, um ihr zu helfen.
Das Ziel ist, die herrschenden Bedingungen zu verändern, indem ich der gute Vater werde. Die Anima wird in drei Entwick-
lungsaspekten dargestellt: das junge Mädchen, die deprimierte
Mutter und die weise alte Frau, die ein reiferer und eher spirituell orientierter Aspekt des Weiblichen ist. So führt der «Zugang» zu dem jungen Mädchen zur Verwandlung des Weiblichen in einen reiferen Archetyp.

Dieser Traum, vor allem die Verschiebung meiner ursprünglichen Sorge um das junge Mädchen auf die Sorge der alten
Frau um mich, bewegte mich tief. Das Mädchen ist der junge,
verwundete, weibliche Teil meiner Psyche, der in der Adoleszenz steckengeblieben war. Seine Abwehrmechanismen ent-
sprachen meinen eigenen: Ich erlebte ein Gefühl der Melan-
cholie und Trauer über den «Tod» meines eigenen Vaters. Dies
wies dramatisch auf einige wesentliche Aspekte meines eigenen
«Anima-Problems» hin.

Der entwicklungsmäßige Aspekt dieses Anima-Bildes ging
mindestens auf die Zeit zurück, als ich drei Jahre alt war und
miterlebte, wie mein Vater meine Mutter verließ. Ich sah ihn nie

wieder. Meine Abwehrmechanismen waren bereits so weit entwickelt, daß ich nicht wahrnahm, daß mein Vater mich verließ. Ich nahm nur wahr, daß er meine Mutter verließ. Und mir oblag es nun, mich um sie zu kümmern. Die Übernahme dieser Verantwortung bewirkte, daß ich meine Mutter und darüber hinaus unbewußt alle Frauen als tief verwundet, verlassen und der Fürsorge bedürftig wahrnahm.

Der Traum charakterisierte eine meiner damaligen unbewußten Einstellungen Frauen gegenüber: Ich erlebte sie als unfähig, sich um sich selbst zu kümmern, und mich als ihren selbsternannten Beschützer. Im Alltag traf ich unbewußt immer wieder Frauen, die einen «guten Vater» suchten, der sie von ihren Leiden erlöste. Wie sich herausstellte, waren ihre Väter emotional nicht verfügbar gewesen. Mein Vater war in meiner Psyche «tot», und meine Versuche, mich zu heilen, zielten in der Regel darauf ab, indirekt meine eigene Depression zu bewältigen, indem ich mich um verwundete Frauen bemühte. In dem Traum leitete der Schritt, sich um das junge Mädchen kümmern zu wollen, die Möglichkeit der Transformation ein; die archetypische weise alte Frau öffnete die Tür für mich.

Das Bedürfnis, sich von der deprimierten Mutter zu trennen, entspricht dem männlichen Bedürfnis, sich von der wirklichen Mutter zu trennen und vor allem die Anima von ihrem Einfluß zu befreien, der gewöhnlich der dominierendste Einfluß ist. Wenn ein Mann unfähig ist, seine innere Weiblichkeit von seiner Mutter zu trennen, wird er unbewußt auf jede Frau immer so reagieren, als sei sie teilweise seine Mutter, und dies kann zu Problemen in der Beziehung führen.

Männer, die auf dieser Stufe stehengeblieben sind, finden heranwachsende Mädchen oft überaus faszinierend, da sie selbst vielleicht nicht die Möglichkeit hatten, die emotionale Fülle, aufblühende Sexualität, Freiheit und Ambiguität ihrer eigenen Adoleszenz zu erleben. Männer, die zu früh «erwachsen» werden mußten oder bereits in jungen Jahren ungewöhnlich viel Verantwortung zu tragen hatten, leben möglicherweise später ihre Adoleszenz aus, indem sie verantwortungslos und flatterhaft werden oder auf andere Weise die traditionellen «Erwachsenen-Werte» ablehnen.

Die Innere Frau in der Analyse

Die erste Konfrontation eines Mannes mit seiner inneren Weiblichkeit kann in der Analyse erfolgen. Eines der größten Probleme, vor denen ein Mann dann steht, ist, daß diese Begegnung sehr starke, möglicherweise überwältigende Emotionen hervorrufen kann, auf die er nicht vorbereitet ist. Zu Beginn erscheint die Beziehung zum Analytiker möglicherweise wie eine Regression auf die ursprüngliche Eltern/Kind-Beziehung. Infolgedessen kann ein Mann sehr starke Abwehrmechanismen entwickeln und vielleicht sogar die Analyse vorzeitig abbrechen, ehe die eigentliche Arbeit geleistet werden konnte. Wenn er dagegen dieses Stadium und die daraus folgende Mobilisierung des Unbewußten aushalten kann, mag es zu einer echten Veränderung seiner Persönlichkeit kommen.

Paradoxerweise ist es so, daß ein Mann sich bei der Selbsterforschung um so wohler fühlt, je mehr er mit seiner inneren Weiblichkeit in Berührung ist. Wie wir gesehen haben, kann die Anima als potentielle Verbindung des Mannes zu seinem Unbewußten in seinen Träumen und Phantasien personifiziert auftreten. Manchmal berichten Männer, schon lange vor Beginn der Analyse Träume gehabt zu haben, in denen eine geheimnisvolle, faszinierende oder verführerische weibliche Gestalt vorkam. Vielleicht hatte der Träumer sich in sie verliebt und war immer enttäuscht, sie verloren zu haben, wenn er erwachte. Es ist, als ob diese Innere Frau versuchte, ihn etwas zu lehren. Sie kann auch erschreckend sein, weil sie vielleicht anfangs durch negative Kindheitserfahrungen mit der Mutter kontaminiert ist.

Manchmal erscheint die Anima in den ersten Träumen nach

Aufnahme der Analyse. Kurz nach Beginn der Behandlung hatte ein Mann beispielsweise folgenden Traum (früher hatte er sich nie an einen Traum erinnern können):

Ich fliege mit E. geschäftlich nach New York. Ich stehe auf, um zur Toilette zu gehen. Als ich die Tür des Raumes öffne, fällt mir ein Kopfhörer in die Hände. Als ich zur Toilette trete, ist sie innen fast völlig rot. Ich denke bei mir, daß irgendeine Frau wohl ihre Periode hat und vergessen hat, die Spülung zu betätigen. Ich spüle also. Wir kommen auf dem Flughafen an, und ich sehe meine Schwester und ihren Mann und eine ganze Schar von Kindern. Wir gehen alle, um nach einer Fahrmöglichkeit Ausschau zu halten, als wir B. und seine Frau und seinen Sohn treffen (B. war der Direktor meiner High-School). Der erste Satz, den Frau B. sagt, ist die Frage, ob ich meiner Mutter ein Geschenk gekauft habe. Sie weiß, daß wir gerade für drei Tage bei meiner Mutter gewesen sind. Ich fühle mich sehr schuldig, als ich das verneine – ich war gar nicht auf die Idee gekommen. Wir verabschieden uns. Etwas später ist meine Schwester mit einem Auto da und sagt, ich solle einsteigen. Sie fährt in Richtung der Vororte, und da fällt mir ein, daß ich eigentlich ins Hotel zu meinem Geschäftspartner gemußt hätte. Ich entschließe mich aber, weiter bei ihnen zu bleiben. Wir gehen in das Haus, das sie gemietet haben, und als ich es mir ansehe, finde ich es sehr seltsam. Vor allem hat es so viele Zimmer. Ich inspiziere eines nach dem anderen. Zuerst scheinen die Räume leer zu sein, aber als ich weitergehe, beginnen sie Möbel zu enthalten. Ich bemerke viele Schlafzimmer und Betten. Dann fällt mir ein, daß dieses Haus früher einem älteren Paar gehört haben muß und daß sie es so eingerichtet haben, damit alle Kinder und Enkel etc. darin wohnen konnten, wenn sie zu Besuch kamen. Als ich nach unten gehe, wird deutlich, daß jeder Zentimeter, der normalerweise Keller gewesen wäre, für Schlafzimmer genutzt worden ist. Ich öffne eine interessante Tür, und da ist ein wunderbares Kinderzimmer, das auch eine Küche enthält mit allem Drum und Dran. Die Decke befindet sich in der richtigen Höhe für Kinder. Es ist ein so wunderbares Spielzimmer, daß ich J., der im Haus ist, rufen möchte, um es ihm zu zeigen. In einem weiteren niedrigen Zimmer befinden sich zwei Doppelbetten mit zwei gelben Lampen über dem entfernteren. Zwei Schalter sind in meiner Nähe – einer für jede Lampe. Ich schalte sie ein und aus, um sie zu überprüfen. Das gelbe Licht, das sie verbreiten, ist irgendwie sehr interessant. Ich bin erstaunt darüber, wie viele Leute in dem Haus schlafen können, und fange an, die Betten zu zählen. Nachdem ich die Doppelbetten oder -couchen gezählt habe, höre ich auf zu zählen. Ich erinnere mich jetzt, daß gerade eben ein kleiner Junge in das Haus gekommen ist, und als ich die Tür öffnete, fragte er, wo seine Großeltern seien. Ich sagte, ich wüßte es nicht – wir hätten das Haus gerade erst gemietet. Er wurde ganz hektisch und rannte durch das Haus. Er schrie nach seinen Großeltern. Dann bin ich schließlich oben im Haus, wo ich viele herrliche Gegenstände in den Zimmern finde. Ich frage mich, woher sie alle kommen – Zimmer für Zimmer. Da sind Möbel und Gegenstände von großem Wert. Als ich das Ende des Hauses erreiche, sind da ein Geländer und eine Treppe, die zu einem Laden unten führt, und ich sehe viele Leute, die sich anstellen, um zu handeln. Dann wird mir klar, daß dieses ganze Gebäude Großvater gehört oder gehörte, und die wunderbaren Gegenstände in allen Zimmern stammen aus dem Laden unten, der ihm nicht mehr zu gehören scheint. Jedenfalls kommt eine strenge Frau die Treppe herauf mit einem Schild, auf dem steht, der Raum unten sei geschlossen. Ich sage, das sei schon in Ordnung, weil ich ohnehin nicht den Wunsch hatte, dorthin zu gehen. Ich bemerke, ich hätte nicht gewußt, daß sie da seien, sonst hätte ich nicht gestört. Sie antwortet verärgert, das wüßten die Leute über dem Laden wohl auch nicht, weil sie und ihre Kinder soviel Lärm machten. Ich wende mich dann nach rechts, verlasse sie und betrete eine Reihe von Zimmern, die Ausstellungs- oder Schaukästen enthalten. In den Kästen stehen großartige, komplizierte orientalische Figuren, und es gibt andere Schaustücke dahinter, die ich nicht gut sehen kann.

Unmittelbar nach diesem Traum hat er folgende machtvolle Phantasie:

Ich sitze in einem heißen Bad im Freien und tue so, als sei ich in den Mond verliebt. Ich schaue über den Rand des Zubers und sehe, daß die Frauen bei Vollmond ihr Sommersonnen-wende-Ritual durchführen. Ich bleibe sitzen und spähe gelegentlich über den Zuberrand zu den Frauen hinüber, die nackt auf der anderen Seite des Zauns in einem Kreis stehen. Ganz plötzlich wird mir klar, daß ich meine Seele verlieren könnte, wenn ich noch einmal hinschaue – nicht nur verlieren könnte, sondern ich habe das erschreckende Gefühl, ich *würde* meine Seele verlieren, wenn ich auch nur noch einmal versehentlich hinsähe. Ich springe aus dem Bad, halte mir die Hand vor die Augen, greife nach meinem Handtuch und bedecke damit meine Augen, während ich den Deckel auf den Zuber lege. Ich ziehe mich rasch an, und während ich das tue, kommt E. aus dem Haus gelaufen. Ich will ihn vor der Gefahr warnen, die Frauen anzusehen, aber bevor ich mich dazu entschließen kann, ist er fort – er hat den sicheren Weg eingeschlagen. Ich ziehe meinen Bademantel mit der Kapuze an und eile mit bedecktem Kopf in die Sicherheit meines Zimmers. Später spüre ich, daß ich vor kurzem einen ungeheuren Schub weiblicher Energie erhalten habe und daß meine männliche Psyche eine höllische Angst davor hatte, getötet zu werden.

Der erste Traum macht ihn mit dem Weiblichen in seiner Psyche bekannt, dargestellt durch das machtvolle archetypische

Bild von Menstruationsblut in der Toilette. Dieser ziemlich bewegte Traum wird dargestellt als Unterbrechung einer Geschäftsreise (eine Handlung, die von seinem realen Leben wegführt), durch die er auf regressive Weise in die innere Welt der Kindheit zurückkehrt. Er ist entzückt, diese Welt zu finden und zu entdecken, daß alles seinem Großvater gehört. Doch der Weg wird durch eine strenge Frau versperrt, die verkündet, dieser Bereich sei geschlossen. Der Traum schildert sein Bedürfnis, in die Kindheit zurückzukehren, den archetypischen Vater wieder zu entdecken (im Haus seines Großvaters), der so viele Teile von ihm selbst enthält, die er nie zuvor gesehen hat. Der Weg ist jedoch durch eine Frau versperrt, die den Teil seiner Mutter repräsentiert, der in der Kindheit seine Entwicklung blockierte. Es ist klar, daß er sich, bevor er die unbekannten Teile seiner selbst entdecken kann – die «geheimnisvollen Dinge» –, dem Weiblichen stellen muß.

In der Phantasie, die auf den Traum folgt, kehrt wieder das archetypische Weibliche zurück, als nackte Frauen, die die Sommersonnenwende feiern. Anfänglich will er sowohl im Traum als auch in der Phantasie die Bilder des Weiblichen meiden: Zum einen, indem er das Menstruationsblut wegspült, zum anderen, indem er seine Augen bedeckt, um den Verlust seiner Seele zu verhindern. Der Gedanke des «Seelenverlusts» ist ein ernstes Omen für einen Mann, der im Begriff ist, sein Unbewußtes zu erforschen, denn er riskiert den Verlust seiner üblichen Orientierung am Bewußten, das vorher keinen Zugang zum Unbewußten gestattet hat. In diesem Fall ist die plötzliche Konfrontation mit den nackten Frauen bei ihrem Ritual, ein archaisches Symbol der Anima, überwältigend; sie erzeugt Panik und einen zeitweiligen Verlust seiner Ich-Orientierung.

Diese beiden Eruptionen aus dem Unbewußten setzten für diesen Mann einen Prozeß in Gang, der ihn seine Träume erinnern und aufzeichnen ließ – eine fruchtbare Quelle unbewußten Materials, die ihm gestattete, seine Innere Frau eingehender zu erforschen.

Die spirituelle Suche und die Anima

Kreativität und spirituelle Bedürfnisse eines Mannes werden widergespiegelt von seinem Erleben der Anima in seinem äußeren wie auch in seinem inneren Leben. Als Führerin zum Unbewußten personifiziert die Anima die Verbindung zwischen Außen und Innen und zwischen der psychischen und der spirituellen Dimension des Lebens.

Ein Beispiel hierfür ist das Leben des Trappistenmönchs Thomas Merton. Merton war Schriftsteller, Dichter, Sozialreformer und ein Mann, der buchstäblich sein ganzes Leben lang darum kämpfte, spirituelle und psychische Erfüllung zu finden. Als er sechs Jahre alt war, starb seine Mutter. Nach ihrem Tod lebte er nur hin und wieder bei seinem Vater. Dann, als er sechzehn war, starb sein Vater an einem Gehirntumor. Mertons zahlreiche Schriften, seine Träume und seine Tagebücher wie auch die Werke über ihn beschreiben lebhaft seinen ständigen Kampf, seine innere spirituelle Suche in Einklang zu bringen mit seinem Bedürfnis, nach außen zu wirken. Sein Kampf umfaßte die Polaritäten von Selbstbestimmung versus äußere Autorität, Handeln versus Kontemplation, Einsamkeit versus soziale Anteilnahme und männlich versus weiblich – mit all diesen Aspekten mußte er in seinem Bemühen, ein Gefühl inneren spirituellen Friedens zu empfinden, fertig werden.

Er hatte eine ungeheure Sehnsucht nach Einsamkeit und wurde gleichzeitig von dem Wunsch getrieben, Einfluß auf die äußere Welt zu nehmen. Gegen Ende seines Lebens schien er diese Polarität als «Gnade Gottes» zu akzeptieren:

Ich mußte auch die Tatsache akzeptieren, daß mein Leben fast völlig paradox ist. Ich habe auch lernen müssen, nach und nach zurechtzukommen, ohne mich für diese Tatsache zu entschuldigen, auch nicht vor mir selber ... Im Paradox selbst, dem Paradox, das eine Quelle von Unsicherheit war und noch immer ist, habe ich die größte Sicherheit gefunden.

Inzwischen bin ich überzeugt, daß gerade die Widersprüche in meinem Leben in gewisser Weise Zeichen sind für Gottes Gnade; und sei es nur, weil jemand, der so kompliziert ist wie ich und so zu Verwirrung und dazu neigt, sich selbst zu Fall zu bringen, ohne besondere Gnade kaum lange überleben könnte.[17]

Zwei seiner Träume von der Anima scheinen seinen Kampf zu illustrieren:

In einer Nacht träumte ich, ich säße mit einem sehr jungen jüdischen Mädchen von vierzehn oder fünfzehn Jahren zusammen, und es zeigte plötzlich eine ganz tiefe und reine Zuneigung zu mir und umarmte mich, und ich war in tiefster Seele davon bewegt. Ich erfuhr, daß ihr Name «Proverb» [Sprichwort] lautete, was ich sehr schlicht und schön fand. Und ich dachte auch: «Sie ist vom Stamm der hl. Anna.» Ich sprach mit ihr über ihren Namen, und sie schien gar nicht stolz darauf zu sein, denn es hatte den Anschein, als machten andere junge Leute sich deshalb lustig über sie. Ich sagte ihr, es sei ein sehr schöner Name, und da endete der Traum.
Ein paar Tage später, als ich in einer nahe gelegenen Stadt war, was bei uns sehr selten vorkommt, ging ich allein durch die belebte Straße und sah plötzlich, daß jedermann Proverb war und daß alle Menschen ihre außerordentliche Schönheit und Reinheit und Scheu ausstrahlten, obwohl sie nicht wußten, wer sie waren, und sich vielleicht ihres Namens schämten – weil sie deswegen verspottet wurden. Und sie kannten nicht ihre wirkliche Identität als das Kind, das Gott so teuer war und das von Anfang an jeden Tag unter Seinen Augen spielte, in der Welt spielte.
So seid ihr nun eingeweiht in das skandalöse Geheimnis eines Mönchs, der ein Mädchen liebt, und noch dazu eine Jüdin! Heutzutage kann man von Mönchen nicht viel erwarten. Die heroische Askese gibt es nicht mehr.[18]

Und dann:

Er träumte, eine hervorragende Latinistin sei gekommen, um vor den Novizen über St. Bernard zu sprechen, doch statt zu sprechen, sang sie auf Latein. Die Novizen kicherten und waren unruhig, und Merton war unglücklich über ihre Reaktion. Dann trat auf einmal der verstorbene Abt ein, Dom Frederic. Das Singen verstummte, und alle standen auf. Merton wurde plötzlich klar, *daß er das Kloster entweiht hatte, indem er eine Frau eingeführt hatte,* und er entschuldigte sich leise. Der Abt fragte, woher sie käme, und Merton antwortete «Harvard», und zwar so laut flüsternd, daß er wußte, daß sie es hören mußte. An diesem Punkt veränderte sich die Szene, und die Novizen waren alle in einem Aufzug, der vom obersten Stock des Gebäudes nach unten fuhr. Merton dagegen begleitete die Latinistin über die Treppe nach unten, doch inzwischen waren ihre Kleider schmutzig und zerrissen, sie war verwirrt und traurig und still, und sie schien mit ihrem Latein am Ende zu sein.[19]

Beschwörung der Anima

Manchmal ist es ganz hilfreich, wenn Männer mittels einer Vorstellungsübung namens *aktive Imagination* (oder *gelenkte Phantasie*) einen Dialog mit den Anima-Bildern herstellen, die in Träumen oder Phantasien auftauchen. Dieser «Dialog mit dem Unbewußten» ist eine wirksame Technik, um sich unbewußtem Material zu nähern. Sie ist speziell dafür entwickelt worden, einem Mann zu helfen, Kontakt mit dem Bild aufzunehmen, wenn er keine vorherigen Erfahrungen mit der Anima hat. Zunächst wird sie gewöhnlich mit Hilfe des Therapeuten durchgeführt; später, wenn der Betreffende mit den Vorgängen vertraut ist, findet er sich auch allein damit zurecht. Der Klient wird mit folgenden Anweisungen durch diese Übung geleitet:

«Versuchen Sie nicht, irgendein Geschehen zu ‹veranlassen›. Es funktioniert möglicherweise nicht, wenn Sie *versuchen*, etwas geschehen zu lassen, also lassen Sie einfach die Dinge sich von selbst entwickeln; erstes Ziel soll es sein, einen Dialog mit Ihrer Inneren Frau anzuknüpfen. Sie werden ihr Bild behandeln, als sei es eine ‹reale› Person, die Sie respektieren, ungeachtet ihres Aussehens, ihres Alters oder ihrer Einstellung Ihnen gegenüber. Ihr Ziel ist es, mit ihr zu ‹verhandeln›, um mehr über alles zu erfahren, was sie über Sie zu sagen hat, vor allem wenn es um Gefühle geht, die sie vielleicht hat, oder Gefühle, die in Ihnen möglicherweise auftauchen. Sie müssen der Versuchung widerstehen, physisch die Hand nach ihr auszustrecken, selbst wenn sie Ihnen verführerisch und verlockend erscheint. Vor allem am Anfang kann Sexualität tiefere Gefühle in Ihnen beiden verdecken. Es sollte während des Dialogs nur minimale physische *Aktion* zwischen Ihnen geben; wichtig ist vor allem die Erfahrung, mit ihr zusammen zu sein, um zu hören, was sie vielleicht über Sie zu sagen hat, und um den *emotionalen* Gehalt der Interaktion zu entdecken.

Nehmen Sie sich zunächst mindestens eine halbe Stunde für diese Übung; seien Sie darauf vorbereitet, sie auch auf eine Stunde auszudehnen, wenn das nötig ist. Suchen Sie sich einen Platz, an dem Sie ungestört sind. Dieser Platz sollte auch bequem und ruhig sein und zur Entspannung einladen. Am besten ist es, in einem Sessel oder auf einer Couch zu sitzen oder zu liegen oder auf einem bequemen Stuhl zu sitzen. Wenden Sie Ihre Aufmerksamkeit für ein paar Minuten von der äußeren Umgebung ab, und konzentrieren Sie sich auf Tempo und Rhythmus Ihres Atems. Am besten ist langsame Bauchatmung; atmen Sie durch die Nase ein und durch den Mund aus. Schließen Sie die Augen, als wollten Sie ein Schläfchen machen. Höchstwahrscheinlich werden Sie vor Ihrem inneren Auge zunächst nichts ‹sehen› außer der Dunkelheit. Genießen Sie diese Dunkelheit und Stille ein oder zwei Minuten lang, und gestatten Sie sich, die Zeit auszukosten, die Sie sich nehmen, um sich zu entspannen und etwas über Ihre Innere Frau zu erfahren. Wenn Sie sich wohl fühlen, beginnen Sie *zuzulassen,* daß sich vor Ihrem inneren Auge langsam das Bild einer Frau formt, die Sie nie zuvor kennengelernt haben. Sie kann jedes Alter haben, aus jeder geschichtlichen Epoche stammen und sogar einer anderen Rasse angehören als Sie selbst. Wenn visuelle Bilder Ihnen schwerfallen, versuchen Sie es mit anderen Vorstellungen. Versuchen Sie beispielsweise, ein Geräusch zu hören, an dem Sie ihre Gegenwart erkennen, oder erspüren Sie mit Ihren Sinnen ihre Anwesenheit. Oder machen Sie sich mögliche Emotionen bewußt, die aufkommen, wenn Sie ihre Gegenwart zu erleben versuchen. Seien Sie geduldig, und lassen Sie *jede* Vorstellung zu, die Ihnen angenehm ist. Was immer es ist, lassen Sie es detaillierter werden, bis es so aussieht, als würde es für Sie ‹real›, auch wenn Sie genau wissen, daß Sie diese Vorstellung selbst hervorrufen.

Wenn Sie sie sehen oder ihre Gegenwart zu spüren beginnen, denken Sie daran, sie als Person zu behandeln, vor der Sie Respekt empfinden, ganz gleich, in welcher Gestalt oder Form sie erscheint. Versuchen Sie, über keinen ihrer Aspekte zu urteilen, auch wenn sie Züge an sich hat, die Sie nicht gleich akzeptieren können. Beginnen Sie den Dialog, indem Sie ihr für ihr Erscheinen danken und ihr sagen, Sie möchten durch sie etwas über sich selbst erfahren. Sagen Sie ihr, daß Sie offen sind für das, was sie mitzuteilen hat, auch wenn Sie es zunächst vielleicht nicht verstehen. Sie brauchen nichts zu *tun*, nur zuzuhören und gegebenenfalls zu antworten. Denken Sie daran, daß es eine Art ‹Unterhandlung› ist; Sie brauchen das, was sie sagt, weder zu bejahen noch zu verneinen, und Sie brauchen auch nichts zu tun, was sie vielleicht von Ihnen verlangt. Wenn sie etwas von Ihnen will, dann fragen Sie einfach, inwieweit Ihnen das zu einem besseren Selbstverständnis verhilft. Hören Sie ihr zu, und wenn Sie das Gefühl haben, sie hätte (einstweilen) alles gesagt, was sie zu sagen hat, dann fragen Sie sie, was sie von Ihnen möchte. Wieder brauchen Sie nicht einzuwilligen, irgend etwas für sie zu tun; hören Sie einfach zu, und merken Sie sich, was sie von Ihnen verlangt. Nachdem sie es gesagt hat, fragen Sie sie, inwiefern die Erfüllung ihres Wunsches dazu beiträgt, daß Sie sich selbst besser verstehen. Hören Sie genau zu, was sie erwidert, und merken Sie sich, welche Gefühle dieser Dialog in Ihnen hervorruft. Die meisten Gespräche gehen auf ganz natürliche Weise mit der Übereinkunft zu Ende, sich bei anderer Gelegenheit wiederzutreffen. Danach schreiben Sie in einem Tagebuch auf, was gesagt wurde und welche Gefühle das Gesagte in Ihnen ausgelöst hat. Stellen Sie in Ihrem Tagebuch Fragen nach der möglichen Bedeutung dieses Dialogs für Sie; fragen Sie sich, ob er positive und/oder negative Gefühle in Ihnen ausgelöst hat, die Sie besser verstehen müssen. Machen Sie sich detaillierte Notizen über das Erscheinungsbild der Inneren Frau, und notieren Sie vor allem, ob es im Laufe des Dialogs irgendwelche Veränderungen des Bildes gab. Jedesmal, wenn Sie sich mit ihr ‹treffen›, halten Sie das Gespräch fest und schreiben alle Veränderungen auf, die in Ihren Gefühlen auftraten, und auch alle Veränderungen in Erscheinungsbild, Haltung oder Gefühlen Ihrer Inneren Frau Ihnen gegenüber.»

Zusammenfassung

Die Anima ist nicht nur von den persönlichen Erfahrungen abgeleitet, die ein Mann in seinem Leben mit Frauen gemacht hat, sondern auch eine archetypische Gestalt, die er berücksichtigen muß, wenn er psychisch und spirituell wachsen will. Die Anima manifestiert sich als inneres Bild oder als Serie von Bildern, die in seinen Träumen und Phantasien auftreten sowie in seinen Projektionen auf die Frauen, die er kennenlernt. Als Personifizierung seines Unbewußten ist die Anima ein wichtiges Hilfsmittel, um Zugang zu seinem eigentlichen Selbst zu erlangen. Um dieses Mittel wirklich nutzen zu können, muß ein Mann bereit sein, die Bilder der Anima zu analysieren, wenn er sie sieht. Einer der Hauptwege, auf denen ein Mann Zugang zu diesen Bildern gewinnt, ist sein Bemühen, seine Projektionen auf reale Frauen zurückzunehmen und zu begreifen.

Das bewußte Anerkennen der Anima gestattet einem Mann, zu den tieferen Schichten seiner Persönlichkeit vorzudringen, das heißt gewöhnlich zu seinem Unbewußten. Es ermöglicht ihm, vor allem durch seine Beziehungen zu Frauen, sein Anderssein zu reintegrieren und seine Entwicklungsblockierungen zu lösen. Auf diese Weise wird er fähig zu erfüllteren zwischenmenschlichen Beziehungen, differenziertem Fühlen und Kreativität und kann ein intensiveres Bewußtsein seiner selbst gewinnen.

2 Das Auftauchen der Großen Mutter

> Was man in der Welt geschehen sieht, sind nicht
> «schattenhafte Überbleibsel einst bewußter
> Aktivitäten», sondern Äußerungen einer noch
> vorhandenen und stets wieder vorhandenen
> lebendigen seelischen Vorbedingung . . . Unser
> Bewußtsein hat sich sowohl historisch als auch
> individuell aus der Dunkelheit und Dämmerung
> ursprünglicher Unbewußtheit herausentwickelt. Es
> gab psychische Prozesse und Funktionen, lange
> bevor ein Ichbewußtsein vorhanden war. Das
> «Gedanken haben» existierte, ehe ein Mensch sagte:
> «Ich bin mir bewußt, daß ich denke.»
>
> *C. G. Jung*

Evolution

Manche Evolutionstheoretiker möchten uns glauben machen,
daß der Evolutionsprozeß von Zufällen bestimmt wurde – vielleicht von «glücklichen Zufällen», aber zumindest nicht not-
wendigerweise eine stetige Höherentwicklung repräsentiert.[1]
Warum überhaupt Leben entstanden ist, mag eines der ungelösten Rätsel der Menschheit bleiben; aber es ist nun mal entstanden, und ich empfinde Ehrfurcht vor etwas, was das Wirken
einer unerklärlichen Weisheit in der Natur zu sein scheint und
meiner Meinung nach mehr als nur willkürliche Effekte be-
zeugt: Man sieht die Entwicklung zunehmend komplexerer Le-

bensformen mit immer größerer Fähigkeit zur Differenzierung, die im *Homo sapiens sapiens* kulminiert.

Evolution ist gekennzeichnet durch immer größere Funktionsspezialisierung sowie durch zunehmend subtile und unterschiedliche Verhaltensmöglichkeiten. Not war dabei häufig das Movens, da sie zu noch mehr Spezialisierung und noch geschickterer Anpassung zwang. Können wir in der Evolution des kollektiven Bewußtseins eine Parallele hierzu finden? Meiner Ansicht nach bietet der Individuationsprozeß eine solche Parallele, wie wir sehen werden.

Um die Psyche des zeitgenössischen Mannes besser verstehen zu können, müssen wir daher zunächst einen Abstecher zu den Ursprüngen des Lebens und den Anfängen der sexuellen Differenzierung machen. Der Blick in die ferne Vergangenheit wird uns vor allem helfen, unsere *Mutterbilder*, die Bedeutung der archetypischen Mutter, besser verstehen und einschätzen zu können.

Anfänge: Mutter als Natur

Soweit man heute weiß, existiert seit mehr als drei Milliarden Jahren Leben auf diesem Planeten. Vor mehr als achthundert Millionen Jahren bestand dieses Leben im wesentlichen aus einzelligen Organismen, die in den Wassermassen der Erde enthalten waren.[2] Allmählich bildeten sich mehrzellige Organismen und bewirkten Veränderungen in der Umgebung, die sie hervorgebracht hatte. Weil sie zu sexueller Fortpflanzung fähig waren, verfügten sie über das primäre Rohmaterial für evolutionäre Vielgestaltigkeit; dies war der Beginn der Differenzierung von Organismen.

Erst vor vierhundert Millionen Jahren eroberte das Leben endlich festes Land. Das Auftauchen der ersten Lebensformen aus dem Wasser war ein prototypisches Geschehen, das sich in unterschiedlicher Ausprägung während der ganzen Geschichte höherer Lebensformen wiederholen sollte. Das Wasser, die Meere und Ozeane, war schon vor der sexuellen Differenzierung die *Urmutter*.

Dann, vor ungefähr dreihundert Millionen Jahren, wurden die Amphibien durch ein bemerkenswertes evolutionäres Geschehen aus ihrer Abhängigkeit vom Wasser befreit. Dies war der Ursprung des amniotischen Eis und seiner Schale, was die Fortsetzung der Evolution auf dem Land zuließ, zuerst in Form von Reptilien.[3] Dieses amniotische Ei, von einem Weibchen erzeugt und getragen, kündigte eine rudimentäre, aber deutlich ausgeprägte Form der Mutter an, da es inzwischen nicht nur eindeutig sexuelle Fortpflanzung, sondern auch funktionelle Differenzierung gab: Nur ein Geschlecht gebar die Nachkommen. Wir können sagen, daß hier zum erstenmal in der Geschichte die *Mutter als biologisches Geschöpf* erschien.

Auftauchen des menschlichen Bewußtseins

Die Familie unserer Vorfahren, der *Hominidae*, reicht fünf bis zehn Millionen Jahre zurück. Vor etwa zwei Millionen Jahren kam es zu wichtigen Einschnitten in der Evolution des Menschen. Von biologischer Bedeutung waren die entwicklungsgeschichtliche Trennung von den Affen und das Auftauchen des *Homo habilis*; psychologisch bedeutsam war die erstaunliche Zunahme des Gehirnvolumens, was schließlich zur Ausbildung eines differenzierten menschlichen Bewußtseins führen sollte.[4]

Diese dramatische Veränderung in der kortikalen Kapazität ließ größere manuelle Geschicklichkeit sowie die Entwicklung von Sprache und von höheren geistigen Funktionen zu, einschließlich der Fähigkeit, begrifflich zu abstrahieren, Dinge symbolisch darzustellen und – eine Fähigkeit, die den Menschen schließlich von jeder anderen Spezies unterschied –

über sich selbst nachzudenken. Dieses einzigartige Potential zur Selbstreflexion war der Nährboden für das Auftauchen des Bewußtseins.

Mit dem Gehirnwachstum ging eine ebenso dramatische Veränderung der sexuellen Fähigkeiten einher, die die Natur menschlicher Fortpflanzung und menschlichen Verhaltens neu prägte. Vorher paarte sich die Frau in der Regel nur während der Brunftzeit.[5] Und wenn sie schwanger wurde, fand kein Sexualleben mehr statt. Erst nach dem Abstillen kehrten der Zyklus und das Paarungsverhalten zurück. Nach und nach wurden die Brunftperioden der Weibchen immer länger; das heißt, sie waren über einen längeren Zeitraum hinweg sexuell verfügbar – vor und nach dem Gebären. Schließlich konnten die weiblichen Geschöpfe buchstäblich jederzeit Verkehr haben und mehr Kinder in kürzeren Zeitspannen bekommen. Dies stellte natürlich höhere Anforderungen an die Mutter.

Infolge des aufrechten Gangs veränderte sich außerdem die Beckenstruktur der Frau, und der Geburtskanal wurde enger. Dies, zusammen mit dem gewachsenen Gehirnvolumen, machte kürzere Tragzeiten erforderlich und schuf so eine Situation, in der menschliche Neugeborene im Vergleich zu anderen Spezies hilflos wie Frühgeburten waren.[6] Der menschliche Säugling brauchte eine noch ausgedehntere Periode des Nährens, des Kontakts, der Betreuung und des Lernens – Aufgaben, die im wesentlichen von der Mutter erfüllt wurden. Von daher muß man annehmen, daß sowohl für den Säugling als auch für die Mutter Muster der Bindung und Zuwendung größere Bedeutung gewannen. Die Mütter müssen im Zuge ihrer wachsenden Verantwortung «mütterlicher» geworden sein. Der Säugling war abhängiger, weil er physisch hilfloser war und länger brauchte, um eine eigene Identität zu bilden. Tatsächlich ist die Beziehung zwischen Mutter und Säugling um so enger, je früher das Baby geboren wird. Wir kennen die ungeheure physische und emotionale Verletzlichkeit des menschlichen Säuglings heute nur zu gut und wissen, welche verheerenden Folgen für die weitere psychische Entwicklung des Kindes Störungen der frühen Mutter/Kind-Beziehung haben können.[7]

Arbeitsteilung und soziale Organisation

Längere Perioden der Abhängigkeit scheinen die Arbeitsteilung zwischen den Geschlechtern gefördert zu haben, denn die Mutter mußte nun mehr Zeit mit dem Säugling verbringen und konnte sich weniger um die Beschaffung von Nahrung kümmern. Es sieht so aus, als hätten von nun an in erster Linie die Männer diese Aufgabe übernommen, vor allem das Jagen fern vom Lager, während die Frauen zu Hause die Kinder versorgten und Pflanzen im näheren Umkreis sammelten.[8]

Da die Rolle der Mutter zunehmenden Kontakt mit dem Säugling erforderte, blieb die Rolle des – häufig abwesenden – Vaters im Familienleben relativ unbedeutend. Die Männer blieben weitgehend am Rande als polygyne «Befruchter» und Jäger.[9] Man wußte ja nicht einmal, welcher Mann nun der Vater eines bestimmten Kindes war, was eine Vater/Kind-Beziehung in unserem Sinne unmöglich machte. Tatsächlich war zu dieser Zeit nicht einmal der ursächliche Zusammenhang zwischen Geschlechtsverkehr und Empfängnis bekannt.

Die Zunahme der sexuellen Kapazität und Fruchtbarkeit der Frauen führte natürlich zu einem größeren Bedürfnis nach und einer Fähigkeit zu emotionalen Bindungen in monogamen Beziehungen. Da die Mutter mehr Zeit mit der Sorge um ihre Kinder zubringen mußte, wurde sie abhängiger von dem Mann oder den Männern, die sie unterstützten und ihr bei der Nahrungsbeschaffung halfen. Diese weitere Veränderung in der Arbeitsteilung führte zu zunehmend komplexen Formen sozialer Interaktion und schließlich zu bestimmten Mustern von Verwandtschaft und «Familienbanden». Schon die ersten Hominiden vor etwa vier Millionen Jahren hatten begonnen, Muster sozialer Interdependenz mit rudimentären Verwandtschaftsre-

geln zu entwickeln. Diese Bewegung in Richtung auf monoga-
mere Beziehungen wurde vermutlich überlagert durch die Bildung exogamer Bindungen, um den Zugang zu anderen Gruppen zu sichern und als Reaktion gegen endogame Tendenzen,
insbesondere den Inzest.

Endogenie und Exogenie

Evolution kann man als das dynamische Wechselspiel und die
allmähliche Integration der grundlegenden Gegensätze betrachten, die ich als *endogen* und *exogen* definieren möchte:
Verhalten oder Entwicklung, die im wesentlichen von innen
kommen, und das, was im wesentlichen von außen kommt. So
könnten wir sagen, daß das Leben am extremen Pol der endogenen Entwicklung begann. Die «Ursuppe» der einzelligen Organismen war ein sehr langwieriger, im wesentlichen endogener Prozeß ständiger Selbstreproduktion, der einen Zeitraum
von etwa zwei Milliarden Jahren umfaßte. Gleichzeitig existierte eine geringere exogene Tendenz, ohne die überhaupt
keine Differenzierung hätte stattfinden können. Die ersten spezifischen Anzeichen von Exogenie zeigten sich mit der Entwicklung mehrzelliger Organismen und sexueller Fortpflanzung – der Beginn echter Differenzierung.

Die Konzepte von Exogenie und Endogenie lassen sich auch
auf die Entwicklung von Verwandtschaftssystemen anwenden
– genauer gesagt auf die Praxis der *Exogamie* und *Endogamie*.
Im Falle der Exogamie sucht ein Heiratswilliger seinen Ehe-
partner außerhalb seines Stammes oder Clans, im Falle der Endogamie wird nur innerhalb einer bestimmten sozialen Gruppe
geheiratet (daher die Inzesttendenz).[10] Es gibt zwar soziale und
ökonomische Gründe für die Exogamie[11], aber auch starke psychologische Faktoren, die eine Ausgewogenheit zwischen in-
nengerichtetem und außengerichtetem Verhalten verlangen. Es
ist interessant, daß gleichzeitig mit der Ausformung der matrili-

nearen Familienstruktur und engerer Familienbindungen Exogamie praktiziert wurde. Es sieht so aus, als sei diese Struktur zwar eine positive soziale, ökonomische und emotionale Entwicklung gewesen, habe aber auch endogene Tendenzen enthalten, die für den einzelnen zum Beispiel die Gefahr bargen, zu lange in der Gruppe zu bleiben und auf diese Weise seinen Bewußtseinshorizont nicht genügend zu erweitern.

Indem sie die erwachsenen Söhne aus der Gruppe ausschloß, schuf die Exogamie eine Solidarität der Frauen und damit eine der Grundlagen des matrilinearen Systems: Die Abstammung konnte nur über die Mutter zurückverfolgt werden. Man neigte in diesen Gesellschaften auch dazu, die Männer zu isolieren und sie gleichzeitig zu zwingen, ihre Identifikation außerhalb ihrer Heimatgruppe zu suchen. Auf diese Weise wirkte die Praxis der Exogamie nicht nur endogen, indem sie primitive Gruppenheiratssysteme schuf; sie funktionierte auch exogen, indem sie eine Loslösung der Männer von ihrer Familie und vom Weiblichen bewirkte und deren exogene Identität als gute Sammler, Jäger und Versorger verstärkte.

Sowohl endogene als auch exogene Tendenzen können auf die Individuen innerhalb der Gruppe positive wie negative Auswirkungen haben. Wenn eine Gruppe zum Beispiel aus einem Bedürfnis nach engem Zusammenhalt heraus dezidiert endogen ist, dann haben ihre Mitglieder vielleicht keine Gelegenheit zu Selbsterforschung und innerem Wachstum und neigen zu inzestuösen Beziehungen. Wenn umgekehrt eine Gruppe so exogen ist, daß sie ihre Mitglieder vorzeitig ausschließt, dann leiden diese Menschen vielleicht unter einem Gefühl der Zurückweisung und einem geringen Selbstwertgefühl. Verwandtschaftssysteme und Einzelpersonen brauchen daher eine Mischung aus endogenen und exogenen Tendenzen, um einerseits die Stabilität und Kohärenz der Gruppe zu sichern und andererseits die Integrität jedes Individuums zu schützen. So hat sich während der ganzen menschlichen Geschichte das Bewußtsein sowohl auf kollektiver als auch auf individueller Ebene aus dem dynamischen Wechselspiel dieser beiden grundlegenden Tendenzen entwickelt.

Die Familie

Die Familienstruktur ist ein dynamischer Mikrokosmos aus endogenen und exogenen Tendenzen, beginnend als höchst abhängiger endogener Rahmen. Wenn das Leben voranschreitet, befreit sich das Individuum allmählich von der Familienmatrix sowie von den kollektiven Werten seiner Gesellschaft. Durch ausgewogenes Wachstum in endogene und exogene Richtung bewegt sich die Psyche des einzelnen hin zu größerer Differenzierung, persönlicher Verantwortung und emotionaler Freiheit.

Hand in Hand mit der Entstehung der Familie als grundlegender Sozialstruktur ging die Entwicklung des Inzesttabus, das verhinderte, daß die natürlichen endogenen Tendenzen innerhalb der Familie zu weit getrieben wurden. Der positive Pol der endogenen Tendenz für die Familie ist, daß Eltern Kinder zeugen, die ein «Teil von ihnen» sind, und das verleiht dem Kind eine Identität als wichtiges Mitglied der Familiengruppe. Offener Inzest in der Ursprungsfamilie ist endogenes Verhalten im Extrem – die Familienmitglieder werden nicht nur «innen» gezeugt, sie *bleiben* «innen». Dieser Tendenz wirkt das Inzesttabu entgegen, das extrem endogenes Verhalten daran hindert, innerhalb der Familienmatrix Wachstum und Entwicklung zu blockieren.

Es scheint natürlich, daß extrem endogene Tendenzen meist durch den Archetypus des Weiblichen repräsentiert werden, insbesondere durch die Mutter. Sowohl die archetypische als auch die leibliche Mutter stellen den Inbegriff der Schöpfung von innen dar. Deswegen kann die Symbolik des Ozeans (wie die «Ursuppe») immer sowohl auf das Unbewußte im allgemeinen als auch auf die Mutter im besonderen zurückverweisen.[12]

Im Falle von Männern und ihren Müttern sehen wir endogenes Verhalten in dem Wunsch, die Sicherheit und Zuwendung der frühen Mutter/Kind-Beziehung zu bewahren. Positive endogene Verhaltensmuster umfassen auch die Versorgung und den Zusammenhalt innerhalb der Familiengruppe, wobei gleichzeitig die Integrität und Unabhängigkeit des einzelnen respektiert wird. Negatives endogenes Verhalten sind Unterdrückung, Einschränkung und Restriktion, die das Individuum nur in der ursprünglichen Gruppe festhalten und in manchen Fällen zu Endogamie und inzestuösen Familienbindungen führen.

Positive exogene Verhaltensweisen stellen natürliche Schritte fort von der Familie dar, wie sie sich in den Initiationsriten pubertierender Knaben widerspiegeln. Negative exogene Verhaltensweisen sind solche, die eine extreme oder vorzeitige Entfernung von der Gruppe provozieren, was entweder zur Isolation des Individuums oder zu einer harschen Trennung von der ursprünglichen Familie führt, etwa, wenn das Kind von einem oder beiden Elternteilen abgelehnt bzw. im Stich gelassen wird. Wir sehen auch spezifische exogene Verhaltensweisen, die dazu bestimmt sind, Kinder aus der mütterlichen Matrix zu lösen, in die sie eingebettet waren. (Ich komme darauf im Zusammenhang mit den Initiationsriten für Knaben und der Reise des Helden in Kapitel 3 zu sprechen.)

Ein großes Problem für moderne Männer ist, daß kontraphobische Abwehrmechanismen gegen Gefühle der Abhängigkeit von ihren Müttern später auf ihre Partnerinnen projiziert werden. Dies veranlaßt sie, sich von der Familie als Quelle der Unterstützung und Identität nur noch weiter zu entfernen. In den oben beschriebenen Begriffen ausgedrückt, kommt das einer Form negativen exogenen Verhaltens gleich, bei dem Männer in der Angst leben, übermäßig festgehalten zu werden, und kein gesundes Gefühl für die Bindung an oder die Getrenntheit von ihren Partnerinnen und ihren Kindern entwickeln können. Gleichzeitig existiert die negative endogene Tendenz zum Inzest in Form der sexuellen Belästigung von Kindern durch ihre Väter heute in fast epidemischem Ausmaß.

Man muß die Frage stellen, warum diese Tendenz sich so verstärkt hat. Die Antworten sind an mehreren kritischen Punkten in der frühen Entwicklung von Männern zu suchen. Moderne Männer scheinen zwischen den extremen Polen des Inzest-Archetyps gefangen: einerseits sind sie weitgehend unabhängig von der Familie und dem Weiblichen und bringen sich in erster Linie in exogene Aufgaben ein; andererseits werden sie von unbewußten, regressiven endogenen Tendenzen mit dem Potential zum Inzest verfolgt. Dieses Dilemma wird deutlicher, wenn man sich die erste und kritischste Entwicklungsaufgabe von Männern ansieht: die Trennung von der Mutter. Dazu müssen wir die Entstehung des matriarchalischen Systems genauer betrachten.

Mutter

Die wirkliche Mutter eines Mannes und auch die archetypischen Mutterbilder in seiner Psyche üben einen dominierenden Einfluß aus auf sein Erleben der inneren Weiblichkeit und infolgedessen auch auf seine Art, zu Frauen in Beziehung zu treten. Da wir sowohl psychisch als auch physisch von der Mutter geboren werden, müssen wir begreifen, wie tief verwurzelt unsere Beziehung zum Mutterarchetyp ist. Diese Beziehung kann dem Bewußtsein aufgrund ihrer von Haus aus unbewußten Natur nur durch die Sprache der Symbole übermittelt werden. In diesem Sinne kann es eine Individuation ohne Symbolisation nicht geben.[13] Es ist ganz wesentlich, sich das klarzumachen, wenn man speziell die männliche Psychologie verstehen will, denn für Männer ist die Differenzierung ihrer selbst eine kritische Entwicklungsaufgabe – und entscheidend für die Individuation.

Nach meinem Kindheitstraum, von dem ich weiter oben berichtet habe, in dem ich von Baumwurzeln behindert und eingeschlossen war, hielten mich die Kraft und die emotionale Wucht des geheimnisvollen Wurzelsymbols viele Jahre lang gefangen. In meinen bewußten Erfahrungen gab es nichts, was ich mit diesem Bild in Zusammenhang bringen konnte; ich mußte also anderswo suchen. Diese Suche nach dem Sinn setzte den bewußten Individuationsprozeß in Gang. Ich sehe heute, daß dieser Traum nicht nur einen ungeheuren Konflikt in meinem Unbewußten symbolisierte, sondern auch eine Verstrickung mit der archetypischen Mutter darstellte, einen Ausdruck des Unbewußten in einer sehr ursprünglichen Form. Um diese Bilder zu begreifen, mußte ich nicht nur die Natur meiner Erfahrungen mit meiner leiblichen Mutter verstehen; ich mußte auch eine noch tieferliegende Quelle entdecken.

Diese Quelle war das Reich des kollektiven Unbewußten mit seinen archetypischen Bildern. Diese archetypischen Formen erweitern die persönliche Dimension unserer Erfahrung, da sie einen transpersonalen Kontext liefern, der zurückgeht bis zu den frühesten von der Psyche geschaffenen Symbolen. Es ist hilfreich, einen Blick auf einige der Ursprünge dieser archetypischen Symbole zu werfen, wie sie in der frühesten Kunst der Menschheitsgeschichte dargestellt wurden.

Die letzte Eiszeit und der Anfang der Kunst

Prähistorische Kunst – zum Beispiel die Höhlenmalereien von Lascaux und Altamira – entstand während des Paläolithikums. Diese Kunstformen dokumentieren zum erstenmal die menschliche Fähigkeit zu abstrakten geistigen Prozessen und mystischem Denken. Die Gestalten, die an diese Höhlenwände gemalt sind, waren vielleicht die ersten Versuche, «Männlich» und «Weiblich» darzustellen. Man hat die Höhlen mit dem Mutterschoß verglichen, denn sie bargen die Mysterien der Erschaffung von Leben, die den paläolithischen Menschen noch unbekannt waren. Das Bild wird noch verstärkt durch die komplexen und labyrinthischen Gänge der Höhlen, die so sehr dem geheimen Zugang zum weiblichen Schoß gleichen. Die mythischen Themen dieser Epoche waren der Zyklus von Geburt, Tod und Wiedergeburt oder Regeneration; die Beziehung des Menschen zu den Tieren; das Beschaffen und Vermehren von Nahrung; und die Transformation von Kindern in Erwachsene.[14]

Es ist daher kein Zufall, daß die frühesten künstlerischen Skulpturen, die Steinfiguren der Eiszeitmenschen, die Große Mutter darstellten. Heute ist man allgemein der Ansicht, daß diese Statuetten, die von Spanien bis Sibirien verbreitet waren, religiösen oder kultischen Charakter hatten. Diese Figuren der weiblichen Gottheit standen daher im Mittelpunkt der frühesten menschlichen Kultur. Die Große Mutter, die Nahrung, Obdach und Sicherheit gibt, ist die Herrin von Leben und Fruchtbarkeit. Ihr Kult ist nach dem wenigen, was wir durch archäologische und prähistorische Forschung darüber wissen, der früheste Ausdruck für die bewußte Erfahrung der Macht der Mutterschaft über Leben und Schicksal.

Das Matriarchat

Mit dem Ende der Eiszeit vor etwa zehntausend Jahren und dem Untergang der altsteinzeitlichen Kultur begann die landwirtschaftliche Revolution, gekennzeichnet durch das Entstehen von Dörfern und Städten. Archäologische Funde in Südosteuropa aus der präkeramischen neolithischen Periode um 6500–3500 v. Chr. haben eine ungewöhnlich reiche und einzigartige Kultur zutage gefördert. Es gab zwar ähnliche kulturelle Entwicklungen in Anatolien, Mesopotamien, Palästina, Syrien und Ägypten, doch die Archäologin Marija Gimbutas glaubt, daß diese nicht so differenziert waren wie die alteuropäische:

Zwischen etwa 7000 und 3500 v. Chr. entwickelten die Bewohner dieser Region eine wesentlich komplexere soziale Organisation als ihre westlichen und nördlichen Nachbarn; sie gründeten Siedlungen, die oft sogar zu kleinen Ortschaften wurden, was zwangsläufig eine Spezialisierung des Handwerks und die Schaffung religiöser und politischer Institutionen mit sich brachte. Sie entdeckten die Möglichkeit, Kupfer und Gold für Ornamente und Werkzeuge zu verwenden, und scheinen sogar eine rudimentäre Schrift entwickelt zu haben.[15]

Die Archäologie dieses Gebietes zeigt eines der klarsten Beispiele für eine matrifokale, matrilineare Kultur, von der man annimmt, daß sie mindestens zwanzigtausend Jahre gedauert und schon vor Paläolithikum und Neolithikum begonnen hat. Aufgrund der Entwicklung des Ackerbaus und der Domestizierung von Tieren gewann die Natur eine vorher nicht dagewesene Bedeutung, was zur Verehrung der Göttin von Vegetation, Fruchtbarkeit und Geburt führte.

Die paläolithischen Kunsttraditionen wurden im Neolithikum weitergeführt und erlebten eine ungeheure Blüte, wobei vor allem für die Darstellung weiblicher Formen vielfältige Ausdrucksmöglichkeiten gefunden wurden. Die Archäologie förderte buchstäblich *Tausende* von Mutterfiguren zutage.

Die Kultur war reich an Mythen und Ritualen, mit denen die diversen Erscheinungsformen der Großen Muttergöttin geehrt wurden. Sie wurde in verschiedenen Gestalten dargestellt, die ihre unterschiedlichen Kräfte repräsentierten: als Herrin des Wassers, als Große Göttin von Leben, Tod und Regeneration und als Schwangere Göttin der Vegetation. Zusätzlich zu den Figurinen wurde eine Vielzahl von Töpferwaren, Grabmodellen und Ritualgegenständen entdeckt sowie die berühmten Tartaria-Tafeln aus der Gegend von Zinca; es scheint sich dabei um die erste lineare Schrift zu handeln – ein Text über rituelle Opfer und Bestattungspraktiken. Es gibt auch Belege dafür, daß der Göttin unter freiem Himmel Menschen- und Tieropfer dargebracht wurden.

Symbolische Darstellungen auf Töpferwaren, in Gräbern und auf den Figurinen selbst sind Bilder, die mit den Ursprüngen des Lebens und mit kosmogonischen Überzeugungen zu tun haben. Bilder vom Wasser und vom Ei – als Ganzes und geteilt – repräsentieren und bestätigen das archetypische mütterliche Prinzip in seinen frühesten biologischen Formen. Bilder vom Urwasser und von Eiern, die an die einzelligen Prokaryoten in ihren Wassermassen erinnern, existieren in der Kunst vom Paläolithikum bis heute als symbolischer Ausdruck der archetypischen Mutter, der Quelle allen Lebens.[16]

Das soziale Umfeld dieser matrifokalen Kultur ist von einigen neueren Autoren als ländlich, friedlich und im Hinblick auf die Geschlechter egalitär geschildert worden. Man gewinnt den Eindruck, daß diese Autoren die Epoche ziemlich idealisiert darstellen, trotz der sozialen, politischen und religiösen Disparität zwischen Männern und Frauen. Diese Ungleichheit als solche impliziert nicht unbedingt, daß die Frauen die Männer unterdrückten, doch die psychologischen Auswirkungen, die es hat, wenn Männer in einer von Bildern der Großen Mutter dominierten Kultur leben, werden auf diese Weise übersehen. Mir erscheint auch interessant, daß diese Autoren gern die dunklere, negative Seite der Mutter vernachlässigen, vor allem im Hinblick auf die Opferaspekte ihrer Fruchtbarkeitsriten.

Bilder der Großen Mutter wurden oft ergänzt durch symbolische Darstellungen von Tieren, die bestimmten Göttinnen geweiht waren und deren Mythologie Aspekte dieser Göttinnen erhellte. Die Göttinnen wurden häufig durch das ihnen assoziierte Tier definiert: die Schlangengöttin, die Vogelgöttin und dergleichen. Die Tiere symbolisierten auch die Göttin selbst, wie man anhand zahlreicher Skulpturen des Neolithikums sehen kann. Der Göttin der Vegetation wurde beispielsweise schon 6000 v. Chr. das Schwein als geweihtes Tier zugeordnet, das auch beim späteren Fest von Thesmophoria im alten Griechenland Opfertier war. Im griechischen Demeter- und Persephone-Kult war das Schwein ebenfalls das Hauptopfertier. Schwächliche Ferkel wurden in eine Schlucht geworfen, in der es angeblich von Schlangen wimmelte. Die Überreste der Schweine wurden dann als «Fruchtbarkeitszauber» auf den Feldern verteilt. In Indien wird die Göttin der Toten als Durga verehrt, die «Unnahbare» bzw. «Gefährliche», oder als Parvati. Das Tempelfest der Parvati ist ein Fruchtbarkeitsritual, bei dem das Schwein zusammen mit Büffeln und Ziegen geopfert wurde: «Unterm Opferaltar war eine tiefe Grube ausgehoben, gefüllt mit frischem Sand; der Sand sog das Blut der enthaupteten Tiere auf. Er wurde zweimal am Tag erneuert, der blutgetränkte aber ward jeweils vergraben, um die Fruchtbarkeit der Erde zu fördern.»[17]

Die Göttin der Regeneration, eine Epiphanie der Großen Göttin, nimmt beim Opfer des Bullen die Form einer Biene oder eines Schmetterlings an. Gimbutas zitiert Antigonos von Karystos (250 v. Chr.): «Wenn man in Ägypten an bestimmten Stellen den Ochsen vergräbt, so daß nur noch seine Hörner aus der Erde ragen, und diese dann absägt, heißt es, Bienen flögen heraus; denn der Ochse reinigt und löst sich in Bienen auf.»[18] Und bei Porphyrios (233 – ca. 304 n. Chr.) heißt es: «Die Alten gaben den Priesterinnen der Demeter, die der chthonischen Göttin geweiht waren, den Namen *Melissae* (Bienen): Kore selbst trug den Namen *Melitodes*; auch den Mond (Artemis), der für Geburten sorgte, nannten sie *Melissa*, weil der Mond ein Stier ist und sein Aufgehen dem Erscheinen eines Stieres gleicht, und Bienen von Stieren gezeugt werden. Und Seelen, die in die Erde eingehen, sind vom Stier gezeugt.»[19]

Bei der Erforschung dieser Regenerationsrituale hat man der Bedeutung der *Curetes* wenig Beachtung geschenkt, der Eunuchenpriester im Dienst der Göttin, die entweder von den Priesterinnen der Großen Muttergottheit kastriert wurden oder sich selbst kastrierten, um dem Opfertod zu entgehen. In späteren Zeiten stand der Stier für das Menschenopfer, und sein abgeschlagenes Haupt war das Substitut für den Phallus und die rituelle Kastration. In diesem Kontext symbolisierten die Hörner des Stiers den Phallus des Sohnes. Erich Neumann weist darauf hin, daß das Fruchtbarkeitsritual in Kreta von der Großen Mutter und dem jugendlichen Gott vollzogen wurde, ihrem Sohn und Liebhaber, der für ihre Fruchtbarkeit geopfert wurde.[20]

Dies ist eine außerordentlich wichtige historische Periode für den Mutterarchetypus; sie entspricht dem Stadium, in dem das Ich noch unbewußt und in die Natur eingebettet ist. Es geht hier nicht um die sensationellen Aspekte des Mutterkults, sondern darum, auf die ungeheure Macht sowohl der positiven als auch der negativen Aspekte der Muttergöttin in diesem kulturellen Stadium hinzuweisen. Wir müssen sie auch im Hinblick auf die archetypischen Bilder betrachten, die sie übermittelt, sowohl als Göttin von Leben und Fruchtbarkeit wie als Göttin des Todes, die so ungeheure Opfer forderte, um ihre Fruchtbarkeit zu sichern.

In dieser Periode kulminiert die enorme Macht der Mutter als kollektives Bild der männlichen Psyche in einem rituellen Opfer, das ihre Beziehung zu ihrem Sohn als Liebhaber deutlich ausdrückt. Aus psychologischer Sicht spiegelt ihre Macht als Archetyp die Evolution des kollektiven Bewußtseins oder des kollektiven Unbewußten bis zu diesem Zeitpunkt wider. Außerdem entspricht diese archetypische Situation einem Stadium des stetig auftauchenden individuellen Ich und der Entwicklung männlichen Bewußtseins. Wie Neumann schreibt:

«Und wenn Welt, Leben, Natur und Seele als gebärendes und nährendes, als schutzgebendes und wärmendes Weibliches erfahren wurden, dann wird auch der Gegensatz dazu am Bild des Weiblichen erlebt, und die Menschheit erfährt Tod und Abgrund, Gefahr und Not, Hunger und Schutzlosigkeit als Preisgegebensein an die dunkle und furchtbare Mutter.»[21]

Hieran sehen wir, daß der Archetyp der Mutter zwei wesentliche Aspekte ausgebildet hat: die Gute Mutter und die Furchtbare Mutter. Von diesem historischen Moment an erscheinen alle ihre Aspekte bildhaft in Mythen und Märchen sowie in den Träumen und Phantasien des einzelnen. Im allgemeinen bleiben diese Bilder unbewußt. Darüber hinaus ist mit der Zeit der negative Aspekt zunehmend verdrängt worden; wir sind uns häufiger der Mutter in ihrem positiven Aspekt bewußt. Doch Männer, die schlechte Erfahrungen mit der wirklichen Mutter gemacht haben, erleben in ihren Träumen und Phantasien wahrscheinlich den negativen Pol. Dies kann verwirrend wirken, denn die Mutter mag zwar in der persönlichen Erfahrung des Betreffenden negativ sein, aber sie ist wahrscheinlich nicht so böse, wie ihr entsprechendes archetypisches Bild suggeriert. Manchmal zeigt sie sich mit den ihr zugeordneten Tieren, manchmal erscheint sie selbst teilweise als Tier, was ihre archetypische Natur noch unterstreicht. Hin und wieder kann das Tier auch allein auftreten, die Mutter symbolisieren und irgendeinen speziellen Aspekt der Beziehung betonen.

Einer der ersten Träume, die ich nach Aufnahme der Analyse hatte, ist ein Beispiel für diese Konfrontation:

Ich gehe in der Dämmerung durch einen Wald. Ein paar Fuß über dem Boden wirbelt dunstiger Nebel. Ich sehe in einiger Entfernung seitlich von mir eine Gestalt halb kriechen, halb laufen. Nach ein paar Augenblicken läuft sie auf mich zu, und ich erkenne, daß es meine Mutter ist. Ihr Gesicht trägt einen häßlichen, zornigen Ausdruck, fast wild, und sie scheint halb Wölfin und halb Frau zu sein. Sie wirkt viel größer und stärker, als sie in Wirklichkeit ist. Sie packt mich und zerrt mich zurück in das alte Haus in der Blackhawk Street, in dem wir in Chicago wohnten. Oben im Haus bindet sie mich an einen Stuhl. Auf dem Herd steht eine dicke, grüne, brodelnde Flüssigkeit, in die sie eine große Flasche konzentrierte Salzsäure gießt. Sie rührt sie unter und gießt die Mischung dann über mich, und sie läuft mir über Kopf, Wangen und Schultern. Überall, wo das Zeug mich berührt, löse ich mich auf. Danach steckt sie ihre Hand in meine Brust und reißt mein Herz heraus, legt es auf den Tisch und zerschneidet es. Dann ißt sie es. Danach läuft sie aus dem Haus, kommt aber bald zurück und erbricht das Herz wieder auf den Tisch. Aus dem Regal nimmt sie eine Flasche mit der Aufschrift «Mutteröl». Sie gießt es über das Herz; es wird wieder ganz. An diesem Punkt ändert sich ihr Verhalten, sie wird positiv, liebevoll, fast künstlerisch. Dann nimmt sie das Öl und gießt etwas davon auf die großen Herzkranzgefäße und in meine Brust, um mein Herz wieder aufzubauen, und sie gießt es auch über meine anderen Körperteile, die von der Säuremischung verätzt wurden. Dann bindet sie mich vom Stuhl los. Danach läuft sie wieder hinaus, aber während sie die Treppe hinunterläuft, brechen Baumwurzeln aus den Wänden und wickeln sich schnell um sie, so daß sie nicht nach draußen gelangen kann. Eine große Wurzel tritt hervor, schlingt sich um ihren Hals und erwürgt sie.

Diese Bilder entsetzten mich. Woher kamen sie? Wie war es möglich, diese verzerrten, grauenvollen und schließlich heilenden Symbole der Mutter zu erklären, wo doch meine eigene Mutter weder so böse noch so begnadet sein konnte wie diese Kreatur in meinem Traum? Es gibt nichts so Wunderbares oder Entsetzliches an der wirklichen Mutter eines Mannes, das ihm hilft, die Tiefe und Größe dessen zu verstehen, was die archetypische Mutter für ihn repräsentiert.

Die Bilderwelt dieses Traums läßt sich erweitern, wenn wir uns die Herrin der Tiere ansehen, eine frühe Muttergottheit, auch als Göttin periodischer Regeneration oder Bienengöttin und in einer späteren Variante der griechischen Mythologie als Artemis-Hekate bekannt. Zweck dieser Ergänzung des Traums ist nicht, ihn in das Gewand der Großen Mutter oder eines anderen Archetyps des Weiblichen einzupassen, sondern ihn abzurunden, indem wir uns historische und kulturelle Parallelen zu seiner Bilderwelt und seinem Symbolismus ansehen.

Artemis war wahrscheinlich von früheren Aspekten der Herrin der Tiere abgeleitet. In römischen Mythen wurde sie als Diana verehrt. Für ihr Hervorgehen aus der Muttergottheit und entsprechenden Fruchtbarkeitskulturen spricht ihre Assoziation mit dem Mond. In Ephesus in Kleinasien wurde sie als vielbrüstige Artemis der Epheser dargestellt. Und in Attika war sie als die Wölfische bekannt. Wie Hekate und Selene kannte man sie auch als Mondgöttin. Ihr Reich waren die Natur, die Pflanzenwelt und die Tiere der Erde. Sie war eine jungfräuliche Göttin, Beschützerin der jungen Mädchen und Jägerin. Ihre Eltern waren Leto und Zeus, und Apollo war ihr Zwillingsbruder. Angeblich war sie mit «Wolfsaugen» geboren worden. Nor Hall beschreibt sie folgendermaßen:

Häufig erscheint Artemis-Hekate in Begleitung von Jagdhunden oder einem schrecklichen dreiköpfigen Hund. Die Göttin verändert auch selbst ihre Gestalt: Sowohl sie wie ihr Bruder – die beiden Himmelslichter, Mond und Sonne, aus tiefster Dunkelheit geboren – sind Geschöpfe endloser Transformationen. Artemis bevorzugte Wölfinnen, Hirsche und Bären. In Tiergestalt konnte Artemis eine schreckliche Göttin sein, die sich durch Töten, Verstümmeln und Verschlingen am Menschen rächte. Blut schenkend und Blut vergießend, herrscht sie tief in den ungezähmten Wäldern der menschlichen Psyche.[22]

Die früheste Funktion dieser Göttin für die Männer lag in Jagd und Krieg: Sie steigerte ihr Gefühl für Tüchtigkeit und Geschicklichkeit und förderte ihre Unabhängigkeit von den Frauen. In diesem Sinne war sie ein «geistiger Vater» der Männer und half ihnen, ihre Fähigkeit zur Differenzierung zu entwickeln. Sie ist eine archaische Repräsentation des Unbewußten, das ursprünglich sowohl Eroberer als auch Urheber ist.

Später wird ihre Funktion von den Initiations- und Pubertätsriten übernommen, die die älteren Männer des Stammes durchführen. In ihrer ursprünglichen Form repräsentiert sie die Gesamtheit der Welt – Wasser, Erde und Himmel – und steht so für jene Ganzheit, die die Gegensätze von Natur und Kosmos in sich birgt. In meinem Traum ist sie nicht nur Eroberin und Verschlingerin, sie ist auch Künstlerin, Zauberin, Heilerin. Sie spiegelt sowohl die destruktive als auch die kreative Dimension des Unbewußten wider: «Gerade da, wo der Mensch als Instinktwesen (im Bild des Tieres oder Halbtieres) ganz oder halb von der Triebseite des Unbewußten beherrscht ist, erscheint der Sinnzusammenhang, die unbewußte ‹geistige› Ordnung des Ganzen, als weibliche Gottheit und als überlegene Herrin der Tiere in Menschengestalt.»[23]

Die initiatorischen Erfahrungen des Schamanismus können ebenfalls zur Interpretation dieses Traums beitragen. Man nimmt an, daß der Schamanismus sich während des Paläolithikums und Neolithikums – also schon vor fünfzigtausend bis dreißigtausend Jahren – unter sibirischen Jägergruppen entwickelt hat. Es wird vermutet, daß Knochen und Schädel von Tieren rituelle Gaben waren im Rahmen des magisch-religiösen Glaubens an die Rückkehr getöteter Tiere ins Leben. Einige Autoren haben sogar die Höhlenmalereien von Lascaux, Frankreich, als Repräsentationen schamanischer Trance gedeutet. Die initiatorische Erfahrung des Schamanen (der oft zum Heiler bestimmt ist) wird immer ausgelöst oder angezeigt durch Krisen, Krankheiten, Träume oder ekstatische Erfahrungen. Zur Initiation gehören die folgenden typischen Themen:

Der Novize begegnet einigen göttlichen Gestalten (Herrin des Wassers, Herr der Unterwelt, Herrin der Tiere), bevor er von den Tieren, die ihn führen, zum Zentrum der Welt auf dem Gipfel des kosmischen Gebirges gebracht wird, wo der Weltenbaum und der Herr allen Seins ist; halbdämonische Wesen enthüllen ihm das Wesen der Natur und lehren ihn die Behandlung von Krankheiten; zuletzt schneiden andere dämonische Wesen seinen Körper in Stücke, kochen diese und tauschen sie gegen bessere Organe aus.

Alle Elemente dieses Initiationsberichts hängen zusammen und fügen sich in den Kontext eines in der Religionsgeschichte wohlbekannten symbolisch-rituellen Systems.[24]

Bei *allen* Beschreibungen von Initiationsprüfungen steht im Mittelpunkt der Topos der körperlichen Verstümmelung des zu Initiierenden und die Erneuerung seiner Organe, sein ritueller Tod und seine anschließende Wiederauferstehung.[25]

Obwohl mein Traum ein Opfer illustriert, das dem modernen Ich primitiv, lasterhaft und seltsam vorkommen mag, besteht eine zentrale Funktion des Mutterarchetyps darin, uns in unserem Bedürfnis nach Opfer und Wandlung beizustehen. Das Weibliche ist unser erster Initiator, entweder in Form der Mutter oder als Anima, als innere weibliche Natur des Mannes. Das geronnene Unbewußte, das so dringend der Erweckung bedarf, muß geopfert, muß auseinandergenommen werden. Die im Traum dargestellte Verstümmelung ist nicht weit von einer symbolischen Kastration entfernt, bei der das Herz, der Sitz von Gefühl und Emotion, herausgerissen, verschlungen und dann geheilt wird, und entspricht damit nicht nur dem Tod, sondern einem symbolischen Tod, der der Vorläufer der Wiedergeburt ist. Wir lesen von derartigen symbolischen Darstellungen auch in den verschiedenen alchimistischen Schriften, wenn dort von *divisio, separatio, solutio* (Teilung, Trennung, Lösung) die Rede ist.[26] Ich hatte meinen Traum zu einer Zeit, als eine innere Veränderung für mein weiteres persönliches Wachstum von entscheidender Bedeutung war. (Es war kein bloßer Zufall, daß ich mich um diese Zeit mit etwas herumschlug, was ich für «Herzprobleme» hielt, das heißt, ich fürchtete, mit meinem Herzen sei physisch etwas nicht in Ordnung.)[27]

Interaktion zwischen Mutter und Anima

Der Traum von meiner Mutter zeigt einige der auftauchenden Aspekte der Inneren Frau und bietet die Möglichkeit zur Entwicklung eines «neuen Bewußtseins» durch eine opferähnliche Erfahrung. Um die psychologische und emotionale Bedeutung eines solchen Traums zu verstehen, muß der einzelne unbedingt in der Lage sein, archetypische Mutterbilder von der persönlichen Mutter-Erfahrung zu trennen; er muß wissen, welches die «innere» und welches die «äußere» Mutter ist, obwohl die beiden Bilder teilweise ineinander übergehen können.

Die Mutter als Symbol des Unbewußten und der Unterwelt ist auch die Vorläuferin der Anima, des Archetyps, der die Verbindung eines Mannes zum Unterbewußten symbolisiert. Hier eine weitere faszinierende Parallele zur Initiationsreise des Schamanen, bei der der Schamane von einer Helferin oder *ayami* unterstützt wird, die ihm beisteht wie eine Fee oder Nymphe dem Helden auf seiner Reise. Die Ayami kann manchmal die Gestalt einer himmlischen Ehefrau annehmen, und die Hochzeit der beiden wird in der himmlischen Sphäre gefeiert. (Die Ayami erscheint in der christlichen Tradition später als Lilith, Adams erste Frau, und in der jüdischen Tradition als die Schlange im Paradies.)[28] Gelegentlich kann sie auch ein Hindernis sein, wenn sie versucht, ihn in einem bestimmten Stadium seiner Reise festzuhalten, oder Eifersucht auf seine irdische Frau an den Tag legt. Die Ayami als schützender Geist liefert die unentbehrliche Kraft, die der Schamane braucht, um seine Reise zu vollenden. In diesem Sinne wirkt sie wie die Anima, die Gefährtin des Mannes auf seiner spirituellen Reise, und damit wie die Mutter, eine entscheidende Figur des Individuationsprozesses.

Eine der größten Entwicklungsaufgaben des Mannes besteht darin, zu einer gesunden Auflösung der ursprünglichen Bindung an seine reale Mutter zu gelangen. Er muß auch ein Bewußtsein für die Bedeutung des Bildes der archetypischen Mutter in seiner Psyche entwickeln. Im Unterschied zur Tochter hat der Sohn keine primäre Identifikation mit seiner Mutter, vor allem wenn er beginnt, psychisch aus ihr «aufzutauchen». Im erwachsenen Leben sind Relikte des ursprünglichen Bindungs/Trennungs-Problems im Anima-Bild eines Mannes zu finden.

Die archetypische und die wirkliche Mutter: «Gemeinsames Sorgerecht»

Als archetypische Struktur dominiert die Mutter die frühe Urbeziehung, noch bevor die wirkliche Mutter als solche erkannt ist. Das Kind besitzt bereits eine Disposition, all das zu erfahren, was im allgemeinen als das *Mütterliche* bezeichnet wird. Die wirkliche Mutter als Trägerin des archetypischen Mutterbildes symbolisiert für das Kind sowohl das Geheimnis als auch die Macht endogener Schöpfung. Der menschliche Säugling ist einzigartig in seiner Hilflosigkeit – die Jungen keiner anderen Spezies sind so lange körperlich abhängig. Dieser physischen Abhängigkeit von der Mutter entspricht eine tiefe emotionale Bindung und Abhängigkeit sowie der später folgende Kampf um Ablösung von ihr. Neben der allmächtigen Mutter erlebt sich das auftauchende männliche Ich als klein, machtlos und ängstlich; es ist in eine fremde Welt geworfen, die außerhalb des Schutzes der Mutter höchst unberechenbar sein kann.

Erich Neumann sagt von diesem frühen Stadium des Einsseins mit der Mutter, es entspreche dem «elementaren Charakter» des weiblichen Archetyps. Es entspricht auch der Prä-Ich-Phase des Individuums und der Phase der Undifferenziertheit in der Entwicklung des Bewußtseins. Vermutlich kommt es unserer grundlegendsten Erfahrung von Paradies nahe, denn wenn auch seine schützende, nährende Geborgenheit kein vollkommener Seinszustand sein mag, so werden doch Paradies und Glückseligkeit auf die ursprüngliche Einheit mit der Mutter projiziert:

> «Die Beziehung Mutter-Kind ist jedenfalls die tiefste und am meisten einschneidende, die wir kennen; ist doch das Kind für eine ganze Zeit sozusagen ein Teil des mütterlichen Körpers! Später ist es ein Bestandteil der seelischen Atmosphäre der Mutter auf Jahre hinaus, und auf diese Weise ist alles Ursprüngliche im Kinde sozusagen unlösbar mit dem Mutterbilde verschmolzen.»[29]

Wenn ein Junge aus dieser mysteriösen Umhülltheit durch die Mutter auftaucht, werden seine ersten Erfahrungen mit dem Anderssein vielleicht durch die Begegnung mit der Mutterbrust angeregt. Wie die Brust erlebt wird – als «gut» (nährend) oder «böse» (vorenthaltend) oder abwechselnd gut und böse –, bestimmt in hohem Maße seine Wahrnehmung der alltäglichen Umwelt und die Sicherheit oder Bedrohung, die diese später für ihn bedeutet. Diese anfängliche Wahrnehmung entscheidet auch über den Erfolg der Mutter/Sohn-Bindung, die wiederum die Grundlage für seine Fähigkeit ist, ein Urvertrauen sowohl seiner Mutter wie auch der Welt gegenüber zu entwickeln. Die positive, negative oder auch ambivalente Art dieser Erfahrung wird später durch Persönlichkeit und Verhalten der wirklichen Mutter ausgefüllt – deren Gefühle und Einstellungen ihrem Kind wie sich selbst gegenüber wiederum auf der Erfahrung mit der eigenen Mutter beruhen. Mit anderen Worten, jede Mutter hat selbst eine verinnerlichte Mutter, die auf ihrer persönlichen Erfahrung sowie auf ihrer Erfahrung der archetypischen Mutter basiert.

Abspaltung ohne Trennung

Wenn ein Junge aus seiner Urerfahrung des totalen Einsseins mit der Mutter auftaucht, erlebt er sich selbst als ihr fremd. Als physisches Geschöpf besitzt er wenig, das ihm hilft, sich mit seiner Mutter zu identifizieren. Er erkennt sie als «anders». Das schmerzliche Bewußtsein dieser essentiellen Verschiedenheit von Mutter und Sohn wird gesteigert, wenn er schließlich merkt, daß er nicht die Fähigkeit besitzt, Leben zu tragen oder zu nähren. Ganz gleich, wie sehr er es versucht, *in sich selbst* kann er diese Macht und dieses Geheimnis des Mütterlichen nicht finden; er muß lernen, auf irgendeine völlig andere Weise zu schaffen und zu nähren.

Das Bewußtsein dieses Mangels läßt Neidgefühle auf die Brust und den Schoß entstehen. Ich glaube, dies erklärt einen entscheidenden Unterschied zwischen der Psychologie des Mannes und der Psychologie der Frau. Ein Großteil der späteren exogenen Überbetonung von Männlichkeit ist zu verstehen als Protest gegen diese erste niederschmetternde Erfahrung des Andersseins.

Dieser Neid auf das Weibliche wird oft schon früh verdrängt. So will ein Junge zum Beispiel kein «Muttersöhnchen» sein oder mit Mädchenspielzeug spielen, er betont, daß er ein «großer Junge» sei, und versucht, durch zahllose selbstauferlegte und auch sozial auferlegte Zwänge jede Nähe zum Weiblichen zu verleugnen. Aus dieser frühen Verdrängung resultiert ein so tiefes emotionales und physisches Dilemma, daß der Knabe sich von der Mutter und allem Weiblichen abtrennt und jede Abhängigkeit von ihr ignoriert. Dies führt zu einer Abspaltung seiner eigenen inneren Weiblichkeit; der Bruch wird noch verstärkt durch die kulturellen Stereotype, die ihm von Kindheit an übermittelt werden. Ihm ist es gestattet (und er wird sogar unbewußt dazu aufgefordert), aggressiv zu sein; er soll unabhängig sein, und zwar viel früher als seine Schwestern; er wird ermuntert, klar zu denken, ohne sich von seinen Gefühlen beeinflussen zu lassen (und es ist sogar fraglich, ob er überhaupt Gefühle *haben* sollte); er wird ermutigt, Dinge zu bauen, chemische Experimente durchzuführen und sich eher rücksichtslos zu benehmen. All diese in der Jugend geförderten Züge werden mit ins Erwachsenenleben genommen – zusammengefaßt unter der banalen Überschrift: «Jungen sind eben so.»

Es ist durchaus wahrscheinlich, daß das Konzept des Penisneides, das so oft benutzt wird, um das Unzulänglichkeits- und Minderwertigkeitsgefühl von Frauen zu erklären, ein männlicher Protest ist, der die Bedeutung des männlichen Neides auf die (reale/symbolische) Brust abschwächen soll.

Das verdrängte Weibliche und Mütterliche taucht oft in den Träumen und Phantasien von Männern wieder auf, die den Mut besitzen, sich den spontanen unbewußten Bildern zu stellen, die ihre Psyche in der Analyse erzeugt. Einer meiner Patienten hatte einmal folgende Phantasie:

Ich war zu Hause und hielt meine Tochter auf dem Schoß. Als sie einzuschlafen schien, hatte ich den Impuls, sie zu stillen, und knöpfte daher mein Hemd auf. Zu meiner Überraschung stellte ich fest, daß ich tatsächlich Brüste hatte und daß ich sie nähren konnte. Das erfüllte mich mit solchem Entzücken und solcher Wärme, daß ich eine neue Beziehung zu Cindy zu haben glaubte, wie ich sie nie zuvor gekannt hatte. Ich fragte mich, warum Gott den Männern keine Brüste gegeben hat.

Unmittelbar nach dieser Phantasie begann er sich selbst Vorwürfe zu machen wegen einer so «perversen» und «verrückten» Idee; er meinte, mit ihm sei sicher etwas nicht in Ordnung. Er konnte jedoch die ganze besondere Gefühlsqualität der Erfahrung akzeptieren; sie steigerte seine Fähigkeit, seiner Tochter etwas zu geben, das er ihr ansonsten nicht geben zu können glaubte.

Ein anderer Patient träumte, er sei schwanger: «Da ist ein Gefühl der Fülle, und ich weiß, daß es noch viele Monate dauern wird, bevor ich entbinde.»

Diese Träume und Phantasien können nicht wörtlich als der Wunsch verstanden werden, ein Kind zu bekommen oder zu stillen; sie lassen ein Bedürfnis erkennen, einige der endogenen kreativen Aspekte der Mutter in sich aufzunehmen, von denen Männer psychisch abgespalten sind. Träume und Phantasien bilden eine seelische Kompensation für das Gefühl des Mannes, die einzige Kreativität, die er erlebe, sei das, was er außerhalb seiner selbst mache. Das kommt oft vor, sogar bei Männern, die nach sozialen Maßstäben erfolgreich und kreativ sind, denen aber ein Gefühl *innerer* Kreativität fehlt. Äußere Produktivität und Erfolg sind für solche Männer tatsächlich eine Quelle von Depression. Sie sehnen sich nach einem spirituellen Gefühl von Leistung – einem Bewußtsein, daß das, was sie geschaffen haben, unleugbar von ihnen selbst kommt. Ein solcher Mann identifiziert sich möglicherweise übermäßig mit der Mutter. Weil er die Mutter als einzige Quelle von Kreativität erlebt, betrachtet er Kreativität als sehr stark vom Männlichen abgetrennt. Das führt manchmal zu sogenannter *Pseudohomosexualität.*

Die frühe Abspaltung von der inneren Weiblichkeit erklärt vielleicht auch, warum es Männern schwerfällt, sich in Analyse zu begeben, denn die Analyse ist, symbolisch betrachtet, ein Wiedereintritt in das Geheimnis des mütterlichen Unbewußten. Für einen Mann, der von allen Mutter-Bildern abgespalten ist, scheint innerlich nichts zu wachsen, und er kann nicht begreifen, wie dieser Prozeß helfen soll. Schließlich ist er der Meinung, daß er in der Lage sein sollte, sich selbst zu helfen: «Richtige Männer» haben es nicht nötig, sich auf andere zu verlassen, um ihre Probleme zu lösen. Männer haben während der Analyse im Vergleich zu Frauen außerdem noch ein ganz spezielles Problem: Wenn eine Frau tief in sich selbst hineinschaut, macht sie sich oft Sorgen über das, *was* sie dort vielleicht finden wird; die größte Angst des Mannes besteht häufiger darin, daß er *nichts* finden wird, weil nichts da ist.

Alle Männer, ob sie sich dessen bewußt sind oder nicht, haben eine geheime Ehrfurcht vor dem Mütterlichen und Weiblichen – eine Ehrfurcht, die sich aus Achtung und Respekt, aber auch Angst zusammensetzt. Wir beneiden das weibliche Prinzip um seine Kreativität und hassen seine Macht; unbewußt fürchten wir auch seinen Mangel an Ganzheit. Trotzdem beginnt die Reise des Helden mit dem Wunsch, die Mutter zu verlassen, eine männliche Identitität zu finden und auf die Suche nach dem Heiligen Gral zu gehen. Dieser Kampf um Bewußtsein kann nicht nur auf einer äußeren Ebene ausgetragen werden, denn das tiefste Bedürfnis des Mannes ist es, eine Wandlung in sich selbst herbeizuführen. Wenn ein Mann auf rein exogener Basis versucht, seine inneren Probleme anzugehen, dann wird er nicht nur keinen Erfolg haben; die Konsequenzen können sogar tragisch sein.

Mangelnde Abtrennung und Beziehungen

Es ist ein kultureller Trugschluß, daß Männer emotional unabhängig seien; oft sind sie emotional wesentlich abhängiger als Frauen. Diese Abhängigkeit ist zwar sehr real, wird aber oft kaschiert, weil sie ein ungelöstes Problem darstellt. Männer entwickeln als Abwehrmechanismus häufig ein verleugnendes und/oder kontraphobisches Verhalten, da unsere Sozial- und Familiensysteme emotionale Abhängigkeit selbst bei Knaben kaum zulassen.

Probleme ungelöster Abhängigkeit haben oft wenig mit der Partnerin des Mannes zu tun, sondern sind vielmehr Auswirkungen der Relikte der ursprünglichen Mutter/Sohn-Beziehung. Ein Mann, der die gesunde emotionale Trennung von der Mutter nicht geschafft hat, ist sich oft nicht recht klar darüber, was seine Partnerin für ihn tun kann bzw. nicht tun kann und was er für sich selbst tun muß. Weil die Mutter nicht richtig von seinem inneren Bild des Weiblichen abgetrennt ist, projiziert er dann seine Verschmelzung von Anima und Mutter auf seine Frau oder Partnerin.

So gern Frauen auch manchmal sagen, Männer bräuchten es, «bemuttert» zu werden – wenn sie es tun, stören sie die Entwicklung des Mannes und auch ihre eigene. Die Psyche verlangt, daß ein Mann die Trennung von der Mutter selbst leistet, unterstützt von der Anima. Eine Frau, die es nötig hat, die Abhängigkeit eines Mannes zu pflegen, kämpft vielleicht mit dem Unbehagen an ihrem eigenen maskulinen Anderssein. Ihr Animus und ihr Bild vom abhängigen Mann sind vielleicht Teil ihrer eigenen projektiven Phantasie über ihr Männlichkeitsgefühl.

Für einen Mann, der seine Beziehungen zu seiner Mutter sowie zu realen Frauen verstehen will, ist das Verwirrendste vielleicht die Rolle, die die archetypische Mutter unbewußt weiterhin spielt. Dieses machtvolle Bild übt seinen Einfluß auf seine Psyche in einer Weise aus, die die Art, wie seine Mutter oder andere Frauen ihm erscheinen, ungeheuer überzeichnet. In der Tat könnten wirkliche Frauen kaum je so «gut» oder «böse» sein, wie die archetypische Mutter es suggeriert. Selbst wenn der Mann die wirkliche Mutter «überwunden» hat oder sie sogar gestorben ist, bleibt die archetypische Mutter als mächtiges Göttinnenbild bestehen. Dieses rudimentäre Bild ist das, was Jung als Mutter-*Imago* bezeichnet: das Bild, das bleibt, nachdem die wirkliche Mutter schon längst ihre Rolle ausgespielt hat.

Wenn diese Bilder der guten oder bösen Mutter von stark aufgeladenen Gefühlen in bezug auf die tatsächliche Mutter, eine Vorgesetzte oder die Ehefrau begleitet sind, dann sagen wir, daß der Betreffende einen Mutterkomplex hat. Der Mutterkomplex entsteht meist aus den Kämpfen des Mannes mit seiner wirklichen Mutter, aber auch das Bild der archetypischen Mutter hat seinen Anteil daran. Daher mischen sich die verschiedenen Vorstellungen in Männerträumen oft: der Traum über meine Mutter beispielsweise zeigte nicht nur ein Problem auf, dem ich mich hinsichtlich meiner eigenen Mutter stellen mußte, sondern teilte dieses Problem in Bildern mit, die der archetypischen Mutter angemessen waren.

Der Mutterkomplex kann den Mann veranlassen, sich auf eine Weise zu verhalten, die unbegreiflich ist, sogar für ihn selbst; er erzeugt ein ziemlich automatisches und autonomes Verhaltensmuster, weil das Ich gewöhnlich nichts davon weiß. Obwohl die Auswirkungen des Komplexes vielleicht bekannt sind, werden sie häufig als durch die Umwelt ausgelöst rationalisiert, so als habe jemand einfach «auf den falschen Knopf gedrückt». Tatsächlich kann der Komplex auftreten, weil er durch etwas, das jemand sagte oder tat, «geweckt» wurde. Wenn der Komplex auf diese Weise aktiviert wird, verliert das Ich die Kontrolle, und der Betreffende kann sich verhalten, als sei etwas «über ihn gekommen».

Der Komplex scheint dem Ich ein gewisses Maß an psychischer Energie zu rauben; so mag ein Energieverlust entstehen, der zu Depressionen und anderen körperlichen und emotionalen Symptomen führen kann. Wenn ein Mann seinen Komplex oder seine Komplexe in der Analyse aufdeckt, wird psychische Energie, die vorher gebunden war, für andere Aktivitäten seines Lebens freigesetzt. Die Aufdeckung des Komplexes ermöglicht ihm auch, die unbewußten Faktoren, die ihn beherrschen, besser zu verstehen und ein tieferes sprituelles Bewußtsein zu entwickeln. Dieser Prozeß ist oft schmerzhaft und emotional mühsam; er ist wahrscheinlich leichter zu beschreiben als durchzustehen.

Die Aufdeckung des Komplexes beinhaltet eine Regression auf Muttervorstellungen, was in der Analyse bedeuten kann, die infantilen Teile seiner selbst in der Beziehung zum Analytiker noch einmal zu erleben. Ein Mann muß zur Mutter zurückkehren, damit er sich *bewußt* von ihr trennen kann – und damit er sich auf symbolische Weise ihre Fähigkeit zu Geburt, Tod und Wiedergeburt einverleiben kann.

Da eine Begegnung mit der inneren Mutter immer vom Unbewußten belastet ist, geht sie oft mit einem natürlichen Gefühl des Widerstandes einher, vor allem bei Männern mit einem Mutterkomplex. Es gibt jedoch auch etwas Positives in dem Wunsch oder Bedürfnis, zur Mutter zu regredieren. Wie Jung schreibt:

> Die «Mutter», als erste Inkarnation des Anima-Archetypus, personifiziert sogar das ganze Unbewußte. Die Regression führt daher nur scheinbar zur Mutter zurück; diese ist aber in Wirklichkeit das Tor, das sich ins Unbewußte, ins «Reich der Mütter» öffnet... Die Regression macht nämlich, wenn man sie nicht stört, bei der «Mutter» keineswegs halt, sondern geht über diese zurück zu einem sozusagen pränatalen «Ewig-Weiblichen», das heißt zur Urwelt der archetypischen Möglichkeiten, wo «umschwebt von Bildern aller Kreatur» das «göttliche Kind» seiner Bewußtwerdung entgegenschlummert. Dieser Sohn ist der Keim der Ganzheit, als welcher er durch die ihm eigentümlichen Symbole gekennzeichnet ist.[30]

Jung zufolge besteht also der positive Aspekt der Regression zur Mutter darin, daß sie die Mutter als «erste Inkarnation» der Anima einbezieht, die die Möglichkeit einer Reise ins Unbewußte, zu Möglichkeiten weiteren Wachstums bietet. Diese neuen Möglichkeiten werden symbolisiert durch den Archetyp des «göttlichen Kindes».

Freud dagegen betrachtete Regression als eine grundlegend destruktive Kraft, die aus einer Entwicklungsfixierung auf die Mutter resultiert. (Wir werden in Kapitel 4 näher auf die Bedeutung dieser unterschiedlichen Sichtweisen eingehen.)

Zusammenfassung

Die matriarchalische Periode mit ihrer ackerbauenden, seßhaften Lebensweise läßt sich charakterisieren durch Verehrung des Wachstums und Opfer, um Fruchtbarkeit zu sichern. Der vorherrschende Archetyp war der der Großen Mutter. Die Gute Mutter verkörpert die positiven endogenen Tendenzen der Großen Mutter: Sie schafft Leben und nährt und pflegt es in sich selbst und in der Familie. Das andere Extrem, die Furchtbare Mutter, drückt die negativen endogenen Tendenzen der Großen Mutter aus: Sie nimmt Leben und ist erstickend und verschlingend.

Die Individuation des Mannes erfordert eine ehrliche Begegnung mit dem Unbewußten, wozu auch gehören kann, sich unangenehmen Einsichten zu stellen. Um das zu schaffen, muß der Mann eine Haltung reflexiver Bewußtheit entwickeln, die vorher überentwickelte Icheinstellungen von emotionaler Apathie oder einseitigem Intellektualismus transzendiert.

Der Individuationsprozeß wird oft durch eine Konfrontation mit dem furchtbaren Aspekt der Mutter eingeleitet, die auf viele Arten die eigentliche Natur des Unbewußten selbst symbolisiert. Der Mann muß sich der Mutter stellen, und zwar mit all der Macht, dem Geheimnis und den ehrfurchtgebietenden Eigenschaften, mit denen das Unbewußte sie darstellt.

Wenn er sich nicht angemessen von seiner Mutter gelöst hat, bleibt sein Anima-Bild in einem Zustand der Verschmelzung mit seinem Mutterbild; diese Verschmelzung schafft endlose Probleme im Hinblick auf seine Beziehungen zu Frauen. Die Notwendigkeit, ein angemessenes Gefühl emotionaler Unabhängigkeit von der Mutter zu erreichen, ist eine Entwicklungsaufgabe, die in primitiven Kulturen mit Hilfe des Vaters durch Initiationsriten während der Pubertät erfüllt wurde.

Leider hat der moderne Mann wenige äußere Rituale oder Übergangsriten, die ihm helfen, sich von der archetypischen und der wirklichen Mutter zu trennen; daher steht er vor der schwierigen Aufgabe, diese Trennung weitgehend allein zu versuchen.

3 Mythen, Initiationsriten und Männlichkeit

> Die Initiation stellt eines der bedeutsamsten spirituellen Phänomene in der Geschichte der Menschheit dar. Sie ist ein Akt, der nicht nur das religiöse Leben des Individuums im modernen Sinne des Wortes «Religion» einbezieht; sie bezieht sein *gesamtes* Leben ein.
>
> *Mircea Eliade*

Mythos

Wie unsere Sprache zeigt, haben wir schon immer versucht, unsere Erfahrung zu identifizieren, definieren, klassifizieren und etikettieren. Der Mythos (der griechische Begriff für «Geschichte» oder «Fiktion») repräsentiert unsere frühesten Versuche, das zu verstehen, was seinem Wesen nach unbekannt oder unkennbar ist. Mythen geben in Form einer Erzählung die Weltdeutung des Menschen wieder. Der *Logos* dagegen (wovon *logisch* und Logistik abgeleitet sind) repräsentiert das «Wort», dessen Gültigkeit bestritten oder bewiesen werden kann; in der griechischen Philosophie bezieht er sich auf die Vernunft, das «Kontrollzentrum» des Universums.

Mythos oder die Schaffung von Mythen ist eine endogene Form der Erklärung. Logos, eine exogene Erklärungsform, entstand später. Logos dominierte schließlich, da sich als höchster Logos die Wissenschaft entwickelte. Es ist kein Zufall, daß Logos häufiger mit Männlichkeit assoziiert wird, während Mythos das irrationale Reich ist, das mehr mit den mysteriösen Anfängen des Lebens, der Mutter und dem Weiblichen zu tun hat. Tatsächlich hat Joseph Campbell gesagt, er halte die Mythologie für eine Sublimierung des Mutterbildes.[1] Soweit er eine «Story» erzählt, beschreibt der Mythos irgendeine äußere Erfahrung, aber in der Regel befaßt er sich mehr mit den inneren Aspekten des Lebens, das heißt mit dem *Sinn* der Erfahrung.

Das Auftauchen des Mythos

Die ersten Bestattungsbräuche (der Neandertaler) spiegeln eine aufkeimende menschliche Sensibilität für Leben und Tod und die Vorstellung eines Jenseits wider. Aus ihnen können wir auf den Beginn des Abstraktionsvermögens und auch der Mythenbildung in rudimentärer Form schließen. Das Auftauchen von Bestattungspraktiken scheint auch mit einem weiteren Schritt in Richtung auf eine gesprochene Sprache zusammenzutreffen. Vielleicht hat sich die Sprache als Nebeneffekt des Versuchs entwickelt, die Realität oder vielmehr die Mythologie der Gruppe zu konstituieren: «Sprache ist ein Mittel, geistige Vorstellungen auszudrücken. Wir brauchen die Sprache mehr dazu, Geschichten zu erzählen, als dazu, Handlungen zu koordinieren.»[2]

Es sieht so aus, als sei die Gehirnentwicklung die physiologische Voraussetzung für die Entwicklung von Sprache gewesen; diese erfolgte parallel zur Entwicklung zunehmend differenzierter sozialer Interaktion unter den frühen Menschen.[3] Unterschiedliche Verhaltensweisen beim Sammeln von Nahrung und die Arbeitsteilung, erzwungen durch die wachsenden Anforderungen, die die Pflege der «frühgeborenen» Nachkommen an die Mutter stellte, führten zu einer Ökonomie gegenseitigen Nutzens zwischen den Geschlechtern und damit auch zu größerer Abhängigkeit der einzelnen und einer enger verbundenen, sozial komplexeren Gruppe. Die Männer, die jetzt zwar mehr am Rande des Familienlebens standen, gewannen eine wertvolle Stellung als Versorger. Ein zunehmend komplexes Sprachsystem diente den kommunikativen Bedürfnissen dieser Verhaltensweisen; gleichzeitig bot es die Möglichkeit, die auftauchenden mythischen Dimensionen menschlicher Erfahrung zum Ausdruck zu bringen.

Sprache und Mythos entwickelten sich parallel, da beide einander brauchten. Der Mythos benötigt die Sprache, um seine Vorstellungen auszudrücken, wie Albert Cook schreibt:

«Das Mythensystem ist untrennbar verbunden mit dem Sprachsystem, und wir verdanken Lévi-Strauss die Erkenntnis, wie komplex die Mythen einer Kultur als eine Art Grammatik implizierter Ideen gelesen werden können. Die Form des Mythos dagegen, selbst so, wie Lévi-Strauss sie analysiert, entspricht immer der Struktur der Sprache. Der Mythos ist nicht nur der Sprache analog; er muß zwangsläufig in die Sprache eingehen, um übermittelt zu werden.[4]

An frühen Bestattungsbräuchen erkennen wir das Auftauchen einer rudimentären Vorstellung vom Heiligen, ausgedrückt als eine Möglichkeit der «göttlichen» (im Gegensatz zur profanen) Natur menschlicher Erfahrung. Der Mythos entwickelte sich als ein Ausdruck entstehenden Bewußtseins wie auch als Manifestation eines Versuchs, den Kosmos zu ordnen, an diesem Punkt allerdings ohne den Einsatz der Reflexion. Hier sehen wir ebenso wie in den Anfängen der paläolithischen Kunst den Beginn des psychologischen Vorgangs der Projektion. Diese Anfangsformen der Projektion waren (im Gegensatz zu der späteren Auffassung der Projektion als psychologischem Abwehrmechanismus) Versuche, die Inhalte des Unbewußten zu veräußerlichen. So sind frühe Kunst und Sprache ebenso wie die Mythen Synonyme für das auftauchende Bewußtsein der Menschheit.

Projektion in diesem Sinne ist eines der Hauptmittel, ein Bewußtsein dessen zu schaffen, was unbewußt ist. Mythen sind also die Verkörperung dieser kollektiven Projektionen. Frühe Glaubenssysteme waren zweifellos so mit Projektion durchsetzt, daß es, wenn überhaupt, nur eine geringe Trennung zwischen Mythos und Realität gab. In diesem Sinne war das Bewußtsein der paläolithischen und neolithischen Periode ein *mythisches* Bewußtsein.

Initiationsriten für Knaben

Initiationsriten kann man als rituelles Ausagieren von Mythen betrachten. Ihre Bedeutung war für unsere «primitiven» Vorfahren auch ohne reflexives Bewußtsein insofern erkennbar, als sie irgendwie wußten, daß der Übergang von einer wichtigen Lebensphase zur nächsten markiert und auf ritualisierte Weise gefeiert werden mußte. Die Übergangsriten für Jungen wurden fast immer vor den Frauen des Stammes geheimgehalten; diese hatten ihre eigenen Rituale. Frauen, die das Pech hatten, Zeuginnen der männlichen Riten zu werden, konnten schwer bestraft, getötet oder für den Rest ihres Lebens zum Schweigen verdammt werden. Diese Geheimhaltung trug zur Numinosität des Ereignisses bei und unterstrich die Heiligkeit dessen, was dabei geschah. Sie betonte auch einen wichtigen Aspekt der Zeremonien: Trennung der Knaben von ihren Müttern.

Die pubertären Initiationsriten werden zwar seit vielen Jahren erforscht, und es gibt zahlreiche Spekulationen über ihre Funktion und Bedeutung, doch ihr genauer Ursprung bleibt ein Rätsel. Mircea Eliade hat anhand einiger Elemente dieser Riten festgestellt, daß sie wahrscheinlich mit den Jägergruppen auftauchten.[5] Aus dem Paläolithikum gibt es keine Belege für Beschneidungsriten; die frühesten Initiationen für Knaben entwickelten sich wahrscheinlich bald nach Einführung der Fruchtbarkeitsrituale.

Die pubertären Initiationsriten waren obligatorisch, in erster Linie, um den Übergang von der Kindheit ins Erwachsenenalter zu gewährleisten, und außerdem, um Gruppenintegrität zu schaffen. Andere Rituale der Einweihung in geheime Gesellschaften oder schamanistische Praktiken waren stärker individualisiert und auf die Erfahrung des einzelnen im Kontext einer speziellen Gruppe ausgerichtet. Die meisten pubertären Initiationen und Initiationen in Geheimgesellschaften betrafen Männer; über weibliche Initiationen ist viel weniger bekannt. Riten für Mädchen scheinen individueller gewesen zu sein, denn sie fanden statt, wenn das Mädchen zu menstruieren begann. Riten für Jungen wurden meist gruppenweise durchgeführt. Bruno Bettelheim zufolge wurden Knabenriten ursprünglich von Frauen vollzogen, erst nach einiger Zeit gingen sie ganz in die Hände von Männern über.[6]

Diese Initiationsprüfungen für Jungen waren oft körperlich schmerzhaft und umfaßten Prüfungen sowohl der psychischen als auch der physischen Belastbarkeit. Knochen wurden gebrochen, Zähne ausgeschlagen, und der Penis wurde auf verschiedene Arten beschnitten oder anderweitig verstümmelt. Manchmal starb der Initiand. Das emotionale und psychische Trauma verlieh der Initiation Elemente von Schock, Überraschung und Spannung. Im Rahmen des Rituals erzählte man dem Jungen auch die Mythen der Gruppe und befahl ihm Geheimhaltung, insbesondere gegenüber Frauen. Oft mußte der Initiand Zeiten der Isolation durchmachen, in denen er behandelt wurde wie ein Kind oder ein Säugling, als werde er wiedergeboren. Manchmal mußte er allein in der Wildnis überleben. Im Grunde zielten alle diese Rituale darauf ab, dem Initianden ein neues Selbstgefühl zu verleihen – oft eine ganz neue Identität, zusammen mit einem neuen Namen. Als Übergangsriten waren sie dazu bestimmt, den erfolgreichen Übergang vom Knaben zum Mann zu gewährleisten. Meist sollte die Prüfung die Unabhängigkeit des Jungen von seiner Mutter herstellen, manchmal die Eltern/Kind-Beziehung ganz überwinden. Der Jugendliche, der der Natur und den Raubtieren überlassen war, bewies sich als selbstgenügsames und vollkommen unabhängiges Individuum.

In manchen Teilen der Welt werden diese Riten noch immer praktiziert, wenn sie heutzutage auch körperlich weniger gefährlich sind als die in der Vergangenheit und sich meist auf Subinzision (Durchtrennung der ventralen Seite des Penis von der Eichel bis zum Skrotum) und Beschneidung beschränken.

Die Psychoanalytiker haben sich für die Beschneidungsriten interessiert, seit Freud postulierte, diese sollten Angst vor der Kastration einflößen, dadurch das Inzesttabu verstärken und so die Initianden in den patriarchalischen Kontext einbinden. Initiationsriten für pubertierende Knaben – und deren Fehlen im modernen Leben – sind hier für uns von besonderem Interesse, und zwar im Hinblick auf die Bedeutung der Riten für die archetypischen Aspekte der männlichen Entwicklung. Sie tragen zu unserem Verständnis der Beziehung des Mannes zur Mutter bei und zur Lösung der Aufgabe, das Weibliche in das männliche Bewußtsein zu integrieren.

Die frühesten Formen der Initiation im Paläolithikum gingen nicht mit Verstümmelungen einher, und Freuds destruktive Deutungen der Pubertätsriten verblassen angesichts der positiven Funktion dieser Riten: der Entwicklung eines erweiterten Bewußtseins. Ihre Verbindung zu den Kastrationsritualen, die aus der Periode der Mutterverehrung stammen, wurde in Freuds Deutung ebenfalls nicht berücksichtigt. In *Totem und Tabu* räumt Freud ein, daß er diese Riten nicht mit dem Mutterkult in Verbindung bringen kann: «Wo sich in dieser Entwicklung die Stelle für die großen Muttergottheiten findet, die vielleicht allgemein den Vatergöttinnen vorhergegangen sind, weiß ich nicht anzugeben.»[7]

Bruno Bettelheim weist dagegen in seinem hervorragenden Buch über Pubertätsriten, *Die symbolischen Wunden*, darauf hin, daß die Verstümmelungen vielleicht ursprünglich von den Müttern oder anderen Frauen der Gruppe durchgeführt und erst später von den Männern übernommen wurden. Wie wir bei der Diskussion um den Kult der Großen Mutter gesehen haben, waren die *Curetes* oder Eunuchenpriester im Dienst der Göttin entweder von den Priesterinnen dieser Muttergottheit kastriert worden, oder sie kastrierten sich selbst, um ihr Leben nicht opfern zu müssen. Der genau festgelegte Gebrauch des Steinmessers als Instrument von Kastration und Subinzision in den neolithischen Mutterriten und Pubertätsriten spricht für den archaischen Ursprung dieser Praktiken.

Man weiß, daß Kastration schon im zweiten Jahrtausend in Assyrien als Strafe bekannt war. Die Praxis, Knaben zu kastrieren und als Sklaven zu verkaufen, hat eine lange Geschichte; noch bis vor gar nicht langer Zeit waren solche Sklaven fester Bestandteil moslemischer Harems. Unter den frühen Christen gab es Männer, die sich freiwillig kastrierten, um sexuelle Sünden zu vermeiden; es gab sogar eine Sekte, die Valessii, die glaubten, mit ihrer Kastration Gott zu dienen. Der Theologe Origenes (ca. 185–254 n. Chr.) war vielleicht der berühmteste von ihnen. Im mittelalterlichen Italien wurden pubertierende Knaben kastriert, um ihre Sopranstimme für den Papstchor zu erhalten – eine bis 1878 übliche Praxis.

Laut Mythos kastrierten sich die Priester der Kybele selbst und bewahrten ihre Genitalien in ihrer Kammer auf; sie erhielten nach ihrer Einführung ins Priesteramt Frauenkleider, die sie von nun an trugen. Ihre «Weiblichkeit» repräsentierte ein permanentes Opfer an die Muttergottheit, der ihr Leben geweiht war. Im Gegensatz zu den früheren Fruchtbarkeitsriten der Großen Göttin war ihre Kastration ein freiwilliger Akt, den man auch als Erfüllung des Wunsches betrachten kann, sich das Weibliche einzuverleiben. Im Mythos wird Kybeles Sohn Attis schließlich verrückt durch die Liebe seiner Mutter zu ihm, was ihn veranlaßt, sich selbst zu kastrieren. Aus psychologischer Sicht repräsentiert diese erstickende Mutterliebe die regressive Sehnsucht des Sohnes nach seiner Mutter und seine Unfähigkeit, sich von ihr zu trennen. Die rituelle Opferung des Phallus ist nicht nur die Aufgabe der eigenen Männlichkeit, sondern auch ein symbolisches Opfer, um die Wiedergeburt zu sichern, das heißt die Schaffung eines neuen Lebens getrennt von der Mutter. In diesem Sinne repräsentiert die Kastration das Bedürfnis des Sohnes, sich abzutrennen und gleichzeitig einen Aspekt des Weiblichen und Mütterlichen für sich zu behalten. Die Verwandlung der Kybele-Priester in «Frauen» dagegen kann man als einen Versuch betrachten, sich mit der Mutter zu identifizieren.

In einem Ritual von Malekula werden die männlichen Initianden mit einem stilisierten Phallus verbunden, der sie symbolisch in die Lage versetzt, sich selbst neu zu erschaffen:

Alle früher Initiierten legen sich auf den Boden, Kopf an Füße, und bilden eine lange Reihe, die von der «Muttertrommel» auf dem Tanzplatz bis hin zur benachbarten Initiationshütte führt, wo die Novizen sind. Große Blattrollen, die Penisse darstellen, erstrecken sich vor den Genitalien eines Mannes zu denen des nächsten und bilden so einen fortlaufenden symbolischen Phallus, der von der Muttertrommel bis zu den Novizen führt. Dies ist eine männliche «Nabelschnur», durch die der weibliche Einfluß der Muttertrommel symbolisch in einen männlichen umgewandelt wird, und zwar zum psychischen Wohl der Novizen, denn man glaubt, sie würden davon durchdrungen, so daß sie selbst schwanger werden mit psychischer (männlicher) Materie, genannt *tamats*, die für das Mutterprinzip «gestorben» ist und in einer neuen, männlichen Psyche wiedergeboren wird.[8]

Die Beschneidung kann als Relikt des Kastrationsopfers für die Große Mutter betrachtet werden – eine symbolische Kastration, die zu einer späteren Zeit vom Vater vorgenommen wurde, der inzwischen die Mutter als Initiator von Bewußtsein im Sohn abgelöst hatte. Für Bettelheim war die Beschneidung eine männliche Erweiterung des Fruchtbarkeitszaubers, ein Ritus, der darauf ausgerichtet war, die Fortpflanzung zu sichern; er sieht keinen Zusammenhang mit einem patriarchalischen Bedürfnis, Kastrationsangst zu erzeugen und das Inzesttabu zu schützen, wie Freud annahm. Die Beschneidung war vielleicht nicht nur dazu bestimmt, einem Jungen zu einem gesicherten Gefühl seiner Maskulinität und Sexualität zu verhelfen, sondern möglicherweise auch ein Ausdruck des männlichen Wunsches, dem eigenen Genital eine Ähnlichkeit mit der weiblichen Vulva zu verschaffen. Dies wird noch deutlicher in der schwererwiegenden Verstümmelung, die als Subinzision bekannt ist, bei der die Unterseite des Penis mit einem Steinmesser geöffnet, das Blut aufgefangen und von den Männern oder den Frauen getrunken oder manchmal in ein besonderes Feuer gegossen wird. Dieser Blutfluß wurde mit der Menstrualblutung der Frau verglichen. Da diese Prozedur im Gegensatz zur Beschneidung freiwillig war und tatsächlich manchmal wiederholt vorgenommen wurde, kann man sie als Versuch betrachten, durch Nachahmung etwas von der Macht des Weiblichen zu gewinnen. Das Ritual der Subinzision galt als Mittel, Männer zu «Mannfrauen» zu machen.[9] In *Thresholds of Initiation* vermutet Joseph L. Henderson, daß «der archaische Mann, indem er eine biologische Ähnlichkeit mit der Frau simulierte, danach strebte, ihre Fähigkeit, Tod und Wiedergeburt zu erleben, buchstäblich zu übernehmen – eine Erfahrung, die Männern für immer verschlossen ist; sie können Tod und Wiedergeburt nur als Ritual oder symbolischen Akt erleben».[10]

Menstrualblut wurde von den Primitiven als mit besonderen und magischen Eigenschaften ausgestattet erlebt und daher oft für Heilungsrituale benutzt. Zum Beispiel, indem man es auf den Körper des Kranken schmierte. Auch das Blut aus der Subinzisionswunde galt als heilend und wurde manchmal kranken Frauen zu trinken gegeben.

Die Beziehung zwischen Geschlechtsverkehr und Empfängnis war im Paläolithikum und sogar noch im Neolithikum unbekannt; selbst von den heutigen australischen Aborigines wird sie angeblich nicht hergestellt. Dieses mangelnde Verständnis mag durchaus die Überzeugung gestützt haben, Männer könnten die Macht des Mütterlichen und Weiblichen – einschließlich der Fähigkeit, Leben hervorzubringen – durch Rituale erringen, die sie den Frauen ähnlicher machen. Dieser Neid auf das Weibliche ist ein zentrales Thema der psychologischen Arbeit von Männern in der Analyse.

In *Die Kraft der Mythen* berichtet Joseph Campbell von dem Ritus einer Männergesellschaft in Neuguinea, der veranschaulicht, wie diese Rituale als Symbolisierungen von Tod und Wiedergeburt wirken. Im Rahmen dieses Ritus machen Jungen ihre erste sexuelle Erfahrung, indem sie Verkehr mit einem Mädchen haben, das als Gottheit gekleidet ist. Die Zeremonie findet ihren Höhepunkt, wenn der letzte der Jungen sich noch in der Umarmung mit dem Mädchen befindet und die Blockhütte, in der sie sind, umgestürzt wird, so daß beide umkommen. Sie werden dann im Zuge einer Todes- und Auferstehungsfeier von den anderen Mitgliedern der Gruppe gegessen. Die ursprüngliche Einheit von Männlich und Weiblich wird geopfert; die Gabe dient als Nahrung der Gruppe. Campbell bringt dieses Ritual mit einer Form des Mythos von Tod, Wiederauferstehung und kannibalistischem Verzehr der frühen Akkerbaugesellschaften in Verbindung.[11] Die symbolischen Aspekte dieses Rituals ähneln denen, die man im Meßopfer der katholischen Kirche und im Opfer beim Kult der Fruchtbarkeitsgöttin findet.

Initiationsriten für pubertierende Knaben erfüllen drei verschiedene, miteinander verbundene Funktionen. Die erste ist das exogene Bedürfnis, Trennung und Differenzierung von der Mutter zu erreichen und die eigene Identität mehr nach dem Vater auszurichten, was durch den symbolischen Aspekt des Rituals von Tod und Wiedergeburt erreicht wird. Die zweite ist das endogene Bedürfnis, seinen Platz innerhalb der Gruppe zu definieren – seine Rolle, seine Verpflichtungen und Verantwortlichkeiten zu bestimmen. Und drittens befriedigen diese

Riten sowohl das endogene als auch das exogene Bedürfnis, sich das Weibliche auf eine Weise einzuverleiben, die es dem Betreffenden ermöglicht, sich von seiner Mutter, seinen Schwestern und anderen weiblichen Mitgliedern der Gruppe zu trennen. Dies stellt die früheste mit Opfern verbundene Initiation des Mannes in das Mysterium des Weiblichen und seinen frühesten Versuch dar, die Anima zu integrieren. Er muß sich zuerst von dem «furchtbaren» Aspekt der Mutter befreien – symbolisiert durch Drachen, Wal, Alligator oder andere Tiere –, der, wie wir gesehen haben, sein Gefangensein im Unbewußten repräsentiert. Auf diese Weise kann sein weibliches Bild aus seinem Versunkensein in der Mutter gerettet werden. Das ist auch der Grund, warum bei einigen Pubertätsriten der Junge in den Bauch des Alligators «eintritt»; danach wird sein Körper mit Bißwunden versehen (von den Männern), die seine Wiedergeburt und seine Rückkehr ins Leben bezeugen. Ein zentrales Motiv, das den Begriff der Einverleibung des Weiblichen stützt, besteht darin, daß der symbolische Große Vater als Initiator des Sohnes selbst androgyn ist. So handelt der Vater, indem er ein Gefäß für die Initiation des Sohnes liefert, auch als Mutterersatz.

> «Der Übergang von Mutter zu Vater als archetypische Gestalten, die männliche und weibliche Eigenschaften repräsentieren, ist besser zu verstehen als Ausdruck eines existentiellen Zustandes, für den das Symbol der bisexuellen Einheit die für die Reife notwendige Ganzheit oder Integration darstellt. Dies ist ein wünschenswerter und dauerhafter Erwerb, keine bloße Entwicklungpsphase, aus der man herauswächst.»[12]

Zur gleichen Zeit wird der Junge ein Erwachsener und überträgt seine Identität von der Mutter auf den Vater. Mit dem Auftauchen seiner Sexualität erfolgt auch eine Übertragung seiner emotionalen Energie von der Mutter auf seine Frau oder

Partnerin, die dann Trägerin seiner Anima wird. Diese Übertragung ist wesentlich, damit aus dem Jungen der Partner der Frau wird, und beinhaltet immer das Opfern eines Teils seiner Beziehung zu seiner Mutter.

Der Mythos des Helden

Die *Reise des Helden* ist eine Form der Initiation, die Zugang zu einer höheren Bewußtseinsdimension schaffen soll, indem der Initiand zu einer Aufgabe herausgefordert wird, bei der er schließlich verschiedene Ebenen der Ichdominanz opfern muß. Letztlich trägt die Reise dazu bei, ein gesünderes Verständnis von Männlichkeit zu entwickeln. Die Erfüllung der vorgeschriebenen Aufgaben erzeugt ein dauerhaftes Gefühl von Kompetenz und Selbstsicherheit, insbesondere was Zielrichtung und Sinn des eigenen Lebens angeht.

Die Reise des Helden stellt zum Beispiel Apuleius in seinem *Goldenen Esel* (2. Jhd.) und Wolfram von Eschenbach im *Parsifal* (12./13. Jhd.) dar, um nur zwei der bekannten Texte zu nennen.

Der Parsifalmythos ist in diesem Zusammenhang wohl besonders relevant, da er einer der letzten großen Mythen männlicher Entwicklung ist. Es gibt verschiedene Varianten der Grals-legende, aber allen gemeinsam ist das Thema des heranwachsenden vaterlosen Sohnes Parsifal (oder Perceval), der seine Mutter und sein Zuhause verläßt, um Ritter an König Artus Hof zu werden. Voller Naivität äußert Parsifal den Wunsch, die Rüstung des Roten Ritters zu besitzen, des gefürchtetsten aller Ritter. Man sagt ihm, er könne sie haben, wenn es ihm gelinge, den Roten Ritter zu besiegen. Parsifal tötet ihn, indem er ihm einen Dolch ins Auge stößt, und bricht, angetan mit der eroberten Rüstung, zu ritterlichen Abenteuern auf. Allerdings tötet er nie wieder, sondern besiegt nur viele andere Ritter und schickt sie an König Artus Hof.

Eine wichtige Gestalt der Legende ist der Fischerkönig, der krank und dem Tode nahe ist und dessen Land infolge seines Zustandes immer mehr verkommt, da alles unfruchtbar geworden ist. Anscheinend ist der Fischerkönig früh im Leben verwundet worden – eine Wunde, von der er nicht genesen kann, bis ein naiver junger Mann in die Gralsburg kommt und eine Frage stellt, die ihn heilt. Auf einer seiner Reisen lernt Parsifal Gurnemanz kennen, der ihn in der Kunst des Rittertums unterweist und ihm rät, den Heiligen Gral zu suchen und die Frage zu stellen, die den Fischerkönig heilen wird: «Oheim, was fehlt dir?» Gurnemanz schärft Parsifal auch ein, weder eine Frau zu verführen noch sich von einer Frau verführen zu lassen.

Ehe er sich auf die Suche nach dem Gral macht, beschließt Parsifal, zu seiner Mutter zurückzukehren, und muß feststellen, daß sie inzwischen an «gebrochenem Herzen» gestorben ist. Danach nimmt er seine Suche nach dem Gral auf und trifft Blanche Fleur, deren Burg belagert wird. Sie bittet Parsifal, sie zu retten, was er auch tut. Danach verbringen sie die Nacht zusammen, doch er hält sich an Guernemanz' Weisung, keusch zu bleiben. Schließlich stolpert Parsifal zum erstenmal in die Gralsburg, aber aufgrund seiner Naivität und weil seine Mutter ihm einst gesagt hat, er solle auf seinen Reisen nicht zu viel fragen, vergißt er, die entscheidende Frage zu stellen. Er verläßt die Gralsburg wieder und setzt seine ritterlichen Fahrten fort. Seine äußeren Heldentaten werden König Artus bekannt, und dieser verlangt, man solle ihn suchen und an den Hof zurückbringen, damit man ihm zu Ehren ein Fest geben könne. Er wird von Artus Rittern in einer Art «Liebestrance» gefunden, hervorgerufen durch den Anblick von drei Blutstropfen im Schnee, die ihn an seine geliebte Blanche Fleur erinnerten.

Auf König Artus Fest steht Parsifal plötzlich einer schrecklichen, dunklen alten Frau gegenüber, die ihm seine Unzulänglichkeiten vorhält und ihm vor allem vorwirft, die heilende Frage nicht gestellt zu haben. Danach verbringt Parsifal viele weitere Jahre als fahrender Ritter, empfindet dieses Leben aber zunehmend als eitel und sinnlos. Schließlich wird er von einer Pilgergruppe zu einem Eremiten geführt, der ihn wie die schreckliche Frau mit seinen Mängeln konfrontiert und ihm Vorwürfe macht, weil er in der Gralsburg nicht die richtige Frage gestellt hat. Der alte Eremit schickt ihn erneut dorthin, wo er endlich den Fischerkönig heilt, indem er fragt: «Oheim, was fehlt dir?»[13]

Der Hauptsinn dieses Mythos besteht darin, die Weiterentwicklung des Bewußtseins zu fördern. Mythen, in denen ein vaterloser junger Mann zu einer Reise aufbricht, um etwas von großem Wert zu suchen, etwas zurückzuerobern, das verloren war, ein neues Land zu finden, ein Rätsel zu lösen, das zu irgendeiner Form von Offenbarung führt, oder Heilung für sich selbst oder seinen Vater zu bewirken, sind archetypische Muster männlicher Entwicklung. Diese Muster dienen als metaphorische Modelle gewisser Lebenserfahrungen, die vom einzelnen durchlebt und integriert werden müssen, um sein Bewußtsein zu erweitern und schließlich eine spirituellere Beziehung zum Leben zu finden. Dies geschieht während jenes Teils des Individuationsprozesses, der als *transzendente Funktion* bekannt ist, eine Verschmelzung der bewußten und unbewußten Elemente auf eine Weise, die zu einer Weiterentwicklung des höheren Selbst führt. Dieses Auftauchen eines gesteigerten Selbstgefühls kann nur erreicht werden durch eine initiatorische Prüfung, bei der die weniger reifen Haltungen des Ich geopfert werden. In diesem Sinne entspricht die Initiation des Helden stark der Initiation des pubertierenden Knaben; die Reise beinhaltet nämlich einen Abstieg in die Unterwelt, die der Rückkehr in den Mutterschoß nicht unähnlich ist und als gefährliche Mission dargestellt wird, oft bezeichnet als Notwendigkeit, ein Übel zu überwinden, beispielsweise einen Drachen zu erschlagen, und so die körperliche Sterblichkeit zu besiegen.

Der Parsifalmythos entstand um jene Zeit, als die christliche Glorifizierung des vollkommenen spirituellen Menschen ihre Blütezeit erlebte. Parsifal betritt die Bühne als Held, aber auch als naiver junger Mann, der seine Beziehung zu seiner Mutter abbricht. Anfänglich wird er von den Rittern an König Artus Hof als Narr betrachtet, doch schließlich wird er ein wirklicher Held, als er den verwundeten Fischerkönig rettet und dem brachliegenden Land wieder Harmonie und Fruchtbarkeit beschert.

Mythen, die die Reise eines Helden schildern, stellen modellhaft einige der psychischen Aufgaben dar, die ein Mann im Zuge seiner Entwicklung lösen muß. Beispielsweise ist der Held oft vaterlos. Emma Jung zufolge war Parsifal im Begriff, zu seiner Mutter zurückzukehren, als er zum erstenmal zur Gralsburg kam. Statt dessen traf er den kranken Fischerkönig, den heilungsbedürftigen Vater. Das Bedürfnis, den kranken Vater zu finden und zu heilen, ist ein zentrales Moment der männlichen Psychologie, und dieses Bedürfnis spiegelt sich auch auf kultureller Ebene wider. Als vorherrschendes kulturelles Symbol des höheren Selbst *und* als Vater ist der «König» heilungsbedürftig. Das ist heute noch so zutreffend wie im 13. Jahrhundert. Es gibt auch andere Vaterbilder in der Geschichte Parsifals; Gurnemanz etwa repräsentiert den positiven Pol des archetypischen Vaters. Wenn der reale Vater emotional oder physisch abwesend ist, kann in der Psyche des Mannes das entsprechende archetypische Bild auftauchen, um ihn bei seinem Initiationsprozeß zu unterstützen. Sowohl Gurnemanz als auch der Eremit helfen Parsifal, den Weg zurück zur Gralsburg zu finden.

Parsifal trifft auf seinen Reisen mehrere Anima-Bilder, und auch diese helfen ihm, schließlich das wirkliche Ziel seiner Mission zu erkennen: in der Gralsburg die richtige Frage zu stellen. Blanche Fleur ist eine idealisierte Anima, die er liebt, und da ihre Beziehung keusch bleibt, kann sie als «Seelengefährtin» wirken. Er betrachtet sie mehr als Teil seiner selbst denn als reale Frau und stellt damit eine Verbindung zum tiefsten emotionalen Teil seiner selbst her. Selbst die dunkle Frau als negativer Pol der Anima erfüllt eine Funktion: Sie macht ihm seine Kurzsichtigkeit und die verwundeten Teile seiner selbst bewußt, ganz ähnlich wie es die Ayami, die Beschützerin und Führerin, für den Schamanen tut.

Als Hinweise auf die Individuation lassen sich diese initiatorischen Motive noch heute in den Träumen und Phantasien von Männern finden. Sie erscheinen auch in der Literatur, etwa in James Joyces *Ulysses* und T. S. Eliots *Das Wüste Land*.

Ein Traum, den ich während meiner eigenen Analyse hatte, illustriert einige der Merkmale der Heldenreise:

Ich fahre in einem kleinen Boot über den Ozean in ein fremdes Land. Als ich ankomme, ist das Land in einem chaotischen Zustand; viele Gebäude sind völlig zerstört. Die Gebäude sind eine Mischung aus zeitgenössischer Architektur und antiken Ruinen, wie man sie vielleicht in Griechenland findet. Es sieht so aus, als habe hier ein Militärputsch stattgefunden und eine neue Macht von irgendwie böser Art das Land übernommen. Ich gehe in ein Hotel und nehme ein Zimmer, aber kaum bin ich in diesem Zimmer, kriege ich Angst und denke, ich hätte vielleicht nicht herkommen und mich in Gefahr bringen sollen. In diesem Augenblick wird laut an meine Tür gehämmert, und ich bin sicher, daß Polizei oder Militär gekommen ist, um mich festzunehmen. Im gleichen Moment geht eine andere Tür, die in eine benachbarte Suite zu führen scheint, einen Spaltbreit auf, und ich beschließe, durch diese Tür zu fliehen. Als ich das andere Zimmer betrete, ist es vollkommen finster, und ich kann kaum erkennen, was darin ist. Aber bald wird deutlich, daß in dem Zimmer ein unglaubliches Durcheinander herrscht: Überall liegen Sachen herum. Dann wird mir klar, daß in einer Ecke des Zimmers jemand auf einer Pritsche liegt. Als ich mich dieser Gestalt nähere, sehe ich, daß es ein sehr alter und vielleicht sterbender Mann ist. Als er mich sieht, scheint er mich zu erkennen und sagt, er habe auf mich gewartet. Er sagt, ich müsse gehen und «Casa Buena» suchen und herbringen, ich müsse aber sofort aufbrechen, da ich ernsthaft in Gefahr sei. Ich verlasse das Hotel und eile zurück zu meinem kleinen Boot. Ich komme an vielen noch brennenden Gebäuden vorbei. Bei einem sehe ich in der Asche etwas, das ein Juwel zu sein scheint; also bleibe ich kurz stehen und ziehe es aus der Asche heraus. Tatsächlich ist es ein sehr großer Rubin. In dem Augenblick, in dem ich ihn in die Tasche stecke, merke ich, daß das Militär mich jagt, also renne ich rasch zum Pier und steige in mein Boot. Es gelingt mir, mit dem Boot abzulegen, bevor sie mich erreichen.

Dieser Traum enthält mehrere Elemente der Heldenreise. In mancher Hinsicht scheint er verwandt mit einigen Elementen des Parsifalmythos, da es auch hier um eine Reise in ein verwüstetes Land geht, wo der Held einen kranken alten Mann findet, den es zu retten gilt.

Übertriebene Heldenmythen

Beispiele für zeitgenössische übertriebene Helden sind die Rokkys und Rambos, die so viele unserer Filme bevölkern. Ein jüngerer Film mit dem Originaltitel *Cobra* (man beachte den Namen!) handelt von einem Polizisten, der kalt, unemotional, distanziert, schizoid und zerstörungswütig ist; am Ende des Films hat er mindestens sechsundvierzig Menschen, darunter eine Frau, getötet! Er krönt seinen mörderischen Triumph jeweils, indem er seinen Gegenspieler an einem Fleischerhaken aufhängt. Praktisch die ganze Zeit über hat er eine schöne, passive Frau im Schlepptau, deren einzige Beschäftigung darin besteht, sich von dieser Karikatur der Männlichkeit beschützen zu lassen; natürlich verliebt sie sich am Ende in ihn, und zusammen fahren sie dem Sonnenuntergang entgegen, anscheinend, um bis ans Ende ihrer Tage glücklich miteinander zu leben.

Dieser Film ist nicht anders als so viele, die in amerikanischen Kinos gezeigt werden. Manchmal ändert sich nicht einmal der Name des Titelhelden, sondern nur die Seriennummer des Films. Es muß in unserer Gesellschaft ein ungeheures unbewußtes Bedürfnis nach dieser Art von Bilderwelt bestehen. Wenn Männer keinen Wert darauf legten, solche Helden zu sehen, würden sie nicht soviel Geld dafür ausgeben, derartigen Sadismus in der Unterhaltung zu perpetuieren. Woher kommt dieses Bedürfnis?

Cobra, Rocky, Rambo und Konsorten sind Beispiele für einen speziellen Heldenarchetyp, der gegenwärtig in unserer Kultur sehr beliebt ist. Ein Archetyp ist, wie wir oben gesehen haben, keine individuelle Person, sondern die Repräsentation eines generalisierten *Bildes* einer Person, deren persönliche Merkmale neben den vorherrschenden Charakteristika dieses Bildes verblassen. In diesem Fall handelt es sich um einen bestimmten kulturellen Archetyp der Männlichkeit in Extremform. Wir könnten diese Gestalt niemals als Individuum, als Person kennenlernen, sondern nur als kollektives Bild. Cobra, Rocky, Rambo, Chuck Norris oder die «netteren» Vorläufer dieser Archetypen wie Gene Autry, der Lone Ranger, Batman oder Superman – sie alle sind kulturelle Helden. Wenn man einen gesehen hat, hat man wahrscheinlich alle gesehen. Der eine mag mehr oder weniger cool sein als der andere, mehr oder weniger gewalttätig, aber sie sind sämtlich ungewöhnlich stark, unabhängig und schlau; sie sind die «guten Kerle», die selten einen Fehler haben, der nicht auch Teil ihres Charakters wird.

In gewisser Hinsicht unterscheidet sich *Cobra* nicht von anderen Märchen und Mythen; sie alle erzählen ähnliche Geschichten mit ähnlichen Themen und einem ähnlichen Anfang und Ende. Entscheidend ist stets, daß der Held wirklich ein «guter Kerl» ist – wie fehlgeleitet seine Anliegen auch sein mögen und wie gewalttätig er auch immer werden mag –, der gegen diese oder jene Art des Bösen kämpft. Sein Ziel ist es, dieses Böse und das Unheil, das es über das Land – oder die Stadt oder das Polizeirevier – gebracht hat, zu überwinden und irgendwie Ordnung und Frieden wiederherzustellen. Sein zweites Ziel ist die Rettung der Frau, die in einer Notlage ist, die Linderung ihrer Leiden, Schwierigkeiten oder ihrer Unterdrükkung, und schließlich die Heirat mit ihr (oder, heutzutage, vielleicht auch einfach das Zusammenleben mit ihr).

«Cobra-Männlichkeit» repräsentiert eine Form primitiver männlicher Identifikation, bei der die Anima unreif und unentwickelt ist, so daß die weiblichen Qualitäten des Helden von einer übertriebenen Männlichkeit machtvoll überschattet werden. Die entsprechende äußere Frau, die mit diesem Männertyp assoziiert ist, kann ebenfalls nicht als «ganze» Person bezeichnet werden; ihre Männlichkeit wird überlagert von stereotypen, übertrieben weiblichen Eigenschaften. Auch sie ist mehr ein Archetyp als eine individuelle Frau. Selten scheint sie einen eigenen Verstand zu haben und noch seltener stabile Wertvorstellungen, die getrennt von denen des Mannes existieren. Sie ist flexibel und leicht formbar zu der Frau, als die er sie haben will, ob das nun eine Mutterfigur, eine hingebungsvolle Geliebte oder eine gehorsame Ehefrau ist. Mit anderen Worten: In dieser Dyade besteht eine bemerkenswerte Ähnlichkeit der Entwicklung – seine Anima ist genausowenig entwickelt wie ihr Animus.

In solchen Mythen von heute kommt es selten zu irgendeiner tiefgreifenden Wandlung des Charakters, und noch seltener gibt es eine nennenswerte spirituelle Entwicklung. Der Held taucht einfach im nächsten Film mit einer neuen Story wieder auf, und die ist oft nicht einfallsreicher als die vorhergegangene.

Wenn wir annehmen, daß das Drama, dessen Zeuge wir werden, ein inneres ist und daß die Figuren Identifikationen mit dem Heldenarchetyp sind, dann beginnen wir den Ursprung für das unbewußte Bedürfnis nach diesen scheinbar dümmlichen Phantasien zu erkennen. Der Kampf des Helden ist in Wirklichkeit der Kampf des entstehenden Ich um Bewußtsein; er ist sein symbolischer Versuch, sich von der Macht der Eltern zu befreien, vor allem der Mutter, und sich die Innere Frau einzuverleiben. Ein wiederkehrendes Thema bei dieser Auseinandersetzung ist ein Mangel an Harmonie, ausgedrückt als Kampf zwischen verschiedenen Gegensatzpaaren wie Gut und Böse, Hell und Dunkel, Männlich und Weiblich. Diese Polaritäten sind die Substanz oder *prima materia* des Bewußtseins.

Männerträume bestätigen oft, daß es in jedem nicht initiierten Mann einen Heldenarchetyp gibt – Prinz oder Cobra – und auch eine innere Frau – eine hilflose Maid. Dem Helden obliegt es, Frieden zu stiften und sich mit der Frau zu vereinen.

In den Mythen war der Held auf der Suche nach einem verborgenen Schatz oder einem Heiligen Gral, und seine Aufgabe bestand darin, ein Ungeheuer zu überwinden oder einen Drachen zu töten – in gewisser Weise der Geschichte des modernen Helden nicht unähnlich. Diese frühen Geschichten schilderten zwar, wie schwer der Held geprüft wurde, bis er sich die Anima einverleibt hatte, aber es wurde nicht von ihm erwartet, daß er *tatsächlich* mit dem Mädchen fortlief oder auch nur mit ihm schlief, wie es in den modernen Versionen so oft der Fall ist. Die «Heirat» des Helden war eine symbolische Vermählung mit der Anima; deshalb mußte er, wie Parsifal, keusch bleiben. Doch damit der Held wirklich Erfolg haben kann, muß er sich zuerst von der Mutter trennen, den Vater finden und heilen und schließlich einen wirklichen Wandlungsprozeß durchlaufen. Rambo und Rocky dagegen wiederholen nur immer wieder denselben alten Kampf. Psychologisch gesehen, bleiben sie genau da stehen, wo sie immer waren: unbewußt noch immer an der Hand ihrer Eltern und ständig auf der Suche nach neuen Freundinnen. Natürlich würden sie das gar nicht gern hören – sie geben sich so cool, als bräuchten sie in Wirklichkeit niemanden. Doch der Protest ist ein wenig zu stark. Da ihnen die Notwendigkeit nicht bewußt ist, die Anima als innere Gestalt zu integrieren, nimmt die äußere Frau, die sie retten, den Platz ihrer eigenen inneren Weiblichkeit ein, und jede Möglichkeit zu innerer Entwicklung wird geopfert.

Der Gegensatz zwischen Männlich und Weiblich ist ein psychisches Problem. Es ist eine der größten Herausforderungen für den Mann, Einheit oder Integration und dadurch größeres Bewußtsein zu erlangen. Als innere Eigenschaften sind Männlichkeit und Weiblichkeit dynamische Ergänzungen, die einander *aktiv* suchen, um Gleichgewicht und Integration zu erreichen. Auf kollektiver Ebene spiegeln sie nur die dominierenden kulturellen Archetypen wider.

Dieser zeitgenössische Held verkörpert das, was Jung als den Mann bezeichnete, der vom *puer aeternus* beherrscht wird, dem Archetyp des ewigen Sohnes. Dieser Archetyp ist kennzeichnend für die männliche Adoleszenz, wo sein Erscheinen eine normale Entwicklungsstufe markiert. Wenn er aber ins Erwachsenenleben mitgenommen wird, stellt er ein *Mißlingen* des psychischen Reifungsprozesses dar. Jung zufolge ist der *puer* – der »Sohn« – weitgehend ein Produkt des Mutterkomplexes; er scheint unfähig, Verantwortung für sein eigenes Leben zu übernehmen, und es gelingt ihm nicht, im Rahmen einer Beziehung eine emotionale Verpflichtung einzugehen. Der *puer* muß immer ein Schlupfloch haben – eine andere Beziehung, ein anderes Projekt oder eine Ortsveränderung –, damit er sich in keiner Weise festlegen muß. Sein Leben wird als provisorisch beschrieben und sein Individualismus als unecht. Auf die eine oder andere Art lebt der *puer* oft auch gefährlich. Joseph L. Henderson schreibt den Entwicklungsstillstand des *puer* mißlungener Initiation zu; das heißt, es handelt sich nicht nur um Verzerrungen in den frühen Eltern/Kind-Beziehungen, sondern dem Individuum ist es nicht gelungen, den nächsten natürlichen Schritt in Richtung Reife zu tun.[14]

Die übertriebene Männlichkeit, der man bei diesem Männertyp begegnet, illustriert nur einen Pol des *puer*. Beim anderen Pol ist die weibliche Ausrichtung ebenso übertrieben und führt zum «Muttersöhnchen» mit noch immer zu enger Bindung an die Mutter und offensichtlicher Identifikation mit ihr. Obwohl unsere Kultur mit beiden Extremen aufwarten kann, stellt der betont männliche Typ das häufigere und «akzeptablere» Bild von Männlichkeit dar. Wie Parsifal, der zu Beginn seiner Reise die von der Mutter gesponnene Kleidung unter seiner Rüstung trug, zeigt der nichtinitiierte, dezidiert maskuline Mann seine ungenügende Trennung von der Mutter weder im Ausdruck noch im Verhalten. Gerade dieses übertrieben verteidigte Äußere verrät sowohl die unzulängliche Ablösung von der Mutter als auch einen Mangel an lebensfähiger Verbundenheit mit dem integrierten Männlichen. All das beweist, daß es keine Initiation durch einen «androgynen» Vater gegeben hat, und infolgedessen spiegelt die Art des Sohnes, mit der Welt fertig zu werden, eine archetypische Erscheinungsform dessen wider, was man als den *Krieger* bezeichnen könnte. Natürlich gibt es im Hinblick auf die verschiedenen Beschäftigungen von Männern ausgesprochen unsensationelle Formen dieses Typus. Was sie von den initiierten Männern zu unterscheiden scheint, ist ihre scheinbar unersättliche Gier nach Macht, Geld und Status. Als seien sie niemals sicher, wieviel genug ist oder ob das, was sie erreicht haben, endlich «gut genug» ist. Viele Männer lösen dieses Problem nie, und am Ende ihres Lebens empfinden sie trotz allem, was sie «getan» haben, ein Gefühl der Sinn- und Nutzlosigkeit.

In der Psychologie des *puer* wurde der Rolle des Vaters wenig Bedeutung beigemessen. Falls aber doch mal sichtbar wird, was sich hinter der Maske des Kriegers verbirgt, wie es manchmal in der Analyse oder durch einen größeren psychischen Zusammenbruch der Fall ist, dann taucht unter der Rüstung plötzlich eine tiefe emotionale Verwundbarkeit auf. Und an diesem kritischen Wendepunkt hat der Mann wieder dringend einen *guten Vater* nötig.

Verlust des Rituals

Initiationsriten kennzeichnen den Beginn der Selbst-Bewußtheit beim heranwachsenden Jungen. Erich Neumann weist auf die Bedeutung der Pubertät in dieser Hinsicht hin:

> Die Tendenz eines sich selber bewußt werdenden Ich und Bewußtseins, das heißt eines Selbstbewußtseins und einer Selbstreflexion, sich im Spiegel zu sehen, ist ein notwendiger und wesentlicher Zug dieser Stufe. Die Entwicklung der Selbstgestaltung und Selbsterkenntnis als einer Bewußtwerdung des menschlichen Bewußtseins an sich selbst setzt hier entscheidend ein. Wir finden diesen Zug in der Jünglings- und Pubertätszeit der Menschheit ebenso wie in der Jünglings- und Pubertätszeit jedes menschlichen Bewußtseins und Individuums. Es ist eine notwendige Phase der Erkenntnis, die der Menschheit aufgegeben ist. Erst das Verharren auf dieser Stufe wirkt tödlich. Nicht Auto-Erotik, sondern Zentroversion stellt sie symbolisch dar in der entwicklungsgeschichtlich notwendigen und richtigen Abwendung von der Fixierung an die Große Mutter.[15]

In der modernen Welt wird die innere Transformation des Mannes dadurch erschwert, daß es nur noch wenige lebensfähige Übergangsriten für ihn gibt. Infolgedessen sieht man heute viele Jugendliche, die versuchen, ihre Macht und ihr rudimentäres Männlichkeitsgefühl auf mehr oder weniger geeignete Weise zu behaupten. Dieses adoleszente Markieren von Stärke, das häufig mit riskanten und sogar lebensgefährlichen Verhaltensweisen einhergeht, drückt das unerfüllte Bedürfnis nach formelleren Übergangsriten aus.

Unangemessen verinnerlichte Männlichkeit kann sich auch als zwanghafter sexueller Exhibitionismus manifestieren, als versuche jemand, sich zu vergewissern, daß er das hat, was ihm in Wirklichkeit fehlt. Exhibitionismus, so etwas wie das Gegenteil von Selbstreflexion, ist ein weiteres archaisches Relikt einer Form von sexueller Zurschaustellung, bei der die eigenen Sexualorgane in dem unbewußten Versuch dargeboten werden, der Macht des Weiblichen zu trotzen. Obwohl es ein Versuch ist, die eigene Männlichkeit zu «beweisen», verrät exhibitionistisches Verhalten das Gefühl, kastriert zu sein, und eine sehr unreife Integrationsebene des Weiblichen. Unbewußt ist der Exhibitionist von der Reaktion des Betrachters abhängig, der ihm die Anwesenheit und die Macht seiner Genitalien bestätigen soll. Das Gefühl, kastriert zu sein, verrät nicht nur Unsicherheit im Hinblick auf die eigene Männlichkeit, sondern auch eine tiefe Befangenheit im Mutterarchetyp und die Unfähigkeit zur Selbstreflexion. Bei jeder Form von Exhibitionismus versucht der Betreffende immer wieder, auf verschiedene Art seine Stärke zu demonstrieren, als müsse er (sich) etwas beweisen, dessen er in Wirklichkeit gar nicht sicher ist.

Manche Formen von Exhibitionismus sind Versuche, andere das eigene Selbst widerspiegeln zu lassen, das in Wirklichkeit nur durch Selbstreflexion bestätigt werden kann. Heutzutage müssen viele Männer das adoleszente Bedürfnis überwinden, die Welt möge sie widerspiegeln – in ihren Leistungen und heroischen Taten beispielsweise –, und ein erwachseneres Stadium von Selbstreflexion erreichen, das mit einem inneren Gefühl von Sinn, Wert und Stellung verbunden ist. Die Rolle des Vaters bei diesem initiatorischen Vorgang ist unentbehrlich, weil er für den Sohn ein Modell von Männlichkeit darstellt. Das häufige Versagen des Vaters in dieser Rolle kann zu einer lebenslangen Schädigung der männlichen Identifikation des Sohnes führen, was wiederum auch die Rolle prägt, die der Sohn später selbst als Vater spielt.

Einer der Männer aus meiner Männergruppe schildert beispielsweise seine Enttäuschung über das Versagen seines Vaters, der ihm die dringend benötigte initiatorische Erfahrung nicht vermitteln konnte:

Als ich gerade die Pubertät erreicht hatte, erzählte einer der anderen Jungen in der Schule, wie seine Eltern sich mit ihm zusammengesetzt hätten, um ihn über die «Tatsachen des Lebens» aufzuklären. Obwohl ich über die Tatsachen des Lebens alles «wußte», fand ich das sehr aufregend und konnte es kaum erwarten, daß meine Eltern dasselbe mit mir taten. Ich malte mir aus, wie es sein würde, wenn meine Mutter und mein Vater auf offene und freimütige Weise über das tabuisierteste aller Themen sprechen würden. Wenn wir über Sex reden könnten, könnten wir über alles reden. Ich wartete! Manchmal, wenn wir zu dritt allein und entspannt beieinander waren, schickte ich ihnen extrasensorische Botschaften wie «Jetzt ist es an der Zeit» oder «Es ist in Ordnung» oder «Bitte, jetzt tun wir es». Manchmal spürte ich, daß sie im Begriff waren, es anzugehen, und ich wurde ganz aufgeregt und bekam große Augen, nur, um dann fast bis zu Tränen enttäuscht zu werden. Es kam mir nie in den Sinn, sie einfach darum zu bitten. Der dringende Wunsch, darüber zu reden, verschwand während meiner mittleren und späteren Teenagerjahre, aber im College kam er wieder zurück.

Als ich zwanzig war, fuhren mein Vater und ich in die High Sierra, um den Mount Lyle zu besteigen, einen der höchsten Gipfel dieses Gebirges. Vor dieser Reise hatte eine meiner älteren Schwestern geheiratet. Mein Vater und ich tranken an unserem ersten gemeinsamen Abend auf einer Hütte ein paar Biere zusammen. Ich war überzeugt, daß er mir nun endlich etwas über die Tatsachen des Lebens erzählen würde. Doch dieses Thema kam nicht zur Sprache, aber ich fand das ganz in Ordnung, da wir ja die nächsten vier Tage allein zu zweit verbringen würden. Am nächsten Tag wanderten wir mit unseren Rucksäcken den Canyon hinauf und kampierten am Fuß des Berges. Wir waren völlig allein. An diesem Abend breiteten wir unter freiem Himmel unsere Schlafsäcke nebeneinander aus und krochen hinein, als es

dunkel war. Die Luft war unglaublich rein, und die Sterne
schienen besonders hell, und wieder war ich überzeugt, daß
mein Vater und ich nun endlich miteinander reden würden.
Ich lag da und schickte die stärksten extrasensorischen Botschaften, die mir möglich waren, wie ich es so oft getan hatte,
als ich jünger war. Wir schwiegen, und nach einer langen
Weile räusperte sich mein Vater, als wolle er reden. Nun war
es soweit! Die Zeit war gekommen! Da sagte er: «Sam, wenn
ich diese Sterne betrachte und die ganze Ordnung des Universums sehe, dann bin ich absolut überzeugt, daß es einen
Gott gibt.» Mir sank das Herz. Seine Gedanken waren beim
Himmel, meine auf der Erde. Ich war bitter enttäuscht.
Am nächsten Tag begannen wir mit der Besteigung des
Mount Lyle. Nach ein paar Stunden mußten wir den Lyle-
Gletscher überqueren. Wir waren darauf vorbereitet und hatten Seile mitgebracht, um uns zu sichern, falls einer von uns
in eine Spalte fallen sollte. Die Sonne, die sich auf dem Eis
spiegelte, war so unerträglich hell, daß wir unsere Mützen in
die Stirn zogen und mit gesenktem Kopf und zusammenge-
kniffenen Augen gingen. Das muß fast eine Stunde gedauert
haben. Als wir stehenblieben, um uns zu orientieren, merkten
wir, daß wir uns auf dem Gletscher verirrt hatten. Wir waren
so weit von der Route abgekommen, daß wir vor Einbruch
der Dunkelheit nicht mehr den Gipfel erreichen und dann
wieder zu unserem Lager absteigen konnten. Ich brach in
Tränen aus. Als mein Vater mich fragte, warum ich weinte,
sagte ich ihm, ich hätte einfach mit ihm den Gipfel erreichen
wollen. Als wir uns an den steilen Abstieg machten, glitten
wir ständig auf dem Geröll aus. Diese Belastung verschlim-
merte die Arthritis meines Vaters so sehr, daß er kaum noch
gehen konnte. Es war das erste Mal, daß ich ihn schwach
sah.
Wenn ich heute zurückblicke, wird mir klar, daß ich meine
Aufklärung durch die Familie als eine Art Initiationsritual
gewählt hatte, als Symbol dafür, daß sie mich als Erwachse-

nen, als Gleichgestellten akzeptierten. Dieses Ritual habe ich nie erlebt. Die Ereignisse bei der Besteigung des Mount Lyle waren besonders quälend. Mein Vater und ich konnten nicht miteinander kommunizieren, und wir verirrten uns auf dem gefrorenen Eis des Unbewußten. Wir hatten die Gelegenheit zu einer bedeutungsvollen gemeinsamen Erfahrung, aber wir ergriffen sie nicht. Und darum weinte ich.

Ein paar Jahre später heiratete ich. Am Abend vor der Hochzeit kamen viele meiner auswärtigen Verwandten nach dem Polterabend-Dinner noch zu uns nach Hause, um weiterzufeiern. Im Laufe des Abends nahmen mein Vater und ein Onkel mich beiseite, nachdem sie beide allerhand getrunken hatten. Mein Vater sagte: «Junge, ich habe mich nie mit dir hingesetzt und dich über die Tatsachen des Lebens aufgeklärt, aber ich bin sicher, daß du Bescheid weißt. Ich möchte dir nur einen Rat geben: Frauen haben es gern, wenn man mit ihren Brüsten spielt, und außerdem mußt du das Waschbecken im Badezimmer immer säubern, wenn du es fertig benutzt hast.» Ich war schockiert! Die Titten befummeln und das Becken saubermachen! Ich war wütend, ich war sprachlos, ich fühlte mich betrogen. Nach all diesen Jahren kam das Thema endlich zur Sprache, aber er war betrunken, es war kein richtiges Gespräch, und das, was er sagte, war banal. Diese Erfahrung überschattete diesen Abend, der etwas Besonderes für mich hätte sein sollen.

Ich wünschte, die Geschichte wäre glücklich ausgegangen, aber dem war nicht so. In den folgenden Jahren verdrängte ich all das. Als meine ältesten Kinder, beides Mädchen, die Pubertät erreichten, sagte ich zu meiner Frau, wir sollten uns mit ihnen hinsetzen und über Sex reden. Sie schaute mich finster an und sagte, das hätte sie schon getan. Die Botschaft war deutlich: Du kommst zu spät, das geht dich nichts an, halte dich da raus. Ich tat nichts. Einige Jahre später, nachdem ich geschieden und bereits einige Zeit in Therapie war, erzählte ich meinen Töchtern von dieser ganzen Erfahrung und sagte ihnen, wie leid es mir täte, daß ich nicht mit ihnen über Sex geredet hätte, so daß wir uns leichter darüber und über andere Themen hätten unterhalten können. Meine älteste Tochter schaute mich an und sagte: «Was hat sie behauptet? Das stimmt nicht. Als ich meine erste Periode bekam, gab Mutter mir mit ziemlich beiläufigen Bemerkungen ein paar Tampons, und das war alles. Ich wünschte mir so, wir hätten damals über Sex geredet. Ich hatte wirklich das Bedürfnis, darüber zu sprechen.» Mir sank das Herz, und ich war überwältigt von zahllosen Emotionen. Der Zyklus hatte sich eine weitere Generation lang fortgesetzt. Ich kann nur hoffen, daß meine Kinder meine und ihre Erfahrung beherzigen und den Teufelskreis durchbrechen werden.

Früher war der Vater ein wichtiges Element der Initiation des Sohnes. Das moderne Leben bietet weniger Gelegenheiten für diese Art der Erfahrung zwischen Vater und Sohn: Die alltäglichen Aktivitäten sind stärker reglementiert, der Kontakt zwischen Vätern und Söhnen ist geringer, und sie machen weniger gemeinsame Erfahrungen mit der Natur und den Lebenszyklen.

Eine ergreifende Darstellung der natürlichen Einführung in das Dasein als Mann durch den Vater findet sich in dem Roman *A Day No Pigs Would Die*, einer Geschichte über einen zwölfjährigen Jungen, Robert, und seine Familie, die um die Jahrhundertwende in Neuengland auf einem Bauernhof leben. Roberts Vater verdient den kärglichen Lebensunterhalt mit dem Schlachten von Schweinen. Eines Tages macht ein Nachbar Robert ein ungewöhnliches Geschenk: ein Ferkel, das ihm ganz allein gehört. Robert gewinnt Pinky lieb; er zieht das junge Schwein auf in der Hoffnung, es werde eines Tages werfen, aber wichtiger noch ist es ihm als Haustier. Als das Schwein älter wird, stellt sich heraus, daß es unfruchtbar ist, und Roberts Vater sagt, man müsse es schlachten, weil sie es sich nicht leisten könnten, ein Schwein durchzufüttern, das als Zuchttier nicht zu gebrauchen ist. Bei der gleichen Gelegenheit teilt er seinem Sohn mit, daß er krank sei und nicht mehr lange zu leben habe. Robert muß sich mit dem Gedanken vertraut machen, die Verantwortung für den Hof sowie für Mutter und Tante zu übernehmen. Aber zuerst muß er seinem Vater bei der blutigen Schlachtung seines Haustiers helfen. Er haßt seinen Vater einen Moment lang, als dieser das Schwein tötet, aber er empfindet tiefe Zuneigung, als er sieht, wie sein Vater zusammenbricht und weint. Nachdem Pinky geschlachtet ist, küßt Robert die blutigen Hände seines Vaters. Als Robert am nächsten Morgen aufwacht, ist es auf dem Hof ungewöhnlich still, und er erfährt, daß sein Vater während der Nacht in der Scheune gestorben ist.

Dies ist zwar keine vorschriftsmäßige Initiation, doch die Elemente gleichen den frühen Ritualen, denn sie enthalten das Opfer durch einen rituellen Tod und eine Wiedergeburt. Robert muß eine wichtige Kindheitsbindung aufgeben, um ein «Mann» zu werden und die Verantwortung eines Erwachsenen auf sich zu nehmen. Das Opfer bringt tatsächlich eine Wandlung des Bewußtseins mit sich, nicht nur die Ansammlung von neuen Informationen darüber, wie man sein Leben zu leben hat.

Der zeitgenössische Verlust der Initiationsriten ist eine Gefahr für die Trennungsbedürfnisse des Jungen, weil es keine klar definierten Grenzen mehr gibt zwischen ihm und seiner Mutter. Das Fehlen eines Rituals kann ihn veranlassen, seine eigenen Methoden der Trennung zu entwickeln, und wenn diese zu weit getrieben werden, kann es zu einer defensiven Einstellung kommen, bei der der Mann sein Bedürfnis, Aspekte des Weiblichen zu verinnerlichen, verleugnet. Diese Form der Abspaltung wiederum führt oft dazu, daß der Mann seine eigenen weiblichen Qualitäten völlig verneint.

Im Laufe der Zeit, vor allem bei sich entwickelnden Gesellschaften, sind die meisten Rituale und Mythen nach und nach verwässert und erodiert worden durch Versuche, Zeichen von «Primitivität» aus unserem Bewußtsein zu verbannen und rationaler an das Leben heranzugehen. Mythen werden vom kritischen «Logos» – dem rationalen, logischen und seit der Existenz von Wissenschaft männlichen Standpunkt – als Altweibergeschichten abgetan. Wissenschaft als wichtige Form exogener Entwicklung wurde zum höchsten Logos, und die früheren mythischen Begriffe galten als närrisch und unbegründet. Gegenwärtige Versuche, das Geheimnis der Mythen zu enträtseln, haben die Form wissenschaftlicher Untersuchungen angenommen, zum Beispiel die strukturalistisch ausgerichteten Interpretationen von Lévi-Strauss.

Auch das Aufkommen des Christentums war teilweise verantwortlich für die Ausrottung dieser früheren Rituale, da viele von ihnen als heidnische Bräuche und mit dem Dogma des Monotheismus unvereinbar galten. Gleichzeitig sind christliche Rituale wie das Meßopfer, Konfirmation und Taufe und die verschiedenen Sakramente einige der wenigen verbliebenen religiösen Rituale der Moderne; dasselbe gilt für einige der Rituale des Judentums wie etwa die Bar-Mizwa. Im Judentum wird auch die Beschneidung noch immer praktiziert, allerdings als religiöse Zeremonie, nicht als Initiation. Der Symbolismus vieler christlicher Sakramente, die ihrerseits auf antiken Übergangsriten basieren, enthält Ideen wie den symbolischen Kannibalismus, den man in der Eucharistiefeier sieht, bei der Brot und Wein verzehrt werden, die Leib und Blut Christi repräsentieren.

Das frühe Christentum wehrte sich gegen die Herstellung solcher Verbindungen und beschützte seine eigenen Mythen als «Wahrheiten» vor den «häretischen Erkenntnissen» der Wissenschaft. Im 17. Jahrhundert wurde beispielsweise Galileo Galilei von der katholischen Kirche zum Ketzer erklärt, weil er erkannt hatte, daß nicht die Erde der Mittelpunkt des Universums war, sondern die Sonne. Der Schöpfungsmythos sowie andere Dogmen der Schrift galten jahrhundertelang sowohl als letzte Wahrheit wie auch als historische Realität. Was den Lehren der Schrift widersprach, wurde nicht nur als unwahr betrachtet; die Kirche verbannte, exkommunizierte oder ermordete auch jeden, der eine andere Ansicht vertrat.

Unglücklicherweise sind die Numinosität und Heiligkeit vieler verbliebender Rituale verwässert worden durch Versuche, sie für moderne Sitten «relevanter» zu machen. Ein Beispiel dafür ist die Aufgabe der lateinischen Liturgie oder der Versuch, die Kirchenmusik durch Unterhaltungssounds zu ersetzen. Solche Experimente entleeren die Rituale, da durch sie das Geheimnis verlorengeht, das eine Bewußtseinsänderung erleichtert. Der Zweck des Rituals besteht nicht darin, Informationen zu liefern, sondern darin, durch eine esoterische *Erfahrung* eine Bewußtseinsänderung einzuleiten.

Der Logos geht mit einer reduktiven Methodologie an die Mythen heran – ein Versuch, den Sinn auf den kleinsten gemeinsamen Nenner zu bringen. Diese Versuche, Mythen aus der logischen Perspektive zu widerlegen, gehen am Ziel vorbei, weil Mythen weder historische Berichte noch wissenschaftliche Befunde sind; sie repräsentieren vielmehr in stilisierter Form symbolische kollektive Feststellungen unbewußter Projektionen des Unbekannten. Jung hat wiederholt auf den Unterschied zwischen *Zeichen* und *Symbol* hingewiesen. Ein Zeichen weist auf ein Objekt oder eine Idee hin, die für etwas prinzipiell Bekanntes stehen, während das Symbol die bestmögliche Annäherung an etwas im wesentlichen Unbekanntes darstellt. Anders als das Zeichen «stehen» Symbol und Mythos nicht «für» das, was sie repräsentieren; sie weisen vielmehr in Richtung des Unbekannten, ohne es mit irgendeiner Endgültigkeit zu definieren oder zu reduzieren. Moderne Künstler und Dichter, die mit symbolischen Begriffen arbeiten, sind einige der wenigen noch existierenden Mythenschöpfer unserer Kultur.

Zusammenfassung

Das Bewußtsein tauchte ursprünglich aus einer nicht-reflexiven, nicht-rationalen, mythischen Dimension der Erfahrung auf; der erste Nachweis dieses Auftauchens findet sich in den Bestattungspraktiken unserer ersten menschlichen Vorfahren. In diesen frühen Ritualen erkennen wir die Projektion der Wiedergeburt, enthalten im Symbolismus des Todes. Die mythische Dimension wurde später verstärkt durch den männlicheren, gegengewichtigen Pol des Logos – die logische, rationale Komponente des Bewußtseins, die zunehmend mit dem Ich assoziiert war –, der Erfahrung entsprechend seinen eigenen Kriterien für das «Reale» definierte, etikettierte und klassifizierte.

Freuds Behauptung, pubertäre Initiationsriten seien patriarchalische Versuche gewesen, den jungen Männern des Stammes durch die Kastrationsdrohung Angst einzuflößen, ist schwer zu akzeptieren. Es scheint viel plausibler, daß sie den Fruchtbarkeitsritualen des Kults der Großen Mutter nachgebildet waren, da sie die Themen von Opfer, Tod und Wiedergeburt beibehielten und die Notwendigkeit betonten, sich von der Mutter zu trennen und Teile des Weiblichen zu verinnerlichen, während sie gleichzeitig eine positivere Identifikation mit dem Vater anstrebten.

Die meisten Initiationsrituale sind mit der allmählichen Entfremdung von den mythischen Dimensionen des Bewußtseins aufgegeben worden. Infolge dieser Entfremdung verlassen sich die Männer von heute auf eine ziemlich einseitige Qualität des Bewußtseins, die hauptsächlich die Rationalität und das äußere Leben betont. Dennoch sehen wir, daß die Psyche eine bemerkenswerte Fähigkeit behalten hat, die Bilderwelt und die Emotionen der Initiationsprüfung durch Träume und Phantasien darzustellen, und so die dynamische Tendenz der Individuation zu unterstützen. Die Anima kann bei der männlichen Initiation helfen, indem sie spezifische Bilder von Tod, Verstümmelung und Wiedergeburt liefert – sie repräsentieren das

Opfern einer übertrieben exogenen Ichorientierung. Doch um Zugang zu dieser reichen Bilderwelt der Wandlung zu finden, müssen Männer sich dem Unbewußten öffnen.

Nichtinitiierte Männer laufen Gefahr, Gefangene der Mutter zu bleiben, entweder aufgrund der ständigen Hoffnung auf Bestätigung und Billigung durch die Eltern oder in Form von Protest, indem sie endlos den Heroismus des Krieger-Archetyps wiederholen, ohne sich innerlich zu wandeln. Vielleicht müssen die Männer für sich und ihre Söhne zeitgenössische Initiationsrituale entwickeln, um den Mangel an Übergangsriten zu kompensieren und die Bedeutung der Vater/Sohn-Beziehung wieder zu betonen, indem sie ein stärker persönlich orientiertes männliches Bewußtsein bilden.

Für Freud war der Ödipusmythos der psychologische Prototyp der Vater/Sohn-Beziehung. Wenn wir uns den Mythos jedoch genauer ansehen, stellen wir fest, daß Ödipus ein «vaterloser» Held ist; vor seinen Reisen und seinem tragischen Ende wird er von seinem Vater verlassen. Das ist die Schlüsselerfahrung für unser Verständnis des Ödipusmythos, vor allem für das Verständnis des Inzests, wie wir im nächsten Kapitel sehen werden.

4 Die ödipale Wunde

> Es [der Ödipuskomplex] erwies sich mir als ein Stück
> meiner Selbstanalyse, als meine Reaktion auf den
> Tod meines Vaters, also auf das bedeutsamste
> Ereignis, den einschneidendsten Verlust im Leben
> eines Mannes.
>
> *Sigmund Freud*

Die Bedeutung Freuds für die Psychologie des Mannes

Freuds Theorien, besonders im Hinblick auf den Ödipusmythos, haben einen starken Einfluß ausgeübt auf die Art und Weise, wie Männer betrachtet werden und wie sie sich selbst sehen. Seine Konzepte über Verführung, Inzest, Penisneid und Kastrationsangst sowie seine Einstellung zur Rolle des Vaters sind wichtig für unser Verständnis der Psychologie des Mannes. Weil jede psychologische Theorie in gewissem Maße von der Psyche ihres Begründers geprägt ist, werden wir in diesem Kapitel versuchen, Freuds Denken im Kontext seiner eigenen persönlichen Einstellungen und Voreingenommenheiten zu betrachten.

Bei der Einschätzung Freuds und seiner theoretischen Formulierungen muß man die Tatsache berücksichtigen, daß es nach fast hundert Jahren Geschichte und psychoanalytischer Erfahrung sehr einfach ist, Kritik zu üben. Tatsächlich erkennt man die Bedeutsamkeit irgendeiner Idee teilweise an ihrem zeitlichen Bestand. Das Überleben einer Theorie kann aber auch von einem archetypischen Kern begünstigt sein. Vom Ödipusmythos leitete Freud seine Theorie des «Ödipuskomplexes» ab, die den sexuellen Wunsch des Kindes nach dem andersgeschlechtlichen Elternteil beschreibt, verbunden mit Eifersucht und mörderischer Wut auf den gleichgeschlechtlichen Elternteil. Elemente des fast dreitausend Jahre alten Ödipusmythos lieferten einen archetypischen Kern dieses Konstrukts und wirkten zugleich als magnetisches Zentrum, das persönliche Projektionen und Voreingenommenheiten anzog, darunter auch die Freuds, die nur im Laufe der Zeit durch Erfahrung entweder bestätigt oder widerlegt werden können. Inzwischen jedoch sind sie als dogmatische Behauptung einer psychologischen Wahrheit schon beinahe institutionalisiert. Das zentrale Thema des Mythos selbst ist uns so lange erhalten geblieben, weil es eine Dynamik beschreibt, die in der Psyche noch immer am Werk ist, deren volles Verständnis und psychische Assimilation aber noch ausstehen.

Aus der Perspektive der Gegenwart ist es schwierig, die Besonderheiten früher psychoanalytischer Formulierungen einzuschätzen, die im prüden Milieu der Jahrhundertwende entstanden sind. Das gilt vielleicht vor allem für die *Verführungstheorie*, ursprünglich eine von Freuds zentralen Ideen, abgeleitet aus seiner klinischen Arbeit mit (meist weiblichen) Hysterikern, die behaupteten, als Kinder belästigt worden zu sein. In seiner ursprünglichen Formulierung erklärte er, die allen Neurosen zugrundeliegende Ursache sei in der sexuellen Traumatisierung des Patienten durch einen Elternteil, Verwandten oder eine Pflegeperson in der Kindheit zu suchen. Diese Theorie, von Freud ursprünglich zum Eckpfeiler für das Verständnis der Ätiologie der Neurosen erklärt, sowohl der hysterischen als auch der Zwangsneurosen, war sowohl für die damalige Gesellschaft als auch für den entstehenden Berufsstand der Psychoanalytiker einfach inakzeptabel.

Als Freud seinen Kollegen 1896 die Verführungstheorie vortrug, wurde sie als «wissenschaftliches Märchen» abgelehnt, ja lächerlich gemacht; für Freud war das eine schwere narzißtische Kränkung.[1] Sechs Jahre später hatte er diese radikale Position formell fast vollständig aufgegeben. Allerdings vertrat er noch 1924 die Auffassung, die Ätiologie gewisser Störungen sei in der Verführung des Kindes zu finden, am häufigsten durch den Vater. Ansonsten behauptete er, die *Phantasie* des Kindes, basierend auf seiner infantilen Sexualität, und nicht ein tatsächliches physisches Trauma sexueller Natur sei die Hauptquelle dieser Neurosen.

Im Jahre 1900 begann Freud mit der Analyse der achtzehnjährigen Hysterikerin Dora. Dieser Fall ist insofern wichtig, als er darauf mit verheerenden Folgen die spätere Formulierung seiner Theorie anwandte; als Freud einen Vorfall, bei dem Dora tatsächlich von einem Freund der Familie belästigt worden war, als ihren eigenen sexuellen «Wunsch» nach ihrem Vater deutete, brach Dora zu seiner Überraschung und Enttäuschung die Analyse ab. Er interpretierte ihre Entscheidung als Racheakt, angeregt von ihrem neurotischen Impuls, sich selbst zu schaden.[2] Wahrscheinlicher jedoch war dieser klinische Fehlschlag in erster Linie auf Freuds mangelnde Empathie für diese junge Patientin zurückzuführen, insbesondere da sowohl der Mann, der sie belästigt hatte, als auch ihr Vater die Anschuldigung zurückgewiesen und ihren sexuellen Phantasien zugeschrieben hatten. Jetzt stieß Dora also nicht nur bei ihrem Vater und dem Mann, der sie belästigt hatte, auf Unglauben, sondern auch noch bei ihrem Analytiker. Doch die Bedeutung des Mißerfolgs bei diesem Fall geht über Freuds mangelnde Empathie und seine Weigerung, die inzestuösen Absichten von Doras Angehörigem zur Kenntnis zu nehmen, weit hinaus; am wichtigsten ist die Tatsache, daß Freud den Fall falsch behandelte, weil er dem gesellschaftlichen Druck nachgab, sich von seiner ursprünglichen Verführungstheorie zu distanzieren.

Nach der Ablehnung seiner Verführungstheorie ergab sich

aus Freuds Deutung seiner eigenen Träume und aus der genaueren Betrachtung seiner Familie, daß sowohl sein Vater als auch er selbst inzestuöse Wünsche gehegt hatten.[3] In einem Brief an einen Freund räumte er ein, nicht frei von inzestuösen Wünschen gegenüber seiner Tochter zu sein, und gab zu, diese Erkenntnis *bestätige* die Richtigkeit seiner ursprünglichen Theorie.[4] Doch nur vier Monate später distanzierte er sich – offiziell – von dieser Position. Im Laufe seiner Selbstanalyse deckte er auch eine Leidenschaft für seine Mutter und Eifersucht auf seinen Vater auf, wie einer seiner Biographen, Ernest Jones, schreibt:

«Aber vier Monate später hatte er den wahren *Sachverhalt* herausgefunden: Er mußte sein Augenmerk nicht auf die Inzestwünsche und gelegentlichen inzestuösen Handlungen der Eltern richten, sondern auf das allgemeine Auftreten von Inzestwünschen der Kinder gegenüber ihren Eltern, und zwar charakteristischerweise gegenüber dem Elternteil des anderen Geschlechts.»[5]

Hinsichtlich dieser veränderten Einstellung ist Jones' eigene Glaubwürdigkeit fraglich insofern, als er schon früh in seiner Karriere eine Stellung verloren hatte, nachdem er beschuldigt worden war, sich gegenüber ihm anvertrauten Kindern unangemessen verhalten zu haben.

Der Übergang von Freuds Theorie der sexuellen Unschuld der Kindheit zu seiner Theorie der infantilen Sexualität erfolgte langsam; noch 1900 finden wir in der *Traumdeutung* Hinweise auf die Freiheit des Kindes von sexuellen Wünschen. Erst in der dritten Auflage des Buches (1911) gibt es eine Fußnote, in der er seine ursprüngliche Annahme korrigiert.[6]

Freud erläuterte, er habe die *Traumdeutung* als Reaktion auf den Tod seines Vaters im Oktober 1896 geschrieben, dies aber erst bemerkt, als das Buch 1899 beendet war. Der Tod seines Vaters war für ihn ein traumatisches Ereignis, der «einschneidendste Verlust», den er viele Jahre lang betrauern sollte.

Neben Trauer empfand er starke Schuldgefühle, die er später in einer Schrift als «Schuldgefühl des Überlebenden» bezeichnete. Genau ein Jahr nach dem Tod seines Vaters heißt es in einigen Briefen Freuds, sein Vater sei an der Vorstellung des sexuellen Mißbrauchs «unschuldig», und diese Ideen seien seine eigenen Projektionen. Also widerrief Freud erneut seine zentrale Idee, in diesem Fall den Inzestwunsch seines Vaters. Wie bei seiner Verführungstheorie folgte dieser Widerruf ebenfalls auf eine Zurückweisung und ein Verlassenwerden hin, diesmal durch seinen Vater, weil dieser gestorben war. In seinen Briefen stellte er fest, der Tod seines Vaters habe viele vergessene Kindheitserinnerungen wieder aktiviert, die ein wichtiger Teil seiner Selbstanalyse wurden. In der *Traumdeutung* begann er auch, den Ödipusmythos auszulegen, was mit dem Auftauchen von weiteren unbewußten Gefühlen hinsichtlich seines Vaters zusammenzuhängen scheint.

Die spezifische Frage, vor der wir stehen, lautet, ob die Anziehungskraft des archetypischen Kerns des Ödipusmythos mit Freuds Unterdrückung seiner eigenen Inzestwünsche wie auch der seines Vaters zu tun hatte. Er mußte den Inzestwunsch erklären, aber er durfte ihn nicht im Elternteil finden, vor allem nicht bei seinem eigenen Vater. Dieses Dilemma scheint er weitgehend gelöst zu haben, indem er den Ödipusmythos entdeckte und ihn auf eine ganz bestimmte und etwas eigenartige Weise interpretierte. Ehe wir uns der Untersuchung von Freuds Beziehung zu seinem eigenen Vater zuwenden, wollen wir kurz einen Blick auf Ursprung und Hintergrund des Mythos selbst werfen.

Historischer Hintergrund des Mythos

Das Stück *König Ödipus* wurde von Sophokles im Jahre 430 v. Chr. geschrieben. Die früheste bekannte Version des Themas stammte ursprünglich aus Homers *Ilias* und *Odyssee*, die wahrscheinlich auf das 8. oder 9. Jahrhundert zurückgehen.

Im Ödipusmythos wurden Laios und Jokaste, König und Königin von Theben, vom Orakel des Apollo in Delphi gewarnt, ihr Sohn sei dazu bestimmt, seinen Vater zu töten und seine Mutter zu heiraten. Entsetzt über diese Prophezeiung und entschlossen, das Eintreten der Vorhersage zu verhindern, durchstach Laios den Fuß seines Sohnes mit einem eisernen Dorn, um ihn so an einen Pfahl in den Bergen binden zu lassen. Dann gab Laios seinen Sohn einem Schäfer und wies diesen an, das Kind in den Bergen auszusetzen und sterben zu lassen. Der Hirte aber, der Mitleid mit dem unschuldigen Kind hatte, übergab es einem anderen Hirten aus Korinth, damit dieser es fern von Theben aufziehen möge. Der Hirte wiederum reichte das Kind an Polybos und Merope weiter, das kinderlose Königspaar von Korinth, das es an Sohnes Statt zu sich nahm. Sie nannten ihn Ödipus, was soviel wie «geschwollener Fuß» bedeutet. Als junger Mann befragte auch Ödipus das Orakel von Delphi – welches sein Schicksal erneut bestätigte. Da er glaubte, Polybos und Merope seien seine wirklichen Eltern, und er ihnen nicht schaden wollte, verließ er Korinth. Seine Reise führte ihn zurück in die Nähe von Theben, das von einem Ungeheuer verwüstet wurde, der Sphinx. An einer Wegkreuzung traf er auf Laios, der nach Delphi unterwegs war, weil er wissen wollte, wie er Theben von der Sphinx befreien könne. Dieses Zusammentreffen war die schicksalhafte Begegnung, die den ersten Teil der ursprünglichen Prophezeiung erfüllen sollte. Ödipus und Laios stritten sich über das Wegerecht, kämpften miteinander, und Ödipus tötete Laios. Dann ging Ödipus nach Theben, wo er der Sphinx gegenübertrat, das Rätsel löste, das sie ihm aufgab, und sie erschlug. Die Bürger von Theben machten den Helden zu ihrem König, denn Laios war ja getötet worden; sie nahmen an, Diebe hätten ihn erschlagen. Als König von Theben heiratete Ödipus Jokaste und erfüllte damit den zweiten Teil der Prophezeiung; sie hatten vier Kinder zusammen. Nach einer relativ kurzen Periode des Wohlstands kam dann eine Plage über Theben – Apollos Strafe, so wurde Ödipus gesagt, weil der Mord an Laios nicht gesühnt worden war. Als Ödipus die Tat untersuchte, entdeckte er, daß er selbst der Schuldige war, und er fand auch heraus, wer seine leiblichen Eltern waren. Überwältigt von Schuld- und Schamgefühlen, weil er die beiden schlimmstmöglichen Verbrechen begangen hatte – Vatermord und Inzest –, blendete er sich selbst mit einer Brosche. Seine Mutter und Ehefrau Jokaste erhängte sich.

Freuds Beziehung zu seiner Mutter

Freud sah Jokaste, Ödipus Mutter, als Objekt der sexuellen Wünsche des Sohnes, trotz der Tatsache, daß im Mythos ein sexuelles Bedürfnis des Ödipus nach seiner Mutter, vor allem als Kind, nicht erwähnt wird. Die Rollen von Jokaste und anderen Frauen in dem Mythos sind allerdings relativ unbedeutend, mit Ausnahme von Ödipus Tochter Antigone, deren Namen Freud oft für seine eigene Tochter Anna benutzte und so eine Parallele betonte, die er zwischen sich selbst und Ödipus empfunden haben muß. (Wie Antigone blieb Anna bis zu seinem Tod bei ihrem Vater.) Freuds Beziehung zu seiner Mutter war ebenfalls bedeutsam. Wir wissen wenig über Freuds Beziehung zu seiner Mutter, da er sich nicht entschloß, sie eingehend zu analysieren. Bekannt ist aber, daß sie zwanzig Jahre jünger war als ihr Mann und Freud sie sehr schön fand. Er war anscheinend der Lieblingssohn, der bevorzugte Behandlung genoß, vor allem durch seine Mutter. Einmal soll sich der junge Freud beschwert haben, das Klavierspiel seiner Schwester störe ihn beim Lernen – daraufhin wurde das Klavier für immer aus dem Haus verbannt. Sowohl die Mutter als auch der Vater scheinen von zukünftigem Ruhm ihres Sohnes geträumt zu haben, und dies, zusammen mit der Rolle als Mutters Favorit, muß Freuds Allmachtsgefühl entgegengekommen sein.

Es sind nur zwei Träume Freuds bekannt, in denen seine

Mutter eine Rolle spielt; beide werden in der *Traumdeutung* geschildert. Erich Fromm deutete einen dieser Träume dahingehend, daß Freud es nicht ertragen konnte, wenn seine Mutter einen seiner Wünsche nicht auf der Stelle befriedigte, er aber eine abwehrende Haltung hinsichtlich dieser Bedürfnisse einnahm, indem er die Rolle eines Vaters übernahm. Der andere Traum – ein Angsttraum aus seiner frühen Kindheit – wird von Fromm als mit der Angst vor dem Verlust der Mutter durch ihren Tod zusammenhängend interpretiert.[7]

In einem Brief gestand Freud ein, daß er als zweijähriges Kind Gelegenheit gehabt habe, seine Mutter nackt zu sehen, und das habe ihn leicht erregt. Später jedoch stellen wir fest, daß er eher vier Jahre alt war, als das geschah. In jedem Fall äußert sogar Ernest Jones, Freuds enger Freund, Kollege und Biograph, die Überzeugung, Freud habe sich seinen unbewußten Gefühlen für seine Mutter nie ganz gestellt und deren Problematik gewiß nicht gelöst. Ein anderer Freund Freuds, sein Hausarzt Max Schur, spielte an auf Freuds «komplizierte prägenitale Beziehungen zu seiner Mutter, die er nie analysierte».[8]

Einige seiner Kritiker behaupteten, Freud habe seine eigene Sexualität nie so analysiert wie die seiner Patienten. Dieser Vorwurf wurde von Freud mit der wütenden Abwehr erwidert, das hätte «unerwünschte Enthüllungen über seine Beziehungen zu seinem Vater» erfordert.[9] Selbst wenn Freud recht daran tat, diese Enthüllungen zu vermeiden, müssen wir zu dem Schluß kommen, daß er an sich selbst und an seine Patienten verschiedene Maßstäbe anlegte. Einen anderen Mangel in Freuds Selbstanalyse, so nobel und schwierig diese auch war, stellt sein Verstoß gegen eine der wichtigsten seiner eigenen Regeln dar: In der Analyse muß der Widerstand aufgedeckt werden. Wir wissen heute, daß Selbstanalyse in vieler Hinsicht geradezu ein begrifflicher Widerspruch ist; wie Freud selbst sagte, muß eine positive Übertragung hergestellt werden, um Widerstände zu überwinden. Wer aber soll bei der Selbstanalyse als gesunder Träger der positiven Übertragung wirken? Vermutlich war es nicht zu vermeiden, daß Freuds Selbstanalyse unvollständig, unterdrückend und stark selektiv war.

Freuds Einstellung zu Frauen und zu seiner Anima

Eng verbunden mit der Tatsache, daß Freud sich der Beziehung zu seiner Mutter nicht bewußt zu sein schien, war seine – meist negative – Einstellung gegenüber Frauen. Daß er sich von Frauen bedroht fühlte und daß er einen Mutterkomplex hatte, geht wohl deutlich aus seinen Theorien über Weiblichkeit und seiner konventionellen Einstellung zu Müttern und Frauen im allgemeinen hervor. Es ist recht überraschend, daß ein Mann, der sich in so vieler Hinsicht zu progressiven Ideen bekannte und vor allem ein Erforscher des Unbewußten war, das konventionelle männliche «Anatomie ist Schicksal»-Vorurteil Frauen gegenüber teilte. Auch seine Theorie weist diese Voreingenommenheit auf, die bei seinen persönlichen Ansichten über Frauen so offenkundig ist. Einfach ausgedrückt, betrachtete er die Frauen als den Männern nicht gleichwertig – weder psychologisch noch moralisch, weder politisch oder wirtschaftlich.

Diese Einstellung geht deutlich aus seiner Werbung um Martha hervor; sein Biograph schildert ihn hier als ziemlich unsicher in bezug auf seine Männlichkeit, sehr eifersüchtig und fordernd gegenüber seiner zukünftigen Frau; er habe darauf bestanden, daß sie sich in einigen der wichtigsten gemeinsamen Belange seinen Wünschen fügte.[10] Nach der Heirat erwähnte Freud Martha nur noch selten, es sei denn in beiläufigen Bemerkungen über ihre Fähigkeiten als Mutter.

Für Freud hatte der Unterschied der Geschlechter seinen Ursprung schlicht in den anatomischen Unterschieden, wie seine Theorie der Sexualentwicklung (um 1920 formuliert) ganz explizit zum Ausdruck brachte. Sein *phallisches Stadium* der psychosexuellen Entwicklung definierte das Weibliche im Grunde als minderwertige Version des Männlichen, das heißt die Frau als einen Mann, dem der Penis fehlt. Nachdem er diese Theorie von der Mangelhaftigkeit der Frau vorgelegt hatte (ich bezeichne sie als eine *phallozentrische* Theorie), war sein weiteres Denken vorherzusehen: Weil Männer etwas hatten, das Frauen nicht hatten, beneideten die Frauen die Männer um eben dieses fehlende Teil – daher der *Penisneid*. Und da Knaben etwas hatten, das Mädchen nicht hatten (aber vielleicht einmal gehabt hatten), fürchteten sie dessen zukünftigen Verlust – daher die *Kastrationsangst.*

Als weitere Ausschmückungen des ödipalen Dramas führten diese Gedanken Freud dazu, noch schwerer wiegende Unterschiede in der Entwicklung des Knabens und des Mädchens zu postulieren – Unterschiede, die er für das Auftauchen von Minderwertigkeitsgefühlen bei den Mädchen und Angstgefühlen bei den Jungen verantwortlich machte. Bemerkenswerterweise stellte er fest, daß diese Unterschiede eine Divergenz in der Überich-Entwicklung verursachten, wobei natürlich die Mädchen die Verlierer waren; da sie es weniger schwer hatten, mit dem Ödipuskomplex fertig zu werden, tendierten Mädchen dazu, einen «weniger moralischen Charakter» zu haben. (Ironischerweise war Freud zur gleichen Zeit von Männern umgeben, die Millionen von Juden umbrachten.) Freuds Betonung der «natürlichen» Unterlegenheit der Frauen hatte unglückliche Folgen sowohl für die Männer als auch für die Frauen, denn alles, was man als minderwertig ansieht, wird wahrscheinlich verdrängt. Bei Männern führt das dazu, daß das innere Weibliche verleugnet wird oder verwundet erscheint.

Freud unterschätzte oder ignorierte den positiven Aspekt des Mütterlichen und Weiblichen, und zwar zum Schaden von Männern und Frauen. Unsere Wahrnehmung, daß er die emotionale Bedeutung seiner Beziehung zu seiner Mutter nicht kannte, spiegelt sich wider in seinen Formulierungen über weibliche Sexualität wie auch in seinem Geständnis in späteren Jahren, in Wirklichkeit wisse er wenig über die Psychologie der Frauen, die er als «dunkle Kontinente» bezeichnete. Er verriet seiner Freundin Marie Bonaparte, er habe die «weibliche Seele» dreißig Jahre lang erforscht und dennoch nicht viele Erkenntnisse aufzuweisen.[11] Die spezielle weibliche Seele, die er nicht untersuchte, sondern der er sein ganzes Leben lang gründlich auswich, war seine eigene Anima. Die Folgen der unentwickelten Anima in Freuds Leben erkennt man in seiner theoretischen Psychologie wie auch in seiner klinischen Arbeit. Und genauso schmerzlich ist diese mangelnde Entwicklung in seiner Psychologie des Mannes zu spüren.

In Anbetracht seines Mutterkomplexes hat Freud vielleicht zu viel über die «Unterlegenheit» von Frauen gesprochen, denn seine eigene Anima war durch diese Einstellung kontaminiert. Wäre es nicht genauso sinnvoll, wenn man postulierte, daß Männer neidisch sind auf die geheimnisvolle weibliche Vagina und auf die Mutterbrust, die nähren und Leben erhalten kann, und vielleicht sogar, daß Männer unter einer gewissen Angst leiden, weil ihnen das Potential fehlt, aus sich selbst heraus Leben zu schaffen?

Eine wichtige Folge von Freuds unentwickelter Anima waren seine undifferenzierten Gefühle in bezug auf Frauen. Wenn man seine Werke und seine Biographien liest, bekommt man schnell einen Eindruck von Freuds intellektueller Leidenschaft oder seinem Logos, doch man merkt nicht viel von einer wirklichen Tiefe oder Verfeinerung seiner Empfindungen in Beziehungen, seines Mitgefühls, seines Eros.

Freud und die Vater/Sohn-Beziehung

Freud hat den negativen Vater überbetont. Laut seiner Theorie muß der Sohn mit der Vergeltung des Vaters wegen seiner inzestuösen Wünsche gegenüber der Mutter rechnen. Dieser Gedanke des kastrierenden Vaters bestätigt wieder den Begriff des negativen Urvaters, der seinem Sohn den Penis abschneiden wird, wenn dieser seine Aufmerksamkeit nicht von der Mutter abwendet. Die Einführung dieses wilden Elements in die Vater/Sohn-Beziehung hat zu unserer Ansicht beigetragen, Männer – und vor allem Väter – seien eifersüchtige Rohlinge.

Freud schuf eine negative exogene männliche Psychologie, weitgehend aus seiner persönlichen Psychodynamik und Erfahrung heraus. Freuds Beziehung zu seinem Vater trug dazu bei, daß er den Ödipusmythos wählte, um die Vater Sohn-Beziehung darzustellen, da dieser Mythos eine Vater/Sohn-Beziehung beschreibt, die von Verlassenheit und Ambivalenz charakterisiert ist. Freud wurde von seinem Vater zwar nicht physisch verlassen, aber es gibt Nachweise dafür, daß ihre Beziehung von Ambivalenz und Konkurrenz gekennzeichnet war.[12] Ein besonders signifikanter Vorfall aus Freuds Kindheit wird in der *Traumdeutung* berichtet, wo er schreibt, er habe aus Trotz in das Schlafzimmer seiner Eltern uriniert. Die ärgerliche Reaktion seines Vaters mündete in die Behauptung, der Junge werde es nie zu etwas bringen. Freud erinnerte sich später, dies müsse seinen Ehrgeiz schwer gekränkt haben, denn Anspielungen auf diese Szene tauchten wieder und wieder in seinen Träumen auf, verbunden mit der Aufzählung seiner Leistungen und Erfolge, als wolle er sagen: Du siehst, ich habe es doch zu etwas gebracht.[13]

Freuds jugendliche Bewunderung für bestimmte Helden, vor allem militärische wie etwa Hannibal – der nicht nur Einfluß auf die Geschichte nahm, sondern deren Lauf veränderte –, verrät seinen Neid auf sie und auch sein eigenes Bedürfnis, als Bahnbrecher betrachtet zu werden. Obwohl Freud gewiß ein Bilderstürmer und Rebell war, blieb er sein Leben lang extrem empfindlich gegenüber jeder Kritik; wer ihn kritisierte, fiel in Ungnade. Er konnte auch rigide und dogmatisch sein, eine Eigenschaft, die in *Totem und Tabu* besonders deutlich zutage tritt: Trotz zahlreicher anthropologischer und ethnologischer Informationen, die seinen Thesen widersprachen, hielt er bis zum Ende seines Lebens an deren Richtigkeit fest. Freud wurde von vielen seiner Gefährten als autoritäre Persönlichkeit beschrieben, eine Tatsache, die ein Großteil seiner Anhänger auf seinen Vaterkomplex zurückführt, dessen Kern das Bild eines wütenden, gewalttätigen, negativen Vaters bildet.[14] Dieser innere negative archetypische Vater wurde zum dominanten Bild für seine Theorie der Urhorde und des patriarchalischen Vaters, der mittels der Kastrationsdrohung den Wunsch seines Sohnes, die Mutter zu besitzen, in Schach hält.

Eine weitere Auswirkung von Freuds Abspaltung von seiner Anima spürt man in dem Vaterbild, das seine Psychologie projiziert. Das Bild des negativen, kastrierenden Vaters, der Angst und Groll gegenüber seinem Sohn hegt, gehört zu einem archetypischen Muster, das mindestens seit dem Ende der matrilinearen Familie besteht. Dies ist die negative exogene Manifestation der männlichen Abspaltung vom natürlichen Gegenpol, dem Weiblichen. Freuds Deutung des Ödipusmythos diente dazu, diese Abspaltung zu perpetuieren, was bewirkte, daß sie in der Psychoanalyse als Prototyp der Vater/Sohn-Beziehung dogmatisch institutionalisiert wurde.

Die klinische und theoretische Anwendung von Freuds Deutung des Mythos ist sowohl für Männer als auch für Frauen zunehmend destruktiv geworden, und sie hatte zur Folge, daß der männliche Mythos sich nicht zu einem Mythos der Individuation weiterentwickeln konnte. Im Mythos des Parsifal, der sehr viel mehr ein Individuationsmythos ist als der des Ödipus, sehen wir schließlich die Befreiung des Sohnes: die Heilung des Fischerkönigs durch den vaterlosen Sohn. Diese Lösung ist ein Kulminieren der Vater/Sohn-Beziehung in der Erkenntnis, daß Vater und Sohn eins sind. Als Stadium der männlichen Entwicklung, das auf die Trennung von der Mutter folgt, ist die Versöhnung in der Vater/Sohn-Beziehung entscheidend. Damit der Vater seinem Sohn helfen kann, dieses Stadium erfolgreich zu meistern, muß er selbst die emotionale Ablösung von der Mutter vollzogen, aber auch einen integrierten Teil der Mutter in sich selbst zurückbehalten haben. Wenn er das nicht getan hat, wird die Beziehung zu seinem Sohn zweifellos weiterhin belastet bleiben, das heißt, er wird seinen Sohn wieder einmal im Stich lassen. In diesem Sinne kann das Verlassen des Sohnes oder das Töten des Vaters als symbolisches Verlassen oder Töten der eigenen Person betrachtet werden.

Freud behauptete, der Urvater wolle alle Frauen für sich selbst und stehe daher in Konkurrenz zu seinem Sohn; umgekehrt wetteifert der Sohn mit dem Vater, weil er die Mutter begehrt und für sich haben will. Freuds Deutung legt nahe, daß dies die natürliche psychologische Situation zwischen Sohn und Vater ist. Doch Konkurrenz ist ein Problem, das entsteht, wenn der Vater den Sohn im Stich läßt, was passiert, wenn der Sohn Träger einer wichtigen Projektion seines Vaters ist: der Sohn will zur Mutter regredieren. In dem Falle ist es *nicht* so, daß der Vater alle Frauen für sich haben will, sondern nur eine – seine Mutter. Doch sein Wunsch, geboren aus seiner eigenen mangelnden Ablösung, wird von seinem Sohn getragen. Konkurrenz ist eine Folge des Verlassens und der Beziehung nicht von Haus aus inhärent.

Am Anfang des Ödipusmythos steht die Prophezeiung, der Sohn werde später den Vater töten, und das veranlaßt Laios, Ödipus Fuß zu durchstechen und den Hirten anzuweisen, ihn auszusetzen. Mit anderen Worten, der Vater ließ den Sohn im Stich und wollte ihn ermorden, und dadurch wurde der tragische Ablauf der Ereignisse ausgelöst.

Eine Neuinterpretation des Mythos

Der archetypische Kern des Ödipusmythos kann genutzt werden, um signifikante Aspekte der Vater/Sohn-Beziehung zu erklären und zu beschreiben und auf die Psychologie des Mannes auszudehnen. Es ist hilfreich, den Mythos im historischen Kontext des Aufkommens der patriarchalischen sozialen und psychologischen Strukturen in der frühen Zivilisation zu verstehen. Als sich nach der matrilinearen Epoche, die mindestens zwanzigtausend Jahre gedauert hatte, das Patriarchat entwickelte, entstand der Ödipusmythos als Ausdruck einer Gefahr, die der Abspaltung von der Kultur der Großen Mutter innewohnte. Der Mythos enthüllte durch das Problem einer Regression auf den Inzest die Gefahr einer voreiligen Abspaltung, bei der das archetypische Weibliche dissoziiert werden konnte. Diese Gefahr bestand zwangsläufig ebenso für das Individuum wie für die Kultur als ganze. Die Tatsache, daß es den Mythos immer noch gibt, beweist, daß er nach wie vor nicht bewußt assimiliert ist.

Der Ödipusmythos ist und war eine projektive Phantasie aller Generationen von Vätern und Söhnen. Der «Sohn» Ödipus repräsentiert den *symbolischen* Sohn – das innere Kind des Vaters, das sich nicht ausreichend von der Mutter gelöst hat und das sowohl den Wunsch nach als auch Angst vor einer regressiven Rückkehr in den allumfassenden mütterlichen Schoß hegt. Mit dem Begriff «Regression auf den Inzest» will ich den Wunsch nicht auf ein nur biologisches oder emotionales Bedürfnis nach der Mutter reduzieren. Es handelt sich eben deshalb um eine *Regression*, weil es ein «Zurückgehen» darstellt, um etwas von einer inneren psychischen Natur wiederzuerlangen, das fehlt – etwas, das sowohl das Individuum als auch unsere Kultur braucht, um voranzuschreiten. Jungs Ansicht ist, daß der Inzest eine Regression zurück auf das Unbewußte, die Anima, die Mutter und schließlich den Kind-Archetyp umfaßt. «Die ‹Mutter›, als erste Inkarnation des Anima-Archetypus, personifiziert sogar das ganze Unbewußte.»[15] Der *senex* (der alte Mann) und der *puer* (der ewige Sohn) sind Aspekte einer Polarität, wobei jeder den anderen braucht, damit die Entwicklung vorangeht und nicht in der Vergangenheit steckenbleibt – in *mater*, der Mutter.

Freud behandelte die Konkurrenz zwischen Vater und Sohn um die Mutter als «natürlichen» Teil ihrer Beziehung, wo sie doch eher von der Tatsache herrührt, daß es dem Vater selbst nicht gelungen ist, sich von seiner eigenen Mutter zu lösen: Es gibt zwei «Söhne», die um die Aufmerksamkeit und Zuneigung der Mutter wetteifern. So gesehen wird die Konkurrenz psychologisch verständlicher: Vater und Sohn beneiden sich gegenseitig aufgrund ihrer unerfüllten Beziehung. Was sollen wir tun, wenn unsere Väter uns im Stich lassen? Wir brauchen sie, damit sie uns helfen, die Trennung von unseren Müttern zu vollziehen. Unsere Väter sagen uns, wir sollten keine «Muttersöhnchen» sein, aber sie sind selten physisch und emotional präsent genug, um unsere neue Identität als Männer und als ganze Väter aus eigenem Recht zu fördern. Daß unsere Väter uns emotional im Stich lassen, verurteilt unsere Ablösungsversuche zum Scheitern. Denn wenn unsere Väter sich nicht von *ihren* Müttern getrennt haben – vor allem, wenn sie keine Achtung für das Weibliche in sich selbst bewahrt haben –, wie sollen wir dann als Söhne und auch als zukünftige Väter eine positive männliche Identität erwerben und selbst ebenfalls eine gesunde Integration des Weiblichen zustande bringen? Die psychologische Erscheinungsform dieses Verlassenseins durch den Vater ist die *ödipale Wunde* des Mannes. Der Ödipuskomplex unterschätzt das psychische Leiden und den Schaden, den Männer erfahren, wenn sie von ihren Vätern im Stich gelassen werden. Das gegenwärtige, phallisch dominierte Bild der Männlichkeit ist eine unmittelbare Konsequenz dieser Wunde. Wir erben dieses unbewußte Bild von unseren Vätern und nehmen es mit in unser erwachsenes Leben. Das Bild oder die Selbstidentität ist aber bestenfalls ein «halber» Mann, da ihm das Beste dessen fehlt, was männlich ist, und es gleichzeitig von unserem Weiblichen abgespalten ist, da dies an eine minderwertige Stelle unserer selbst relegiert wurde. Die Angst des Vaters, des Königs, sein Sohn werde ihn eines Tages töten, ist insofern sinnvoll, als unsere Wut auf den Vater, weil er uns verlassen hat, in uns den Wunsch erweckt, ihn zu töten, wörtlich und symbolisch. Doch statt dessen richten wir unsere Wut gegen unsere Brüder, gegen andere Männer, gegen uns selbst und auch gegen die Frauen, die wir zu lieben versuchen. Das ist der Effekt unserer ödipalen Wunde.

Das Thema des Verlassens repräsentiert also die Antithese eines wachsenden Gewahrseins zwischen Vater und Sohn und bleibt ein Hauptproblem; heutzutage ist die Vater/Sohn-Beziehung die emotional am wenigsten differenziert entwickelte Beziehung von allen verwandtschaftlichen Konstellationen. Und eine der tiefgreifendsten Auswirkungen der ödipalen Wunde ist ihr Beitrag zum Inzestproblem.

Neuuntersuchung des Inzests

Ohne die Bedeutung des Inzests in seinen symbolischen und unbewußten Dimensionen wie in seinem tatsächlichen Ausagieren zu verstehen, können wir seine tiefe Bedeutung für die Psychologie des Mannes nicht erkennen. Inzest ist ein machtvolles Tabu seit der ersten Bildung von Verwandtschaftsgruppen und wirksam bis heute. Dieses Tabu ist tatsächlich universal, und ein Verstoß dagegen hat in der Regel ungeheure psychologische und soziale Folgen. Und doch ist es psychologisch ein solches Geheimnis geblieben, daß wir den Schluß ziehen können, es repräsentiere wohl eine archetypische Struktur, die tief in die Geschichte menschlicher Beziehungen eingebettet ist. Als solche muß es große Bedeutung für die Geschichte des Bewußtseins und für die Gesundheit des sich entwickelnden Individuums sowie auch für die psychologische und emotionale Integrität der Gruppe haben. Interessant ist, daß dieses Tabu, soweit wir wissen, nicht auf irgendein göttliches Gebot zurückgeführt wird; tatsächlich scheint es präreligiös zu sein.[16]

Freud erklärte den Ursprung des Inzesttabus als Bedürfnis, die geheimen sexuellen Wünsche des Kindes (vor allem des Sohnes) nach dem gegengeschlechtlichen Elternteil zu bekämpfen. Um seine Theorie des Ödipuskomplexes zu stützen, postulierte er, die Exogamie sei entstanden, weil die primitive patriarchale Familie dominiert gewesen sei von einem Vater, der tatsächlich ein eifersüchtiger Rohling war. In *Totem und*

Tabu beschreibt er die ursprüngliche soziale Gruppe als eine Urhorde, beherrscht von einem allmächtigen, mißtrauischen Vater. Dieser Spekulation zufolge hatte der Vater Zugang zu allen Frauen der Gruppe, und wenn seine Söhne sexuell heranreiften, mußten sie die Gruppe verlassen. Die vertriebenen Brüder taten sich zusammen, erschlugen und aßen den Vater; damit setzten sie der Vaterhorde ein Ende. Infolge ihrer Schuldgefühle ob des Vatermords entwickelten sie ein Tabu, das sich auf das Töten eines den Vater symbolisierenden Totemtieres bezog.[17] Freud zufolge ist die Dynamik, die dem Tabu zugrundeliegt, der Dynamik eines zwangsneurotischen Individuums ähnlich. Der Zwang basiert auf einem Wunsch, der aus Angst vor irgendwelchen schwerwiegenden Folgen verdrängt wurde und so zu neurotischer Ambivalenz führte. Freud zieht den Vergleich, daß es Zwängen wie Tabus an Motivation fehlt und sie daher rätselhaft sind, obwohl kulturelle Verbote von außen durch die Ältesten der Gruppe oder des Clans auferlegt werden. Für Freud ist die fundamentale Dichotomie, die für das Inzesttabu verantwortlich ist, die Ambivalenz von Liebe und Haß gegenüber dem Vater:

So möchte ich denn zum Schlusse dieser mit äußerster Verkürzung geführten Untersuchung das Ergebnis aussprechen, daß im Ödipus-Komplex die Anfänge von Religion, Sittlichkeit, Gesellschaft und Kunst zusammentreffen, in voller Übereinstimmung mit der Feststellung der Psychoanalyse, daß dieser Komplex den Kern aller Neurosen bildet, so weit sie bis jetzt unserem Verständnis nachgegeben haben. Es erscheint mir als eine große Überraschung, daß auch diese Probleme des Völkerseelenlebens eine Auflösung von einem einzigen konkreten Punkte her, wie es das Verhältnis zum Vater ist, gestatten sollten. Vielleicht ist selbst ein anderes psychologisches Problem in diesen Zusammenhang einzubeziehen. Wir haben so oft Gelegenheit gehabt, die Gefühlsambivalenz im eigentlichen Sinne, also das Zusammentreffen von Liebe und Haß gegen dasselbe Objekt, an der Wurzel wichtiger Kulturbildungen aufzuzeigen. Wir wissen nichts über die Herkunft dieser Ambivalenz. Man kann die Annahme machen, daß sie ein fundamentales Phänomen unseres Gefühlslebens sei. Aber auch die andere Möglichkeit erscheint mir wohl beachtenswert, daß sie, dem Gefühlsleben ursprünglich fremd, von der Menschheit an dem *Vaterkomplex* erworben wurde, wo die psychoanalytische Erforschung des Einzelmenschen heute noch ihre stärkste Ausprägung nachweist [Hervorhebung vom Autor].[18]

Freud vermutete ferner, daß aufgrund des Wettbewerbs zwischen den Brüdern ein zweites Tabu errichtet wurde, das Paarbildungen innerhalb der Gruppe verbot. Für Freud erklärte all das sowohl die Exogamie als auch das Inzesttabu. Es gibt jedoch keinen Beweis dafür, daß die primitive Familie eine patriarchalische war; tatsächlich deuten ziemlich schlüssige Anzeichen darauf hin, daß sie matrilinear war. Freuds Denkweise war vermutlich eher ein Produkt seiner eigenen unbewußten Projektion. Wichtig ist die Unterscheidung zwischen dem Inzesttabu und dem Ödipuskomplex, denn das Tabu hat sich als universal bestätigt, der Ödipuskomplex dagegen nicht.

Niemand hat jemals den Ursprung des Inzesttabus oder den Grund dafür entdeckt. Wie Freud betrachtete auch Jung die Inzestneigung als dem Menschen angeboren. Doch im Unterschied zu Freud befaßte er sich vor allem mit den symbolischen Aspekten des Inzests, nicht mit den klinischen Problemen. Er sah den Inzest als archetypische Struktur, die den Drang zur Vereinigung repräsentierte – nicht physischer Vereinigung, sondern *heirogamos* oder spiritueller Vereinigung. Indem sie dem Impuls widersteht, den Inzestwunsch zu konkretisieren, wird die *libidinöse* (psychische) Energie vom triebhaften zum spirituellen Pol hin verschoben. Deswegen ist das Ausagieren des Inzests, in welcher Form auch immer, so verheerend: Täter und Opfer verharren beide beim rein triebhaften unbewußten Pol und sind unfähig, die spirituelle Komponente der Vereinigung in einer Beziehung zu verwirklichen. Jung definiert den endogenen Trieb selbst als natürlichen Drang und daher nicht als pathologisch. Robert Stein führt diesen Gedanken in seinem Buch *Incest and Human Love* fort:

> Die Funktion des Inzestverbots besteht darin, die sexuelle Vorstellungskraft zu stimulieren und die Triebe in den Dienst von Liebe, Verwandtschaft und Kreativität zu stellen. Dies bedeutet, daß es entscheidend ist für die psychologische Gesundheit und Entwicklung des Kindes, daß es ein erotisches Fließen und eine Verbindung zu Eltern und Geschwistern spürt, die frei ist von Angst, Schuldgefühlen und Gewalt.[19]

Dem Inzesttrieb zu widerstehen, ist ein höchst bewußter Akt, der einem Mann gestattet, sich seiner Mutter, seiner Schwester oder seiner Tochter als *andere Person* bewußt zu werden – als jemand mit einzigartigen Eigenschaften, Werten und Bedürfnissen und nicht als eine Ausdehnung seiner selbst. Es ermöglicht schließlich auch eine Beziehung zur Anima als innerer Realität und Brücke zu seinem spirituellen Leben.

Die Meinungsverschiedenheiten zwischen Freud und Jung in bezug auf den Inzest wurden nie beigelegt. Jung beschuldigte Freud, er gehe zu nüchtern an das Problem heran, und Freud warf Jung vor, er sei zu symbolisch und mystisch. Sie haben ihren Konflikt den heutigen Psychologen weitervererbt.

Ob der «theoretische» Aspekt von Freuds Verführungstheorie richtig war, ob er tatsächlich seine frühen klinischen Erfahrungen korrekt wiedergab und welche Gründe er hatte, sich davon zu distanzieren, werden wir vielleicht nie mit Sicherheit wissen. Freuds Irrtum lag nicht in seinen ursprünglichen Theorien über die Ätiologie der Neurosen im sexuellen Trauma, sondern nur in dem Ausmaß, in dem er diese anzuwenden versuchte. Was wir heute, fast hundert Jahre nach Freud, erklären und vielleicht als indirekten Maßstab für die «Wahrheit» der erwähnten Verführungstheorie betrachten müssen, sind die ständig zunehmenden Berichte über den sexuellen Mißbrauch von Kindern.[20]

Die National Study on Child Neglect und Abuse Reporting hat seit Mitte der siebziger Jahre Daten über den sexuellen Mißbrauch von Kindern gesammelt. Der erste Bericht, 1976 veröffentlicht, dokumentierte landesweit 6000 Fälle von sexuellem Mißbrauch Minderjähriger. Die Berichte aus dem Jahre 1986 führen 132 000 Fälle von sexuellem Mißbrauch von Kindern an – zwanzigmal mehr als noch zehn Jahre zuvor. Außerdem handelte es sich bei der Mehrzahl (65 Prozent) der Täter um Angehörige der Kinder.[21]

Gegenwärtig sind sexuelle Kontakte zwischen Vätern und Töchtern die bei weitem verbreitetste Form des Inzests; einigen Quellen zufolge machte er 78 Prozent der Gesamtzahl der Fälle aus. Auch die Häufigkeit von Bruder/Schwester-Inzest in Familien, in denen es Vater/Tochter-Inzest gibt, ist groß.

Die zunehmende Zahl bestätigter Fälle ist nicht zwangsläufig ein Hinweis auf ein tatsächliches Anwachsen des Inzests; es deutet eher darauf hin, daß heutzutage mehr Fälle bekannt werden, weil das öffentliche Bewußtsein geschärft ist und außerdem Gesundheitspfleger, Lehrer und seit neuestem auch Geistliche gesetzlich verpflichtet sind, Meldung zu erstatten. Dennoch kann man gewiß davon ausgehen, daß die Dunkelziffer auf diesem Gebiet noch immer sehr hoch ist.[22]

Inzest im Ödipusmythos und im Leben

Ich glaube, wenn Freud an seiner ursprünglichen Verführungstheorie festgehalten hätte, ohne sie so global auf die Neurosen anzuwenden, wäre er zu einem späteren Zeitpunkt gezwungen gewesen, die Rolle des Vaters beim Inzest genauer und auf andere Weise zu betrachten. Das hätte zu einer gründlicheren Untersuchung der Funktion des Inzests nicht nur im Rahmen der Familienstruktur, sondern auch im Hinblick auf seine Rolle bei der Evolution des menschlichen Bewußtseins führen können. Ein entscheidendes Problem Freuds war wohl seine Angst, widerlegt zu werden und so das ganze Konzept der Psychoanalyse zu gefährden. Vielleicht war das eine Folge seiner eigenen ödipalen Wunde.

In der *Traumdeutung* benutzt Freud den Ödipusmythos eindeutig zur Erklärung des kindlichen Wunsches, den einen – den gegengeschlechtlichen – Elternteil sexuell zu besitzen und den anderen aus seiner Position zu verdrängen. Für Freud waren diese Wünsche die nüchterne, natürliche Entsprechung der kindlichen Triebhaftigkeit. Diese Entwicklung seines Denkens (oder seine Meinungsänderung) war aus mehreren Gründen ungünstig für die Psychologie des Mannes.

Zum einen definierte er den Begriff des Inzest als primär sexualbiologischen Drang des Jungen zu seiner Mutter. Dabei nahm er diesen Impuls des Jungen allzu wörtlich als *sexuellen* Wunsch wahr und nicht als symbolische, regressive Sehnsucht nach dem, was die Mutter repräsentiert.

Zweitens ist das Inzesttabu tatsächlich universal und sogar im Verhalten bestimmter nichtmenschlicher Primaten nachzuweisen. Man braucht den Inzest nicht mit Erklärungen in bezug auf «Wünsche» zu erläutern, die eigenen Eltern sexuell zu besitzen, da es eine natürliche Scheu davor gibt, ihn tatsächlich zu begehen, obwohl seine symbolischen Aspekte eine Faszination ausüben, die manchmal geradezu zwanghaft ist.

Kliniker haben festgestellt, daß inzestuöse Beziehungen in der Familie für das Opfer die verheerendsten Folgen haben. Wenn Freud recht hatte und das Kind einen angeborenen sexuellen Wunsch nach dem einen Elternteil hätte, dann wäre es unverständlich, daß das tatsächliche Ausagieren des Inzests psychologisch so schädlich für das Kind sein sollte. Wenn der inzestuöse «Trieb» oder «Wunsch» natürlich wäre, dann würde das bedeuten, daß das Kind in seinen Trieben masochistisch, wenn nicht sogar selbstzerstörerisch wäre. Nach meiner Erfahrung kommen Phantasien über inzestuöse sexuelle Beziehungen nur bei Kindern vor, die psychisch oder sogar manifest inzestuöse Eltern haben. In diesen Fällen ist offensichtlich, daß diese Vorstellungen nicht den eigenen, angeborenen Wunsch des Kindes ausdrücken, sondern die unbewußte Wahrnehmung des elterlichen Wunsches durch das Kind. Von klinischer Bedeutung ist hier außerdem, daß ein Inzestopfer zusätzlichen emotionalen Schaden erleidet, wenn der Analytiker glaubt, es sei der Wunsch des Kindes nach dem Elternteil, der zum Inzest führt.

Ferner ist der Inzest eine symbolische psychologische Grundlage des Individuationsprozesses und ein intregraler Bestandteil dieses Prozesses: Er repräsentiert die natürliche endogene Funktion der Verwandtschaftslibido. Er ist also die Energie, die Bindungen innerhalb der Familiengruppe schafft und dazu beiträgt, eine Familienidentität herzustellen und gleichzeitig die Familie nach außen hin als eine Einheit zu definieren. Wenn diese endogene Tendenz nicht durch tatsächliche oder psychologisch-neurotische inzestuöse Fixierungen beeinträchtigt wird, wird sie ausgeglichen durch eine ebenso starke exogene Tendenz, sich durch die natürlichen Prozesse der psychischen Differenzierung von der Familie zu entfernen. Freuds Perspektive jedoch *sexualisierte* den Inzest und trennte ihn vom Individuationsprozeß ab, in dem er eine für die Entwicklung entscheidende Rolle spielt. Freud reduzierte die Sehnsucht eines Mannes nach seiner Mutter auf ein in einem primitiven Trieb wurzelndes sexuelles Begehren. Er erkannte nicht die Beziehung dieses Wunsches zu seiner frühen Bindung an sie oder zu seinem späteren Bedürfnis, die Trennung von ihr zu vollziehen und gleichzeitig einige Aspekte des Weiblichen zu bewahren. Daß er den Urvater als einen Mann interpretierte, der alle Frauen für sich selbst behalten wollte, kann man als Projektion eines Mannes betrachten, dem die Trennung von der Mutter nicht gelungen ist. Freuds Formulierung entspricht seiner Definition der Libido oder psychischen Energie, die für ihn in erster Linie psychosexueller Natur war.

Wie wir gesehen haben, besteht ein weiteres durch Freuds Position geschaffenes Problem darin, daß er sich selbst (und andere nach ihm) zwang, die Universalität des Inzesttabus auf der Grundlage des Ödipuskomplexes zu erklären, das heißt als sexuellen Wunsch des *Kindes* nach dem gegengeschlechtlichen Elternteil. Dazu entwickelte er die Begriffe einer anfänglichen *Urhorde* und eines *patriarchalischen Vaters*, die, wie anthropologische Forschungen zeigen, schlicht falsch sind.

Freuds Begriff der *Kastrationsangst* war von einer speziellen Formulierung des Ödipuskomplexes abgeleitet, die besagt, der Sohn fürchte sich vor der Rache des Vaters für seinen Wunsch, die Mutter für sich selbst zu haben. Für Freud waren Beschneidung, Subinzision und Initiationsriten pubertierender Knaben Ausdruck der symbolischen Kastrationsdrohung und nicht symbolische Mittel, ein wichtiges Ingrediens des Weiblichen zu verinnerlichen und die Trennung von der Mutter einzuleiten. Da Freud das Weibliche in sich selbst leugnete, verlieh er der Dynamik des Ödipusmythos übertrieben männliche Qualitäten. Die Lösung, die er vorschlug, verlangte vom Knaben, die Mutter und infolgedessen einen wichtigen Teil seiner eigenen inneren Weiblichkeit zurückzuweisen.

Dieser letzte Punkt, die Zurückweisung des Weiblichen, ist das Problem für viele Männer, da die Abspaltung von der Anima sie veranlaßt, eine kontraphobische Haltung zu ihrer emotionalen Abhängigkeit sowie eine übertriebene und allzu heroische Beziehung zur Welt zu entwickeln. Die mangelnde Trennung von der Mutter, gepaart mit Verlassensein durch den Vater, sowie die Abspaltung von der Anima liegen dem Inzestkomplex zugrunde. Ein Mann in dieser unhaltbaren psychologischen Lage ist nicht fähig, eine stabile Beziehung zu einer Frau herzustellen; gleichzeitig kann es ihm nicht gelingen, eine Identität mit dem schützenden Vater herzustellen, der die Bedeutung von Grenzen versteht und verstärkt. Da er mit seiner

Rolle als Ehemann oder Vater nicht fertig wird, wendet er sich der Anima als Tochter oder Kind zu und versucht, sie sich tatsächlich und auf physische Art einzuverleiben, was zu manifestem oder psychischem Inzest führt.

Zusammenfassung

Die Psychologie, wie wir sie heute kennen, hat sich seit der Zeit, da Freud seine Gedanken formulierte, enorm weiterentwickelt, und doch haben viele seiner frühen Theorien über die sexuellen Wurzeln gestörten Verhaltens noch immer Einfluß auf das psychoanalytische Denken. Am irritierendsten ist, daß der Vater/Sohn-Beziehung so wenig Bedeutung beigemessen wird. Wir müssen das ödipale Drama vor allem im Lichte neugewonnener Informationen und Erfahrungen über das Leben von Männern überdenken und versuchen, einen angemesseneren Mythos für die Vater/Sohn-Beziehung zu finden. Die psychologische und spirituelle Entwicklung des Mannes erfordert, daß wir uns dem Inzestproblem in seinen sexuellen, psychologischen und spirituellen Erscheinungsformen zuwenden, indem wir sowohl die Symbole als auch die tatsächliche Bedeutung des Inzests genauer betrachten; dies bedeutet, über Freuds enge und, wie ich glaube, falsche Sicht des Inzests hinauszugehen. Das damit untrennbar verbundene Problem des Verlassenseins durch unsere Väter und die Notwendigkeit, die daraus resultierende ödipale Wunde zu heilen, hat in den Winkeln unserer Psyche brachgelegen. Wenn Männer auf dem Weg der Individuation vorankommen wollen, müssen sie sich dem Verlassensein durch ihre Väter, der ödipalen Wunde und dem Problem des symbolischen wie des faktischen Inzests zuwenden.

Im Unterschied zum Parsifalmythos ist der Mythos des Ödipus eine Geschichte über das Verderben des Vaters und des Sohnes und nicht über ihre Befreiung. Indem er seinen Vater tötet und tatsächlich seine Mutter heiratet, kehrt Ödipus letztlich zu einer unbewußten inzestuösen Beziehung zu ihr zurück. Er nimmt den Platz seines Vaters ein, indem er ihn tötet, und dabei erlöst er weder seine eigene Männlichkeit noch dessen Vatersein. Statt das zu bestätigen, was Freud darin sehen wollte – nämlich die Universalität des kindlichen Wunsches nach Inzest mit der Mutter –, bekräftigt der Mythos die Wichtigkeit der Differenzierung des Sohnes von seiner Mutter und sein tiefes emotionales Bedürfnis nach seinem Vater. Die Tragödie ist nicht, daß Ödipus seinen Vater tötete und seine Mutter heiratete, sondern vielmehr, daß der Vater seinen eigenen inzestuösen Wunsch auf seinen Sohn projizierte und ihn damit im Stich ließ. Noch heute sind die Söhne genau wie die Väter dadurch tief verwundet. Dies kann nur durch die Heilung der Vater/ Sohn-Beziehung korrigiert werden. Wenden wir uns nun einer noch eingehenderen Betrachtung dieser Beziehung zu.

5 Söhne und Väter

Die Väter haben saure Trauben gegessen, und den
Kindern sind die Zähne stumpf geworden.
Jeremia 31,29

Das Aufkommen des Königtums und männlicher Gottheiten

Der Beginn der patriarchalischen Kultur war gekennzeichnet durch das Aufkommen männlicher Gottheiten und sakraler Könige, die schließlich die Göttinnen der Mutterkulte ersetzten. Diese männlichen Götter waren ein Ausdruck des Auftauchens des Vaterprinzips, das in den früheren Perioden sowohl der biologischen als auch der kulturellen Evolution eher unterentwickelt gewesen war. Der Vater, der am Rande der Familie die Rolle des Begatters und Jägers gespielt hatte, begann sich vom Mutterprinzip zu befreien und seinen Platz im mythologischen Reich des Himmels einzunehmen.

Auf psychischer Ebene blieb der Vater – als Patriarch, König und Gott – jemand, der «draußen» war, die Familie zwar regierte, aber ihrem Inneren fern blieb. Über zwanzigtausend Jahre lang war er aus der Familie ausgeschlossen gewesen in Unkenntnis der Rolle, die er bei der Fortpflanzung spielte – durch Exogamie, durch sein emotionales Bedürfnis, sich selbst von der Mutter abzugrenzen, und durch seine zunehmende

165

Wertschätzung aufgrund seines Jagdglücks und anderer äußerer Erfolge. Diese frühe Geschichte des Männlichen bereitete den Boden für das, was ein extrem patrilineares Herrschaftssystem werden sollte, schließlich charakterisiert durch die Überbetonung nach außen gerichteter sozialer, ökonomischer und spiritueller Werte. Als säkulare wie als sakrale Macht betrachtete der König es als seine Aufgabe, durch die Entwicklung seines Geistes und seines Logos dem Kosmos seine eigene Ordnung aufzuzwingen. Er versuchte auch, die Fruchtbarkeit der Mutter zu verkörpern, und zwar durch neue männliche Feiern und Rituale, die jährlich wiederholt wurden. Aus den Göttinnen wurden Götter, und die Väter wurden die neuen Herrscher des Himmels *und* der Erde.

Bis zur Entstehung der griechischen Zivilisation waren die Gesellschaften weitgehend endogen: Sie pflegten eine seßhafte, ackerbauende Lebensweise, bei der die Religion im wesentlichen in der Verehrung der Mutter und der «Mutter Erde» bestand. Während dieser Zeit war die Unterdrückung des Männlichen kein Thema, da die Mutterkultur keine *Reaktion* auf das maskuline Prinzip war; allerdings kann man sich leicht vorstellen, daß die matriarchalisch geprägte Kultur nicht so egalitär war, wie manch einer uns glauben machen möchte. Doch als Gesellschaft und Familie dann partiarchalisch organisiert waren, gab es eine extreme Verschiebung in Richtung exogene Tendenzen. Was sich da als Patriarchat etablierte, war eine *enantiodromia* – ein Umschlagen ins Gegenteil – mit dem Hauptmerkmal der Abspaltung vom Weiblichen.

In der neuen Kultur mit ihrem wachsenden Wissen um die Rolle des Vaters bei der Fortpflanzung wurde die Familie schließlich vom Vaterprinzip dominiert. Die Mutter, einst die verehrte Große Göttin der Fruchtbarkeit, wurde mit der Zeit «bloß» zur Mutter, die die Kinder gebar, für die Familie kochte, das Heim instand hielt und der neuauftauchenden technologischen Welt grundsätzlich fernblieb.

Das Patriarchat war nicht unbedingt eine Reaktion *gegen*

das Matriarchat, sondern wohl eher die Folge natürlich auftauchender, der Evolution des Mannes inhärenter Faktoren. Das patriarchalische Zeitalter ist eine erstaunlich kurze Periode gewesen im Vergleich zur Dominanz des Matriarchats, die wenigstens von irgendeinem Zeitpunkt während der letzten Eiszeit bis zur kretischen Zivilisation andauerte. Dieses Patriarchat ließ in der Kultur des Westens Bilder des archetypischen Vaters entstehen.

Der archetypische Vater

So wie in der Psyche des Mannes die archetypische Mutter existiert, so gibt es auch den archetypischen Vater. Aufgrund des tiefgreifenden Einflusses des archetypischen Vaters wird der wirkliche Vater – wie die wirkliche Mutter – überlebensgroß gesehen. Die archetypische Mutter ist, wie wir sahen, die symbolische Repräsentation von Fruchtbarkeit, Fortpflanzung, nährenden Eigenschaften und des endlosen Kreislaufs von Leben und Tod, Geburt und Wiedergeburt. Joseph L. Henderson schreibt, der archetypische Vater verkörpere Vernunft, Wissen, Erfindungsgeist und die Macht, zwischen der Familie und der Außenwelt zu vermitteln, und sei der Initiator von Veränderung und Verschiedenartigkeit. Auf der konservativen Seite sei er Gesetzgeber und Disziplinierer, auf der progressiven Seite Meister der Initiation und Verkörperung des Heldenmythos.[1] Einige Theoretiker haben jedoch die Ansicht vertreten, das Vaterbild sei mehr als das Mutterbild durch die jeweilige Kultur bestimmt, in der es auftritt, so daß es auch stärker den Wandlungen dieser Kultur unterliegt.[2]

Wie die Mutter hat auch der Vaterarchetyp zwei Aspekte: den Guten Vater und den Negativen Vater. Leider hören wir mehr über letzteren, und zwar sowohl im Alltag als auch in der Mythologie. Die griechische Mythologie hat den archetypischen Vater in einer Reihe von Bildern charakterisiert, die vom extrem negativen Bild des Uranus bis hin zum positiveren des Zeus reichen.

Uranus, der Himmelsvater, ist der *verschlingende Vater*, der seine Kinder zwingt, in den Mutterschoß zurückzukehren. Diese Gefangenschaft des Sohnes in der Mutter bewirkt, daß der Sohn sein Bewußtseinspotential verliert, da das Eingesperrtsein in die Mutter natürlich ein unbewußter oder vorbewußter Zustand ist. Als «Stadium» des Bewußtseins repräsentiert Uranus selbst vielleicht die am wenigsten entwickelte Ebene – eine körperlose Männlichkeit, vom Weiblichen abgespalten. Sein Reich ist der grenzenlose Himmel, weit entfernt von der Erde und der Mutter.

Ein Sohn, der im verschlingenden Vaterarchetyp befangen ist, hat geringe Chancen, ein eigenständiger Mensch zu sein, da er von den Werten, Ideen und Gefühlen des Vaters beherrscht wird. In diesem Sinne bleibt sein Bewußtsein ungeboren: «In der psychologischen Erfahrung ‹führt Uranus zu konventionellem Verhalten durch stärkste Unbewußtheit», was bedeutet: ‹So ist es immer gemacht worden.›»[3]

Ein Sohn, der auf diese Weise von seinem Vater im Stich gelassen wird, bleibt ein «Muttersohn», bis er die Heldenreise antritt, um sich von der negativen Macht und dem Einfluß seines Vaters (und seiner Mutter) zu befreien. Auf der Heldenreise muß der Mann schließlich sein Streben nach der Billigung des Vaters aufgeben und eine Selbsterfahrung suchen, die die persönliche Vater/Sohn-Beziehung transzendiert.

Kronos, der erste Sohn des Uranus, der mit Hilfe Rheas entkommen und seinen Vater kastrieren konnte, ist ebenfalls ein verschlingender Vater. Bei dieser weniger schweren Form des negativen Vaters «versucht das Bewußtsein, wenn es auf die vorherrschenden Werte und Einstellungen des äußeren Kollektivs fein abgestimmt ist, sei dies die Gesellschaft im ganzen, eine Kirchengemeinschaft, eine politische Partei oder was auch immer..., alle Interessen, Leidenschaften und spontanen Einfälle in den Dienst *bewußter* Ziele zu zwingen».[4]

Zeus, der auch etwas von einem verschlingenden Vater hat, duldet seine Kinder wenigstens und kümmert sich im allgemeinen sogar im sie. Er ist der Vater Athenes, der Göttin der Weisheit, und mit ihm bewegt sich der Stamm der Himmelsväter in Richtung «bewußte Willensentwicklung».

«Wenn die Strategie des Uranus darin besteht, die Kinder fern vom Geist in Materie einzusperren, und die des Kronos, sie im Geist zu verschlucken und vom Instinkt abzuschneiden, dann besteht die des Zeus darin, die Anima dem Geist einzuverleiben und sie dadurch der Fruchtbarkeit zu berauben, der Fähigkeit, mit revolutionären Kindern schwanger zu werden. Weil er die Anima auf diese Weise integriert hat, kann Zeus es sich leisten, seine anderen Kinder zu tolerieren ... Athene besitzt impulsive Aggressivität und ermutigt Reflexion und strategisches Denken ... Athene ist die Tochter ihres Vaters, die ewige Jungfrau, die Anima des Geistes, Leben, das sich der Reflexion zuwendet.»[5]

Joseph L. Henderson weist darauf hin, daß diese archetypischen Vatermythen benutzt werden können, um die Stadien der Ichentwicklung vom Auftauchen des Ich gegen Ende der Periode der Mutter/Kind-Abhängigkeit bis hin zu ihrem Höhepunkt während der Krise in der späteren Adoleszenz zu veranschaulichen, wenn der junge Mensch sich an der Schwelle zur Reife befindet.[6] Diese Stadien des Ichbewußtseins führen das Individuum zur Heldenreise, die oft in der Adoleszenz beginnt als Kampf, sich psychologisch von den archetypischen Elternbildern zu befreien. Wenn das Individuum auf dieser Reise erfolgreich ist, kann es zu einer Begegnung mit dem Archetyp des weisen alten Mannes kommen, der die symbolische Präfiguration des Selbst ist, der tiefsten spirituellen Natur des Individuums.

Diese Bilder des archetypischen Vaters erleichtern die Erklärung, warum es in einer so stark exogenen Gesellschaft wie dem Patriarchat noch immer so mächtige endogene Tendenzen gibt, besonders in Richtung auf den Inzest. Die «innere Arbeit» des

Mannes kann weit hinter seinen intellektuellen und beruflichen Leistungen zurückbleiben. Die Mythologie des Zeus zeigt die Möglichkeit des Auftauchens von selbstreflexivem Bewußtsein, der Fähigkeit zum Beherrschen der impulsiven Aggressivität, zur Reflexion, zu strategischem Denken. Dies ist das Erscheinen Athenes, der *Anima des Geistes.*

Wie wir im letzten Kapitel sahen, hat der Ödipusmythos, wie Freud ihn interpretierte, einige wichtige Fragen der Vater/Sohn-Beziehung unbeantwortet gelassen. Der Mythos selbst, der um die Zeit entstand, als die matrilineare Periode in die patriarchale überging, schildert den Mann als symbolischen negativen Vater, der seinen Sohn im Stich läßt. Das Problem des von seinem Vater verlassenen Sohnes – ein Problem, das sogar von den Psychoanalytikern weitgehend vernachlässigt wird – ist wichtig zum Verständnis der Vater/Sohn-Beziehung überhaupt. Die Folgen dieses Verlassenwerdens bestehen darin, daß der Sohn sowohl des idealisierten Vaterbildes als auch einer starken emotionalen Bindung an den Vater selbst beraubt ist.

Seit Freud haben die Psychoanalytiker behauptet, eine erfolgreiche Lösung der Sehnsucht des Sohnes nach seiner Mutter werde erfolgen, wenn er in der Lage ist, sich angemessen mit seinem Vater zu identifizieren. Und tatsächlich *müssen* wir uns von unserer Mutter trennen. Doch wo bleibt die Hilfe des Vaters, während wir das versuchen? Freud zufolge wird die Abwendung des Sohnes von der Mutter wahrscheinlich durch die Kastrationsdrohung des Vaters erreicht. Wenn das stimmt, welche Art von Vater/Sohn-Bindung fördert dann dieses Bewußtsein? Die auf Freuds Deutung des Ödipusmythos basierende Formulierung, daß der Vater seinen Sohn im Stich läßt, um seine eigene Ermordung zu verhindern und damit der Sohn ihm nicht die Frau nimmt, scheint auch bemerkenswert im Hinblick auf die Tatsache, daß der Sohn im Mythos noch ein Säugling ist. Wie steht es mit Zärtlichkeit und Liebe zwischen Vater und Sohn?

Wie charakterisiert der Ödipusmythos die Vater/Sohn-Beziehung wirklich? Was wir in dieser Hinsicht aus dem Mythos lernen können, ist nicht so sehr, daß Feindschaft und Konkurrenz zwischen Vater und Sohn ein natürlicher Zustand sind, sondern daß diese unglückselige Situation daher rührt, daß es dem Vater nicht gelungen ist, eine angemessene emotionale Bindung zu seinem Sohn herzustellen und ihm männliche «Nahrung» zu geben – die positive endogene Komponente. Das heißt, die Problematik entsteht, weil der Vater den Sohn physisch und/oder emotional im Stich läßt und infolgedessen unbewußt die Vergeltung des Sohnes fürchtet. Diese Vergeltung wird auf den Sohn projiziert, da der Vater selbst Wut auf seinen *eigenen Vater* empfindet, der ihn ebenfalls im Stich gelassen hat. Auf diese Weise repräsentiert der Ödipusmythos die Tragödie eines ständigen Kreislaufs von Verlassen-Wut-Verlassen zwischen Vätern und Söhnen.

Ein Beispiel für eine negative Vaterkonstellation sehen wir bei Sam, der, als er zu mir in Analyse kam, das selbstschädigende Muster eines Sohnes lebte, der versuchte, eine emotionale Beziehung zu seinem Vater herzustellen, indem er sich bemühte, diesem zu gefallen. Er stand am Rande des Alkoholismus und einer Scheidung, und er wußte überhaupt nicht, was in seinem Leben eigentlich nicht stimmte. Äußerlich betrachtet, war er recht erfolgreich – er war gebildet und in seinem Beruf respektiert. Andererseits war er depremiert und fühlte sich emotional unausgefüllt in seiner Beziehung zu seiner Frau und seinen Kindern. Ganz allgemein war er höchst unzufrieden mit seinem Leben. Sam war ein Mann, der immer das tat, was man von ihm «erwartete». Als Heranwachsender hatte er nie rebelliert, sondern war immer kooperativ und gefällig gewesen. Er richtete sich so vollständig nach seinem Vater, daß er dasselbe College besuchte wie dieser, denselben Beruf wählte und sogar für dieselbe Firma arbeitete. Leider entsprach sein Beruf so gar nicht seinem Temperament. Wie sein Vater war er im Begriff, Alkoholiker zu werden. Seine Kindheit war gekennzeichnet gewesen durch ständige und übertriebene Versuche, das Wohlwollen seines Vaters zu gewinnen. Als sein Vater vorschlug, er solle einen Job als Zeitungsausträger annehmen, nahm er gleich drei an. Er tat alles, was ein Junge tun kann, um die Liebe seines Vaters zu erringen, aber er hatte nie das Gefühl, sein Ziel erreicht zu haben. Seine Mutter, ebenfalls Alkoholikerin, interessierte sich nie sonderlich für seine Karriere, war aber immer «einfach da».

Die meisten Beziehungen, die Sam zu anderen Männern hatte, waren durch eine unterwürfige, ängstliche Haltung gekennzeichnet. Obwohl er selbstsicher wirkte, achtete er ständig darauf, in den Augen anderer Männer nicht unzulänglich zu erscheinen, und oft suchte er sich auf seinem Gebiet Mentoren in der Hoffnung, deren Zustimmung und Respekt zu gewinnen. Irgendwie schien das aber nie zu funktionieren; ständig blieb er enttäuscht und deprimiert zurück. Dann wandte er sich wieder dem Alkohol zu, um den Schmerz zu betäuben.

In gewissem Sinne hatte Sams Vater mehr von einem Archetyp als von einem menschlichen Wesen. Er war emotional so abgeschottet, daß er nicht merkte, daß Sam ihm zu gefallen versuchte. Ein hervorstechendes Charaktermerkmal von Sams Vater war, daß er immer recht haben mußte, ganz gleich, wie geringfügig die Sache war oder worum sich die Diskussion drehte. Dieser Zug reicht praktisch allein schon aus, um Sams Vater als Verkörperung des archetypischen *Senex*-Vaters zu erkennen.

Der persönliche Vater

Der persönliche oder wirkliche Vater nimmt neben der Mutter seinen Platz als zweiter Pfeiler der psychischen und emotionalen Welt eines Jungen ein. Sein Einfluß ist zwar tiefgreifend, beginnt aber erst richtig, wenn der Sohn, im Alter von drei Jahren etwa, allmählich ein unabhängiges Ich konstituiert. Davor ist er, wie wir gesehen haben, weitgehend in die mütterliche

Weltmatrix eingebunden: Seine primäre Identifizierung richtet sich auf die Mutter. Wenn er beginnt, sich selbst als verschieden von der Mutter zu erfahren, kommt sein Bedürfnis nach Identifikation mit einer Person, die ihm ähnlicher ist, zum Tragen. Er sucht diese Identität und eine neue emotionale Beziehung bei seinem Vater.

In gewissem Sinne wird der Vater dem Sohn zuerst durch die Mutter vorgestellt: ihre bewußten und unbewußten Einstellungen ihrem Mann wie auch ihrem eigenen Vater gegenüber prägen das Bild des Vaters, ehe der wirkliche Vater sich dem Sohn selbst darstellen kann. Liebe und Respekt, Groll und Feindseligkeit oder Ambivalenz der Mutter – all das wird dem Sohn übermittelt. Welche starken Emotionen ihr Mann oder auch nur das Bild ihres Mannes in ihr heraufbeschwören, sie werden bewußt oder unbewußt an den Sohn weitergegeben.[7]

Natürlich hängt die Art und Weise, wie der Sohn seinen Vater erlebt, auch davon ab, wie aktiv der Vater am Familienleben teilnimmt und vor allem wie er sich selbst in Beziehung zu seinem Sohn sieht. Er könnte sich beispielsweise gestatten, positive Gefühle gegenüber seiner Tochter direkter zu äußern, ärgerliche Gefühle dagegen dem Sohn gegenüber offener zum Ausdruck zu bringen. Diese Voreingenommenheit rationalisieren Väter manchmal, indem sie sagen, der Sohn brauche nicht so viel Zärtlichkeit wie die Tochter und/oder der Sohn sei besser in der Lage, mit Wut umzugehen, und werde dadurch weniger verletzt. Eine weitere und noch unhaltbarere Rationalisierung lautet, der Sohn «brauche» diese Behandlung, weil er lernen müsse, «wie es in der Welt draußen zugeht».

Wenn der Sohn jedoch seine ziemlich exklusive Beziehung zur Mutter lockert und sich dem Vater zuwendet, dehnt er seine emotionalen Bedürfnisse vom mütterlich/weiblichen Pol auf den väterlich/männlichen Pol aus. An diesem Punkt ist die Qualität der Beziehung zum Vater entscheidend für die Selbsterfahrung des Jungen als Mann und seine Fähigkeit, zu weiteren Menschen neben seiner Mutter emotional tiefe Beziehungen herzustellen. Wie wir beim Ödipusmythos gesehen haben, kommt es, wenn dem Vater keine angemessene emotionale Bindung an den Sohn gelingt, zu Feindseligkeit und Konkurrenz zwischen den beiden. Wenn das geschieht, muß der Sohn später im Leben, als Held, versuchen, seinen Vater als Teil seiner selbst zu retten. Darauf werden wir im letzten Kapitel zurückkommen.

Man kann sagen, daß die Mutter die Beziehung des Kleinkindes zur Innenwelt erleichtert; die Beziehung zum Vater dagegen erleichtert die Einführung des Sohnes in die Außenwelt. Nur in dem Maße, in dem der Vater seine eigene exogene (weltgerichtete) Rolle im Verhältnis zur endogenen (familiengerichteten) entwickelt hat, verbunden mit einem adäquaten Männlichkeitsgefühl, kann er eine dauerhafte Beziehung zu seinem Sohn aufbauen. Diese Orientierung des Vaters ist entscheidend dafür, wie der Sohn Vaterbindung bzw. Verlassensein durch den Vater erlebt.

Der Großvater des Jungen stellt einen weiteren wichtigen Einfluß auf die Vater/Sohn-Beziehung dar, denn die Erfahrung des Großvaters mit seinem eigenen Sohn, der nun Vater ist, wird durch diesen weitergegeben. Mit anderen Worten, eine Vater/Sohn-Beziehung ist in gewissem Maße immer geprägt durch die Qualität der vorangegangenen Vater/Sohn-Beziehung sowie durch die Beziehung der Mutter zum Großvater mütterlicherseits. Der Vater, der von seinem eigenen Vater emotional kurz gehalten wurde, wird paradoxerweise auch seinem Sohn gegenüber nicht großzügiger sein. Oft kann der Analytiker das Muster der Vater/Sohn-Beziehung über mehrere Generationen hinweg zurückverfolgen.

Der Sohn hat eine natürliche Sehnsucht nach der Aufmerksamkeit, Liebe und Zuwendung seines Vaters. Wenn diese natürlichen Gefühle vom Vater akzeptiert werden, kann die Bindung zwischen beiden auf gesunde und für beide befriedigende Weise hergestellt werden. Wenn dagegen diese Gefühle gekränkt und zurückgewiesen werden, sei es, daß eine frühere Vater/Sohn-Beziehung sie negativ beeinflußt, sei es aus anderen Gründen, dann wird der Sohn sich ihrer schämen und sich gedemütigt fühlen, ja sogar zu der Überzeugung gelangen, es sei nicht normal, solche Gefühle zu haben, vor allem, wenn sie im späteren Leben in Beziehungen zu anderen Männern auftauchen. Tatsächlich lernen Männer auf der Grundlage der Qualität und des Stils ihrer Beziehung vom Vater, mit anderen Männern umzugehen.

Dies zeigt sich schon in der Adoleszenz. So berichtete mir beispielsweise ein vierzehnjähriger Patient über eine besonders schmerzliche Erfahrung mit einem anderen Jungen in der Schule, und ich fragte ihn, ob er dem anderen Jungen gesagt habe, was dieser Vorfall für ein Gefühl in ihm auslöste. Er sah mich ungläubig an und sagte: «Nein! Ich wollte doch nicht, daß er mich für einen Waschlappen hält!» Es war völlig klar, daß diese Einstellung seine zukünftigen Beziehungen zu anderen Männern bestimmen würde.

Ein anderer, älterer Patient aus meiner Männergruppe erzählte einmal, wie mehrere Arbeitskollegen einen dreitägigen Golfurlaub zusammen verbracht hatten. Am Ende war er erstaunt, als ihm klar wurde, daß sie während der ganzen Zeit über keinerlei gefühlsmäßige oder persönliche Dinge gesprochen hatten. Im Gegensatz dazu kann man sich leicht vorstellen, daß sich Frauen auf einem ähnlichen dreitägigen Ausflug ihre ganzen Lebensgeschichten erzählt hätten!

Die folgenden klinischen Profile illustrieren einige der Möglichkeiten, wie der Sohn seinen Vater als verlassend erleben kann. Diese Fälle sind Kombinationen aus tatsächlichen klinischen Erfahrungen und dem, was die psychologische Forschung festgestellt hat.

Der autoritäre Vater

Clifford, achtundvierzig Jahre alt, ist ein überaus erfolgreicher Rechtsanwalt, der für einen Konzern arbeitet. Sein Vater war ebenfalls ein erfolgreicher Jurist; in vieler Hinsicht scheint Clifford die Tradition seiner Familie fortzuführen. Als Vater verachtet er jedes Zeichen von «Schwäche» bei seinem Sohn und definiert es als Mangel an Rationalität. Er meint, er müsse jederzeit die völlige Kontrolle über die Familie haben, als könne diese ohne seine starke Hand nicht funktionieren. Er betrachtet es als seine Pflicht, seine Familie finanziell zu unterhalten und intellektuell zu kontrollieren, nicht jedoch, sich um die emotionalen Bedürfnisse seiner Kinder zu kümmern, manchmal nicht einmal um die seiner Frau. Clifford meint, für den Gefühlshaushalt der Familie sei ausschließlich seine Frau zuständig; er betrachtet das als Pflicht der Mutter.

Clifford hat seinem Sohn hohe Leistungsmaßstäbe gesetzt, vor allem auf schulischem Gebiet; sportliche oder sonstige körperliche Fähigkeiten sind ihm nicht so wichtig. Diese Erwartungen sind oft Projektionen seiner eigenen hohen Maßstäbe und nicht vernünftige Anforderungen an seinen Sohn.

Der autoritäre Vater sieht sich selbst als höchste Autorität in der Familie und ist stolz darauf, ein hohes Maß an Rationalität und intellektueller Kontrolle zu besitzen. Oft ist er stark von seiner eigenen weiblichen Natur abgespalten, und zwar so sehr, daß er den Ausdruck von Gefühlen, Passivität und intellektuelle «Inkompetenz» verachtet. Seine Beziehung zu seinem Sohn ist durch Intellektualität und verdeckte Konkurrenz gekennzeichnet. Er will, daß sein Sohn genauso ist wie er, und er ist bereit, die Individualität seines Sohnes zu opfern, um dieses Ziel zu erreichen.

Der passive Vater

Harvey ist ein passiver Vater – fast das genaue Gegenteil von Clifford. Wenn überhaupt, stellt er nur geringe Anforderungen an seinen Sohn, und er scheint oft uninteressiert zu sein am Familienleben; seine Interessen liegen außerhalb der Familie. Er meint, die Familie sei dazu da, sich um ihn zu kümmern, fast so, als sei er der Sohn und nicht der Vater.

Harvey ist in seinem Beruf nicht sonderlich erfolgreich, da er immer nur das Minimum dessen tut, was von ihm erwartet wird. Er ist oft launisch, reizbar und deprimiert und außerdem selten fähig, viel emotionale Energie zu mobilisieren. Harvey nimmt die Welt als grundsätzlich feindlichen, trostlosen, kalten und gefühllosen Ort wahr. Seinen Mangel an Erfolg und Glück führt er auf «Pech» zurück. Er behandelt seine Partnerin mehr als Mutter denn als Ehefrau und erwartet von ihr, daß sie keine großen Forderungen an ihn stellt, sondern sich um seine Bedürfnisse kümmert. Seine Frau, beruflich erfolgreicher als er, beklagt sich über seinen Mangel an Initiative, obwohl sie sich mit seiner Art abgefunden hat. Harveys Mutter war ebenfalls depressiv, passiv und unfähig, für mehr als die grundlegendsten Bedürfnisse ihrer Familie aufzukommen. Sein Vater verließ die Familie, als Harvey noch klein war; daß es Harvey an jeder positiven Vateridentifikation mangelt, ist offensichtlich.

Der passive Vater ist in einem passiv-abhängigen Muster gefangen. Er neigt zu Alkohol- und/oder Drogenmißbrauch und kann manchmal körperliche Symptome oder sogar manifeste Krankheiten entwickeln. Sein Sohn wird möglicherweise mit der Zeit ebenso verbittert dem Leben gegenüber, oder er lehnt die Passivität des Vaters so sehr ab, daß er kompensiert, indem er versucht, sein Leben anders zu gestalten. Es ist jedoch häufig sehr schwierig, den grundlegenden Zynismus des passiven Vaters abzuschütteln.

Der Macho-Vater

Joe ist ein Maschinist, der in einem Armenviertel New Yorks geboren und aufgewachsen ist. Obwohl er seine Frau nicht körperlich mißhandelt und es sogar als «unmännlich» betrachtet, so etwas zu tun, malträtiert er sie emotional und macht sich lustig über ihre Versuche, sich weiterzubilden, nachdem ihr Sohn auf die High-School gekommen war. Joe ist stolz auf seine auf der Straße erworbenen Lebensweisheiten und sagt seiner Frau, sie werde nie so schlau sein wie er.

Joe benimmt sich seinem Sohn gegenüber wie ein Trainer; ständig versucht er, einen «Mann» aus ihm zu machen, damit der Junge kein «Waschlappen» oder Weichling wird. Er hat seinem Sohn das Boxen beigebracht, als dieser acht Jahre alt war, und mit fünfzehn hat er ihn schießen gelehrt. Joe hat ihm immer eingeschärft, er solle sich «von keinem etwas gefallen lassen». Er ist Atheist und haßt Homosexuelle und religiöse «Freaks». Er ist stolz auf seinen Job, läßt sich nie krankschreiben und respektiert niemanden, der nicht gute Arbeit leistet.

Joes Vater war Alkoholiker, der sowohl ihn als auch seine Mutter körperlich mißhandelte. Obwohl er oft versuchte, seine Mutter vor seinem Vater zu schützen, indem er sich mit ihm prügelte, nahm Joe es seiner Mutter zutiefst übel, daß sie so viele Jahre bei ihrem Mann blieb. Als sein Vater wegen eines alkoholisch bedingten Gehirnleidens in eine Anstalt mußte, verließ Joe die Schule und ging arbeiten, um seine Mutter und seine Schwester zu unterstützen.

Joes übertriebene Männlichkeit ist das Resultat mehrerer Generationen von psychisch unentwickelten Vätern, die alle von ihrer inneren Weiblichkeit abgespalten waren. Sie versuchen, ihre Söhne zu dem zu machen, was in ihren Augen «ein richtiger Mann» ist, aber dieses Bild verbirgt ihre Verwundbarkeit Frauen gegenüber und stellt sicher, daß der Sohn keine emotionale «Schwäche» zeigt. Ihre Mütter sind oft emotional passive Frauen, die sich in ihrer Kindheit dominierenden Vätern beugten. Männer wie Joe haben tiefe, unerfüllte emotionale Bindungen an ihre Mütter. Daß ihre Bedürfnisse nie erfüllt wurden, führt zu Ambivalenz und sogar Haß gegenüber Frauen, weil deren emotionale Ansprüche so stark sind. Alles, was Weichheit oder Zärtlichkeit nahekommt, ist angsterregend, denn es erinnert zu sehr an ihre emotionale Abhängigkeit von der Mutter, als daß sie es in ihrem bewußten Selbstbild zulassen könnten. Die daraus folgende stereotype Pseudomännlichkeit wird daher ständig vom Vater an den Sohn weitergegeben.

Der Persona-Vater

Malcolm ist eine Stütze der Gemeinde – sehr aktiv in seiner Kirche und ein höchst erfolgreicher Geschäftsmann. Auf der High-School und im College war er sowohl ein hervorragender Schüler als auch ein Sportstar. Mit vierzig war er Millionär. Sein größter Stolz sind sein finanzieller Erfolg, sein geschäftlicher Ruf, seine Großzügigkeit gegenüber seiner Kirche und die Integrität seiner Familie. Er hat eine schöne, intelligente Frau und zwei reizende Kinder. Von außen sieht es so aus, als besitze Malcolm alles, was das Leben zu bieten hat. Aber irgendwie kann er sich nie auf seinen Lorbeeren ausruhen; immer versucht er, noch mehr zu erreichen, noch mehr aufzubauen, noch mehr zu leisten. Er scheint zwanghaft darauf ausgerichtet, mehr anzusammeln, als er jemals nutzen könnte.

Im Gegensatz zu seinem Vater ist Malcolms Sohn, Gary, körperlich ungelenk, unmotiviert und neigt zu Anfällen von Depression und Selbsthaß. Obwohl Malcolm ihn nicht offen schilt, scheint er sich der Tatsache zu schämen, daß Gary in so vieler Hinsicht unzulänglich ist. Gary, unfähig, irgendeine Erwartung seines Vaters zu erfüllen, scheint einfach aufgegeben zu haben, es auch nur zu versuchen.

Nur wenige wissen, daß Malcolms Vater seinen Sohn physisch mißhandelte. Sein Vater war ebenfalls ein sehr erfolgreicher und angesehener Geschäftsmann, doch als sein Unternehmen nicht mehr florierte und er krank wurde, beging er Selbstmord. Malcolms Mutter galt als «Engel», der seine eigene Karriere aufgegeben hatte, um für die Bedürfnisse der Familie dazusein. Sie war passiv und hilflos, ein «Seelchen», das sich weder gegen ihren Mann wehren noch ihren Sohn beschützen konnte. Infolgedessen erwartete Malcolm, daß seine Frau wie seine Mutter wäre – ein «Seelchen» ohne Eigeninitiative. Als sie begann, eine berufliche Laufbahn anzustreben, wurde Malcolm launisch und fühlte sich bedroht. Als seine Frau anfing, ihre eigenen Interessen zu entwickeln, verschlechterten sich seine Geschäfte.

Der Sohn des Persona-Vaters versucht oft, die Zwanghaftigkeit und den Ehrgeiz seines Vaters zu kompensieren. In diesem Falle willigt der Sohn unbewußt ein, den Schatten seines Vaters zu tragen. Als ich Malcolm zuletzt sah, sagte er zu mir: «Wenn Sie wirklich wüßten, wer ich im Inneren bin, würden Sie mich wohl nicht mögen.» Am nächsten Tag beging er Selbstmord.

Der inzestuöse Vater

Bob wurde per Gerichtsurteil zur Behandlung überwiesen, weil er seine pubertierende Tochter belästigt hatte. Er war Elektronikfachmann, dreimal verheiratet und betrachtete sich selbst als Atheisten ohne jede spirituelle Orientierung im Leben. Alkohol und manchmal Drogen waren während des größten Teils seines Erwachsenenlebens ein Problem. Sozial war er immer recht isoliert und hatte keine engen Beziehungen zu anderen Männern. Seine Interessen beschränken sich auf Elektronik, Sport und Handfeuerwaffen. Er neigt zu rigidem Denken, ist anderen gegenüber argwöhnisch und haßt Autorität. Seine Einstellung Frauen gegenüber ist zügellos und von nur schwach kaschierter Feindseligkeit und Verachtung gekennzeichnet. Er zeigt wenig Fähigkeit, sein eigenes Verhalten zu reflektieren, und neigt dazu, anderen die Schuld zu geben, wenn etwas schiefgeht. Er ist zwar ziemlich abhängig von seiner Frau und erwartet von ihr, daß sie für ihn da ist, leugnet aber ihre Bedeutung für ihn. Sein Sohn, der verheiratet ist und zwei Kinder hat, gehört einer fundamentalistischen Religionsgemeinschaft an und ist chronisch depressiv, was er nach außen hin zu verbergen trachtet.

Bobs Vater war ein kühler, reservierter, aber autoritärer Mann, der seinem Sohn wenig Zeit oder Energie widmete. Er war ebenfalls isoliert, distanziert und depressiv. Sein einziger Rat für Bob war, er solle etwas tun, das «Geld bringt». Seine eigene Einstellung Frauen gegenüber war ebenfalls feindselig und abwertend. Unausgesprochen gab er Bob zu verstehen: «Tu, was ich sage, nicht, was ich tue.» Bobs Mutter neigte zu Passivität und Abhängigkeit; sie war recht mitfühlend, aber nicht in der Lage, etwas zu ändern, wenn der Sohn sich über seinen Vater beklagte.

Der Sohn eines inzestuösen Vaters flieht möglicherweise in eine Religion, um unbewußt eine Abwehr gegen seinen Vater zu schaffen; Religion oder eine andere Form von spirlitueller Bindung kann aber auch der Versuch sein, eine positive Beziehung zu einem abstrakteren «Vater» zu finden. Der Sohn hat das innere Bedürfnis, den übertrieben endogenen Einstellungen des inzestuösen Vaters zu entkommen, die das psychologische Wachstum seiner Kinder ersticken können. Wenn der Sohn sich nicht früh genug dem Einfluß des Vaters entziehen kann, weist er vielleicht dieselbe Einstellung in seinen Beziehungen zu Frauen auf – sogar zu seinen eigenen Schwestern. Wenn der Sohn sich dieser Einstellungen nicht bewußt wird, ehe er heiratet, wiederholt er das Inzestmuster vielleicht mit seiner eigenen Tochter.

Der soziopathische Vater

Franco, früher ein höchst erfolgreicher leitender Angestellter in einer großen Maklerfirma, wurde von seinem Anwalt zur Behandlung geschickt, nachdem er angeklagt worden war, in seiner Firma eine große Geldsumme unterschlagen zu haben. Natürlich ist er deshalb an der Behandlung interessiert, weil er positive Zeugenaussagen für seine Verteidigung wünscht; er möchte, daß eine psychologische Begutachtung zu dem Schluß kommt, er sei sich der Schwere seines Vergehens nicht bewußt gewesen. Er behauptet, die Tat begangen zu haben, weil er unter dem Druck stand, mehr Geld für seine Familie heranschaffen zu müssen. Er scheint fast wütend zu sein darüber, daß er erwischt worden ist, obwohl er die Unangemessenheit seines Verhaltens vollkommen begreift.

Mit seinem eigenen Sohn ging Franco höchst moralistisch um; er bekam Wutanfälle, wenn sein Sohn die Aufrichtigkeit oder den Sinn der «Ratschläge» oder Regeln seines Vaters anzweifelte. Er schien unfähig, irgendeine Art von Wärme, Mitgefühl oder Empathie für seinen Sohn aufzubringen. Statt dessen pflegte er ihm zu sagen: «So ist die Welt eben; wenn du dir nicht dein Stück vom Kuchen nimmst, bist du selbst schuld.» Sein Mangel an Gewissen und Mitgefühl, verbunden mit seiner opportunistischen Natur, brachte seinen Sohn unwiderruflich gegen ihn auf. Mit sechzehn lief dieser von zu Hause fort, lebte auf der Straße und wurde schließlich Strichjunge in San Francisco. Im Alter von zwanzig Jahren fand man ihn nach einer Überdosis Heroin tot in einem billigen Hotelzimmer.

Der Sohn eines soziopathischen Vaters ist möglicherweise nicht in der Lage, den persönlichen Vater zu beeinflussen. Sein Lebensstil kann den unbewußten Masochismus seines Sohnes widerspiegeln, der verzweifelt die Zuneigung und Billigung seines Vaters braucht.

Der abwesende Vater

Michaels leiblicher Vater starb, noch ehe der Sohn drei Jahre alt war. Alles, was Michael je über ihn erfuhr, war, daß er ein «guter Mann» gewesen war, der zu Lebzeiten ordentlich für seine Familie gesorgt hatte und sich eine gute Beziehung zu seinem Sohn gewünscht hätte. Leider gab es keine anderen Männer, denen Michael sich hätte zuwenden können. Seine Mutter hatte eine Reihe von Freunden, aber mit denen hatte er wenig zu tun. Mit zehn Jahren wurde Michael zur Behandlung gebracht, weil seine schulischen Leistungen immer schlechter wurden und weil es ihm anscheinend schwerfiel, Freundschaften zu schließen.

In der Spieltherapie neigt er dazu, Phantasiebilder von einem allmächtigen, allguten und liebevollen Supermann zu entwerfen, der es immer schafft, den vielen Gefahren zu entgehen, die ihn umgeben. Selbst wenn diese Gestalt «getötet» wird, gelingt es ihr, wieder ins Leben zurückzukehren. Am Anfang der Behandlung dachte seine Mutter, diese Phantasie sei unrealistisch. Weil sie sie als Verleugnung des Todes des Vaters betrachtete, wollte sie, daß Michael sie aufgab. Mit der Zeit konnte sie akzeptieren, daß dieses Bild nicht Michaels wirklichen Vater darstellt, sondern den archetypischen guten Vater, ein Bild, das nicht «gestorben» war, nur weil sein Vater gestorben war. Sie konnte auch einsehen, daß dieses Bild überaus wichtig ist, weil es Michael hilft, ein Vaterbild aufrechtzuerhalten, wie idealisiert auch immer, das das Auftauchen seiner eigenen Männlichkeit fördern kann.

Das Bild des Vaters in der Psyche des Jungen ist entscheidend für seine Identität und das sich entwickelnde männliche Selbstgefühl. Gewöhnlich ist es der wirkliche Vater, der dann die Qualitäten dieses Bildes bestätigt oder verneint. Wenn der wirkliche Vater einem idealisierten Bild nicht entspricht, versucht der Sohn, es der Realität anzupassen. Wenn die Gegenwart des Vaters im Vergleich zum idealisierten Bild negativ ist, erlebt der Sohn dies sowohl als Betrug als auch als einen Mangel oder eine Unzulänglichkeit seiner selbst. Das Vaterbild kann dann die Merkmale des archetypischen negativen Vaters annehmen. Wenn der wirkliche Vater abwesend ist, ist das *Bild* des Vaters für die Entwicklung des Jungen noch wichtiger.

Forschungen zur Vater/Sohn-Beziehung

Die Darstellung der verschiedenen Arten von Vater/Sohn-Beziehungen haben gezeigt, daß es ganze Generationen von Vätern gibt, die als Söhne ihre Individualität geopfert haben, um ihren Vätern zu gefallen. Diese Vatertypen, wie anteilnehmend sie auch sein mögen, neigen dazu, ihre Söhne emotional im Stich zu lassen. Diese Muster perpetuieren sowohl die emotionale Entfremdung von Männern als auch die Abspaltung ihrer inneren Weiblichkeit.

Die große Zahl der Belege für schlechte emotionale Beziehungen zwischen Vätern und Söhnen ist erschütternd. Buchstäblich jede Studie in den Vereinigten Staaten zeigt auf, daß die emotionale Qualität dieser Beziehungen höchst dürftig ist und die Väter im Leben ihrer Söhne fast nicht vorkommen, selbst wenn sie physisch anwesend sind. Die Zeit, die die meisten Väter täglich mit ihren Söhnen verbringen, läßt sich in Sekunden messen.

Die Autorin Shere Hite beispielsweise befragte 7239 Männer und stellte fest, daß kaum ein Mann sagte, er habe eine enge Beziehung zu seinem Vater oder hätte früher eine solche gehabt.[8] Ein anderer Psychologe, Jack Sternbach, untersuchte die Vater/Sohn-Beziehung von 71 seiner Klienten und stellte fest, daß 23 Prozent Väter hatten, die physisch abwesend waren; etwa 29 Prozent hatten Väter, die psychisch abwesend waren, weil sie zu sehr mit ihrer Arbeit zu tun hatten, sich nicht für ihre Söhne interessierten oder zu Hause passiv waren; 18 Prozent hatten psychisch abwesende Väter, die streng, moralistisch und emotional unbeteiligt waren; und 15 Prozent hatten Väter, die gefährlich, erschreckend und anscheinend unbeherrscht waren. Nur 15 Prozent der Männer in Sternbachs Studie hatten «angemessene» Interaktionen mit ihren Vätern erlebt.

Dieser ziemlich deutliche Mangel an positiver emotionaler Anteilnahme von Vätern an ihren Söhnen in unserer Kultur ist der wichtigste der Faktoren, die dazu beitragen, daß der Sohn die ödipale Wunde erleidet.

Der verwundete innere Sohn

Der Einfluß des Vaters, obwohl von Entwicklungstheoretikern oft wenig beachtet, ist vor allem im Hinblick auf die Entwicklung des «inneren Kindes» des Sohnes von Bedeutung, zum Beispiel, was die Erfahrung der frühen, so komplexen und neuen Umgebung seines Sohnes durch Spiele und dergleichen angeht.[9] Sehr häufig sind die Väter hauptsächlich auf die Außenwelt hin orientiert, die Produktivität, Erfolg und das Erreichen von beruflichen und finanziellen Zielen in den Vordergrund stellt. Deshalb müssen sie eine vernünftige Mitte finden zwischen ihrem Erfolgs- und Leistungsstreben und den Bedürfnissen ihrer Söhne hinsichtlich Erholung, Familienleben und mehr spirituell orientierten Werten. Für den Sohn sollte die Kindheit geprägt sein durch Selbstachtung und vernünftige Leistungsanforderungen durch den Vater, dann wird das innere Kind des erwachsenen Sohnes ähnliche Erwartungen sich selbst gegenüber hegen. Wie realistisch die Forderungen sind, die ein Mann an sich selbst stellt, und wie streng er sich daran halten zu müssen meint, sind oft direkte Auswirkungen seiner Beziehung zu seinem Vater, die unbewußt in ihm weiterwirkt.

Der innere Sohn des Mannes läßt sich oft in Träumen, Phantasien und Erinnerungen an die Vergangenheit, vor allem die eigene Kindheit, finden. Da das innere Kind auch Teil des persönlichen Unbewußten des Vaters ist, kann er Eigenschaften seines eigenen inneren Kindes auf seinen Sohn (oder seine Tochter) projizieren. Das innere Kind beeinflußt auch seine Beziehungen zu seiner Partnerin und anderen Erwachsenen.

Das innere Kind kann gesund oder verwundet oder irgend etwas dazwischen sein. Wenn das Kind gesund ist, sehen wir die Spontaneität und die positive Regressivität, die kennzeichnend sind für jemanden, der frei und selbstvergessen spielen kann. Das gesunde innere Kind ist neugierig und wißbegierig und hat ein gewisses Bewußtsein vom grundlegenden Mysterium des Lebens. Es gestattet einem Mann, sich bei der Arbeit kompetent zu fühlen, und gibt ihm eine angenehme Selbstsicherheit, die nicht zwanghaft ist, sowie Sinn für Humor. Die Eigenschaften eines gesunden inneren Kindes führen zu gesteigerter Kreativität, was einem Mann gestattet, seine eigenen Möglichkeiten voll auszuschöpfen und sich innerlich wohl zu fühlen.

Wenn das innere Kind an der ödipalen Wunde leidet, ist es schwer für den Mann, sich selbst auf emotional ehrliche Weise gegenüberzutreten. Er hat Angst, in ihm könne nichts Substantielles vorhanden sein, und das bewirkt, daß er sich noch zwanghafter nach außen hin orientiert. Das verwundete Kind kann einen Mann auch träge werden lassen, weil er sich fürchtet, irgend etwas Neues auszuprobieren. Wenn ein Mann das Opfer eines Inzests war, setzt er vielleicht die inzestuösen Beziehungen zwanghaft fort als unbewußten Versuch, sich der eigenen, oft verdrängten Wunde bewußt zu werden.

Das verwundete Kind kann dazu führen, daß ein Mann sich verletzt, traurig, wütend oder verlassen fühlt, wenn er es am wenigsten erwartet, und in ihm den Wunsch wecken, um sich zu schlagen, zu weinen oder wegzulaufen. Solche starken, irrationalen und unerwünschten Gefühle können für den erwachsenen Mann sehr verwirrend sein, weil er nicht weiß, woher sie kommen. Außerdem hat man ihm wahrscheinlich von klein auf gesagt, er solle nicht «kindisch» sein und seine Gefühle beherrschen: «Große Jungen weinen nicht.» Wenn diese Gefühle der

Verwundbarkeit unterdrückt und mißverstanden werden, kann es oft zu einer allgemeinen emotionalen Schalheit kommen.

Die innere Verwundung führt auch zu konkurrierendem Verhalten in Beziehungen und kann den Mann veranlassen, sich manchmal zu ernst zu nehmen. Vielleicht neigt er dazu, an dogmatischen Einstellungen festzuhalten und sich zwanghaft zu verhalten. Der verwundete innere Junge empfindet Neid und Wut auf die Leichtigkeit und den Spaß anderer, weil er sich ausgeschlossen oder vielleicht dieser Freude nicht wert fühlt. Wenn das innere Kind sich zurückgewiesen und unwichtig vorkommt, kann der Mann zum kleinlichen Perfektionisten werden, der zwanghaft schuftet und sich lieber auf bewährte Methoden verläßt, als Dinge auf neue und experimentelle Weise zu bewältigen.

Eine tiefe Verwundung wie etwa bei den Männern, die von ihren Vätern mißhandelt oder sexuell mißbraucht wurden, kann buchstäblich Leben zerstören. Diese Männer verlieren vielleicht schon in jungen Jahren allen Lebensmut und verbringen den Rest ihrer Tage damit, sich auf masochistische Weise immer wieder selbst ein Bein zu stellen. Extrovertierte Männer, die so verwundet sind, agieren ihre Wut oft mit krimineller Energie aus und enden häufig im Gefängnis oder werden selbst ermordet. Introvertierte Männer führen oft ein unterwürfiges, still vor sich hin leidenes Leben voller Groll und Zynismus, und oft werden sie schon vor der Zeit hinfällig und krank oder begehen Selbstmord.

Das Gefühl, vom Vater zurückgewiesen, im Stich gelassen oder gedemütigt worden zu sein, verschwindet nicht, wenn es dem bewußten Verstand nicht mehr zugänglich ist. Es bleibt im Unbewußten und stiehlt sich auf indirekte, subversive und oft selbstzerstörerische Weise in das Leben des Mannes. Natürlich kann er diesem Gefühl nicht immer nachgeben, wenn es auftaucht, aber er muß es zur Kenntnis nehmen und es dann entweder allein oder mit Hilfe von jemandem reflektieren, der es als Ausdruck des inneren Kindes versteht, das noch immer nach Anerkennung und Akzeptanz schreit. Wenn der Mann sich des Schmerzes bewußt werden kann, den der Mangel an Vaterliebe ihm bereitet hat, und ihn dann akzeptieren kann, besteht Hoffnung für sein verwundetes inneres Kind.

Brief eines verwundeten Sohnes
Liebe Mutter,
meine Therapie hat mir unsagbar viel gebracht. Mein Therapeut hat mir zu der Einsicht verholfen, daß ich ein starkes Bedürfnis habe, meinen Vater zu «übertreffen», zu schlagen, zu besiegen (im übertragenen, nicht im wörtlichen Sinne). Es ist klar, daß ich noch immer versuche, seine «machtvolle» Natur und damit auch meine eigenen Gefühle von Schwäche und Hilflosigkeit in seiner Gegenwart zu überwinden. Die Bilder in meinem Kopf sind immer dieselben: zuerst er, wie er auf mich herabschaut, den Gürtel aus seinem Hosenbund zieht, mich langsam umdreht, mich übers Knie legt und schlägt – totale Schwäche, totale Demütigung; dann sehe ich ihn, wie er mich etwas später zu sich ruft und mit leiser, liebevoller Stimme spricht, sich fast für meinen Schmerz entschuldigt, mir aber versichert, er täte das nur, weil er mich zu einem guten Menschen erziehen wolle.
Diese beiden Bilder verraten viel über die Art, wie ich heute funktioniere – in einer Liebesbeziehung komme ich schlecht zurecht; ich versuche noch immer, ein guter Junge zu sein; ich versuche, etwas zu leisten und akzeptiert zu werden (was mir nie zu gelingen scheint); ich versuche, ganz anders zu sein als mein Vater – in Aussehen, Beruf, Lebensstil, Denken *und* Lieben, um gegen seine Dominanz und seine erschreckende Macht «zurückzuschlagen». Die arme S. muß den Preis meines Grolls auf Vater bezahlen. Sie ist eine Heilige. In jeder Minute loyal mir gegenüber. Leider kann ich von mir nicht dasselbe sagen. Ich habe Angst vor Liebe. Ich habe Angst vor Intimität. Ich habe Angst vor ihrer starken und kompetenten Natur. Ich fürchte ihre Stärke, wie ich Vaters

Stärke gefürchtet habe. Und ich weiß nicht, wie ich ihre Liebe annehmen soll. Ich kann nicht darauf vertrauen, daß es wirklich Liebe ist. Ich denke noch immer, daß ich ein vergeßlicher, fauler, gewissenloser, ungeschickter, anmaßender kleiner Junge bin, der es nicht verdient, geliebt zu werden, und der nicht geliebt werden wird, wenn er endlich als das erkannt wird, was er wirklich ist.

Eine Übertreibung? Vielleicht, aber die Narben sind tief, und die Tränen sind geflossen. Ich weiß nicht, ob S. und ich es noch ein Jahr miteinander aushalten werden. Wenn wir scheitern, liegt es an mir. Sie bleibt treu, obwohl ich sie so verletzt habe. Aber ich fürchte mich, jemanden wie meinen Vater in meinem Leben zu haben. Manchmal denke ich, daß ich diese Liebe sabotiere, wie Vater Eure Ehe sabotiert, weil er sich machtlos fühlt. Und seine Gefühle gehen genau wie meine auf seinen Vater (der noch gewalttätiger und mächtiger war) und die Angst davor zurück, schwach zu sein, entmannt und zerquetscht zu werden. Dich zu lieben, bedeutet für ihn, seine Schwäche und Machtlosigkeit zu akzeptieren. Es bedeutet, wieder mit seinem Vater zu leben. Er ist ein konventioneller Mann – er versteckt seine Schwächen hinter einer Maske. Er ist ein kleiner Junge, der so tut, als sei er ein Mann, damit er niemals wieder von einem machtvollen anderen gedemütigt werden kann. Er hat Angst, seine Schwäche zu akzeptieren, weil Schwäche weh tat, als er ein Kind war. «Stärke» bedeutete nur, nicht mehr geprügelt zu werden, nicht mehr angeschrien zu werden, nicht mehr der Gegenstand von Vaters Wut zu sein, keinen physischen Schmerz mehr zu erleiden, kein «böser Junge» mehr zu sein. Ich weiß nicht, ob ich die Narben meiner Kindheit jemals überwinden werde. Aber ich habe eine Chance, weil mein Vater nicht so gewalttätig war wie sein eigener Vater, so angsterregend, so wenig bereit, mit mir zu spielen. Ich hatte auch gute Zeiten, obwohl es schwerfällt, sich an sie zu erinnern. Ich bin sicher, daß Vater mit seinen Narben nie fertig werden wird. Er versuchte, sie zu verstecken, dachte, sie würden verschwinden, wenn er selbst Kinder hätte und mächtig wäre, aber das taten sie nicht. Und er fürchtet sich, einen Therapeuten aufzusuchen, der ihm helfen könnte. Das wäre ein Eingeständnis seiner eigenen Schwäche. Kurz gesagt, Vater wird *nie* das sein, was Du Dir wünschst, wenn er sich nicht einer intensiven Therapie unterzieht und bereit ist, mit Dir über seine Gefühle und die Gründe dafür zu reden und zu reden und zu reden.

Tut mir leid, daß ich so einen pessimistischen Ton anschlage. Aber ich glaube, daß ich recht habe. Und ich glaube nicht, daß Du ihm helfen kannst, sich zu ändern, wenn er nicht selbst Hife sucht. Er tut mir leid, und ich empfinde großen Kummer seinetwegen. Er ist mein Pendant, und wenn ich in meinem Kampf, ihn zu übertreffen, innehalte, erkenne ich die Einsamkeit eines verlegenen kleinen Jungen, der nicht glaubt, daß irgend jemand ihn wirklich lieben könnte. Er ist ein Opfer von jahrelanger männlicher Sozialisation in der Familie M. Und er ist ein Opfer seines Stolzes, weil er nicht zuzugeben vermag, daß er Hilfe braucht, und dann gehen und sie sich holen kann. Ich könnte mich völlig irren, aber das glaube ich nicht. Ich glaube, ich habe nicht einmal die Oberfläche seiner Kindheit angekratzt – einer Kindheit, über die er nie mit uns gesprochen hat und die ihn, wie ich glaube, für sein ganzes Leben mit Narben versehen hat.

Wir sind Söhne des gleichen Vaters. Wir sind die Opfer seiner gewalttätigen Sicht der Menschheit, und wir sind die Täter seines Verbrechens. Wir können nicht lieben und wir können Liebe nicht akzeptieren. Wir müssen unsere Väter töten, und wir müssen ihre Erben zeugen, damit sie ihre Väter töten. Wir sind verdammt durch den Mythos, Männer zu sein, ein Mythos, der unsere Muskeln geformt, unsere Schultern verbreitert hat und der uns Tiere bleiben ließ. Wenn die meisten Frauen unsere Primitivität entdecken, ignorieren sie sie oder laufen vor ihr davon. Wie erschreckend ist der Gedanke, daß wir die Welt regieren. Wir kommandieren das Schiff, wir geben die Befehle – wir werden uns selbst zerstören.

Der gesunde Vater

Ein Mann, der ein gesunder Vater sein möchte, könnte damit beginnen, bewußt die Verantwortung der Elternschaft zu übernehmen. Er könnte akzeptieren, daß sein zukünftiger Sohn das Recht hat, in eine Familie geboren zu werden, in der er das bestmögliche psychische und emotionale Klima vorfindet. Er könnte die Bedeutung seiner Rolle als Vater akzeptieren, sogar schon während der Schwangerschaft. Er könnte so weit wie möglich an der Geburt Anteil nehmen und da sein, um seine Frau zu unterstützen und seinen Sohn zu begrüßen, wenn dieser auf die Welt kommt. Seine innere Bindung an den Sohn könnte andauern, bis sein Sohn genug emotionale und physische Reife besitzt, um angemessen für sich selbst zu sorgen.

Vor allem anderen besitzt der gesunde Vater Selbst-Bewußtheit. Er ist emotional und intellektuell offen, und er ist aufrichtig genug, um seine eigenen Einstellungen, Gefühle und Verhaltensweisen reflektieren zu können. Er hält es nicht für selbstverständlich, daß er immer recht hat, sondern ist bereit, sich selbst zu prüfen und situationsgerecht zu fühlen und zu handeln, ohne von außen dazu gezwungen zu werden. Tatsächlich betrachtet er Veränderung als gesunde Fortsetzung des Wachstums innerhalb der Familienstruktur. Er ist emotional nicht von einer übertriebenen männlichen Identifikation abhängig. Er akzeptiert auch Züge bei sich selbst, die traditionell als eher weiblich oder sogar mütterlich gelten – das heißt, er akzeptiert seine Anima. Ein solcher Vater liefert ein Vorbild, das seinen Sohn in die Lage versetzt, seine eigenen weiblichen Qualitäten und infolgedessen auch Frauen mehr zu akzeptieren.

Wenn der Vater seine Sinnlichkeit und Sexualität als integralen Bestandteil seiner Natur betrachtet, wird der Sohn wahrscheinlich dasselbe tun. Das versetzt sie in die Lage, über die positiven und negativen Aspekte der Sexualität als wichtigen Teil ihrer Männlichkeit zu sprechen, ohne Frauen klein zu machen oder zu verunglimpfen.

Der gesunde Vater weiß auch, daß er nicht vollkommen ist und immer an sich arbeiten muß. Er akzeptiert diese «dunkleren» Aspekte seiner selbst als Teil seines Seins. Indem er seinen *Schatten* nicht verleugnet, erspart er seinem Sohn die Bürde, diesen unbewußt für ihn tragen zu müssen. Er akzeptiert auch die Unzulänglichkeiten seines Sohnes als Teil von dessen Persönlichkeit, ohne sich das Recht anzumaßen, dem Sohn seine Werte aufzuzwingen, so wie er dem Sohn auch zugesteht, in dem einen oder anderen Punkt vom Vater enttäuscht zu sein. Er macht seinen Sohn auf eine Weise mit der Außenwelt bekannt, die diesem hilft, Respekt vor den natürlichen sozialen und moralischen Grenzen zwischen sich und anderen zu entwickeln.

Der gesunde Vater erkennt, wie wichtig es ist, die Fähigkeit zu aufrichtiger Kommunikation mit seinem Sohn zu entwickeln, und er nimmt sich die Zeit dafür, dies zu tun. Er kann seinen Sohn als Individuum sehen und nicht als Ausdehnung seiner selbst, obwohl er erkennt, daß er seinem Sohn bis weit in die Adoleszenz als Vorbild dienen wird. Er sieht gewisse Meinungsverschiedenheiten als Versuche seines Sohnes, seine Wahrnehmung des Vaters als allmächtig und unverwundbar zu überprüfen.

Er gestattet dem Sohn, seine Abhängigkeit vom Vater allmählich abzubauen; er betrachtet einen gewissen Grad von gesunder Rebellion des Sohnes als Ausdruck von dessen Bemühungen, eine eigene Persönlichkeit zu entwickeln. Er kann verstehen und akzeptieren, daß sein Sohn ihn vielleicht immer weniger vollkommen findet. Aber die Mängel, die er sieht, gestatten seinem Sohn, der Versuchung zu widerstehen, unerfüllbare Forderungen an sich selbst zu stellen. Sie ermöglichen ihm auch, seine eigenen körperlichen und intellektuellen Leistungsgrenzen zu erkennen. Dadurch kann er eine stabile Vorstellung davon entwickeln, was es heißt, sich seinen Aufgaben im Leben voll zu widmen, und auch davon, was «gut genug» für ihn bedeutet.

Im frühen Erwachsenenalter wendet sich der Sohn vielleicht vom Vater ab und einem anderen Mentor zu, oft einem älteren Mann auf einem Gebiet oder in einem Beruf, die ihn interessieren – eine Übergangsfigur, die der Sohn anstelle des Vaters idealisieren kann. Der gesunde Vater mag dies als Verlust betrachten, aber er versteht auch, daß sein Sohn auf diese Weise anfängt, von der Idealisierung des Vaters Abstand zu gewinnen. Im späteren Leben hört der Sohn auch auf, den Mentor zu idealisieren; er behält vielleicht den Respekt vor ihm, verläßt sich aber in allen Belangen zunehmend auf sich selbst.

Im Alter stellt der Vater die spirituellen Werte dar, die sich im Laufe lebenslanger Erfahrung entwickelt haben. Indem er sie vorlebt, statt Werte zu übernehmen, die er gedankenlos einer dogmatischen Theorie oder einem Glaubenssystem entlehnt hat, ist er weiterhin eine Quelle der Inspiration für seinen Sohn. Gleichzeitig fährt der gesunde Vater fort, seinen Sohn zu ermutigen, seine eigenen Werte zu suchen und zu finden.

Die gesunde Vater/Sohn-Beziehung erlaubt dem Sohn, zunehmend die Menschlichkeit und natürlich Verwundbarkeit des Vaters wie auch seine Stärke zu erkennen. Sie ermöglicht ihm schließlich auch, seine Projektionen des archetypischen Vaters von seinem wirklichen Vater, dem Menschen, zu trennen.

6 Der Mann als Mörder: Die dunkle Seite der Männlichkeit

> Der Mensch ist die einzige Spezies, die ein Massenmörder ist, der einzige Außenseiter in seiner eigenen Gesellschaft. Warum ist das so?
>
> *Niko Tinbergen*

Bewußtsein des Bösen

Die dunkle Seite der menschlichen Natur wird in der Mythologie, in Legenden und Märchen, in Religion und Philosophie angesprochen. Das, was im Innern dunkel und unheilverkündend war, wurde vermutlich als Naturkraft nach außen projiziert, und zwar als dunkler Gott bzw. Göttin oder später, im Christentum, als Teufel.

Diese Projektion oder Verlagerung des Bösen ist eines der größten Probleme der Menschheit. Der Projektionsvorgang bewirkt eine Polarisierung der Natur und macht aus dem ursprünglichen Kreislauf von Leben und Tod ein «moralisches» Problem von Gut und Böse. Schon immer waren die Menschen auf kollektiver Ebene bemerkenswert unwillig, zur Kenntnis zu nehmen, daß das Negative vielleicht in ihnen selbst wohnte. Als sie zwangsläufig akzeptieren mußten, daß diese dunkle Seite in einzelnen existierte, wurde sie der Besessenheit durch böse Geister zugeschrieben. Dieser Aspekt der menschlichen Erfahrung wurde in den Religionen ursprünglich als *Problem des Bösen* aufgefaßt.

In Psychiatrie und Psychologie begann man das «Böse» als Krankheit, Neurose oder Psychose zu betrachten. Inzwischen haben wir die innere Natur psychologischer Konflikte erkannt, die sich in den verschiedensten Formen wie Halluzinationen, Verfolgungswahn, psychosomatischen Erkrankungen und dergleichen äußern können.

Freud und seine Anhänger hatten zu Beginn des 20. Jahrhunderts die Psychoanalyse begründet, aber Freuds Ausbildung in Neurologie und Medizin prägten die Psychoanalyse hinsichtlich ihrer stark biologisch bestimmten rationalen Erklärungsversuche für die grundlegende Dynamik seelischer Prozesse. In den letzten hundert Jahren mußte das biologische Moment menschlichen Verhaltens häufig als Rationalisierung herhalten, um das Problem des Bösen und der Aggression zu erklären.

Freud postulierte im Rahmen seiner *Triebtheorie* (dargelegt in *Jenseits des Lustprinzips*) eine Dualität innerhalb der Psyche: den Sexualtrieb und den Aggressionstrieb.[1] Eine Polarität von männlich und weiblich war Freuds Theorie der Triebe «Sex» und «Aggression» inhärent. Daß der *Todestrieb* ein Teil dieser Theorie war, folgte ganz natürlich aus dem, was Erich Fromm und andere als *patriarchalische Tradition* bezeichnen, die die Ansicht perpetuierte, Frauen seien eine minderwertige und «verkrüppelte» Version des Mannes, das heißt Frauen seien kastriert. Dieser zentrale Punkt scheint aus einer unbewußten Abspaltung des Männlichen vom Weiblichen wie auch des Guten vom Bösen entstanden zu sein. Infolge dieser Abspaltung ist ein Mann übermäßig mit dem maskulinen Pol seiner Psyche identifiziert und von seiner eigenen endogenen Macht abgetrennt.

Er kann sich nicht auf ein bewußtes Überlegenheitsgefühl stützen, sondern trägt die Bürde eines unbewußten Minderwertigkeitsgefühls – ein Gefühl der Unzulänglichkeit gegenüber dem kreativen Mütterlichen und Weiblichen. So wird seine Fähigkeit beeinträchtigt, Leben zu fördern, zu nähren und wirksam und empathisch zu Männern oder Frauen in Beziehung zu treten. Die Anima, selbst wenn sie projiziert wird, betrachtet man in diesem Kontext am besten als unvollständiges, beschädigtes Selbstgefühl.

Wie hängt das mit der Aggression zusammen? Freuds Todestrieb wurde zur Rationalisierung für «das Böse, das Männer tun» – als seien Aggression und der Drang nach Macht und Herrschaft geschlechtsspezifisch. Eine andere Art, den Todestrieb zu sehen, besteht darin, ihn als Folge des männlichen Machtbedürfnisses zu betrachten, das wiederum eine Funktion der betont exogenen Mittel des Mannes ist, mit der Welt, mit Frauen und mit sich selbst fertig zu werden – oder, anders ausgedrückt, eine Folge der fehlgeschlagenen Integration des Weiblichen in die eigene Person. Wir können mutmaßen, daß die Männer die Frauen dann als Gruppe brauchen, damit sie dieses abgewertete Bild der Weiblichkeit tragen. So kann man sagen, daß die Frauen zu Trägerinnen eines Anima-Bildes werden, das vom männlichen *Schatten* kontaminiert ist. Wenn man dies so auffaßt, läßt sich ein großer Teil der sogenannten männlichen Aggression erklären. Ein historisches Beispiel für diese kollektive Projektion findet sich in der Hexenverfolgung des Mittelalters, als Millionen Frauen wegen eingebildeter oder symbolischer Aktivitäten ermordet wurden, besonders wegen «Paktierens mit dem Teufel».

Meine Vermutung ist, daß Freud seine dualistische Triebtheorie deshalb nie völlig rechtfertigen konnte, weil er seine eigene innere Spaltung zwischen männlich und weiblich nie ganz auflösen konnte. Sein unbewußter Lösungsversuch, wenn man es so nennen will, bestand darin, dieses unvollständige Männlichkeitsgefühl auf Frauen zu projizieren und sie als «minderwertige Männer» zu sehen. Aspekte seines persönlichen Lebens scheinen diese Spaltung zu repräsentieren: sein rigides Bedürfnis, bei Herausforderungen aus seiner Umgebung seine Autorität zu bewahren; seine unablässige Beschäftigung mit dem Tod; seine Beziehung zu seiner Tochter Anna; die Projektion von Minderwertigkeit auf die Frauen.[2]

Als Gesellschaft scheinen wir die Einsicht verloren zu haben, daß viele unserer psychischen Kämpfe Erscheinungsformen einer inneren Spaltung und des Verweigerns der Erkenntnis sind, daß in jedem von uns unerwünschte Elemente stecken.

Der Schatten

Jungs Begriff des *Schattens* bietet einen vielversprechenden Ausgangspunkt für die Untersuchung der psychischen Ursprünge der dem Menschen innewohnenden Gewalttätigkeit. Wie Jung feststellt: «Unglücklicherweise gibt es keine Zweifel an der Tatsache, daß der Mensch im ganzen genommen weniger gut ist, als er sich einbildet oder zu sein wünscht. Jedermann ist gefolgt von einem Schatten, und je weniger dieser im bewußten Leben des Individuums verkörpert ist, um so schwärzer und dichter ist er.»[3]

Der Schattenaspekt unserer Persönlichkeit besteht aus jenen Teilen unserer selbst, von denen wir aus Erfahrung wissen, daß sie von anderen, besonders von unseren Eltern, nicht toleriert werden. Wenn diese Gedanken, Gefühle und Verhaltensweisen für uns unannehmbar werden, *spalten* wir sie ab. Um den Begriff des Schattens wirklich zu verstehen, müssen wir begreifen, was Abspaltung ist und wie sie unsere Bemühungen, die höchste Ebene selbstreflexiven Bewußtseins zu erreichen, sowohl unterstützt als auch behindert.

Abspaltung ist ein universales psychologisches Phänomen, das in den frühesten Stadien der Kindheit stattfindet, wenn das Ich gebildet wird. Sie setzt sich das ganze Leben hindurch fort und wirkt sowohl als Abwehrmechanismus als auch als Mittel, uns selbst von anderen zu unterscheiden. Wie wir bereits gesehen haben, erlebt das Kind sich selbst zunächst als Teil der Mutter; das Ich als Selbstgefühl taucht erst um das dritte Lebensjahr herum auf. Die Abspaltung von der Mutter zu diesem Zeitpunkt ist völlig normal und fördert die Entwicklung eines stabilen Ich oder des Gefühls des «Ich-Seins». Eine andere Form der Abspaltung tritt auf, wenn wir versuchen, zwischen verschiedenen Teilen unserer selbst zu unterscheiden, so daß das Gefühl, was «Ich» ist und was «Nicht-Ich», sich weiter verdeutlicht. Dieser Spaltungsprozeß hilft zwar, die Ichgrenzen zu errichten, kann aber auch als Abwehrmechanismus die unerwünschten Teile des Ich abspalten und sie als Schatten ins Unbewußte verweisen.

Im allgemeinen sind dies Eigenschaften, die nicht mit den sozial anerkannten oder *Persona*-Eigenschaften unserer Persönlichkeit vereinbar sind. Da jedoch kein Teil der Persönlichkeit jemals ganz «verlorengeht», werden abgespaltene Teile auf eine eher verborgene, unbewußte Ebene der Psyche abgedrängt. Mit anderen Worten, je schwerer es uns fällt, gewisse störende Eigenschaften unserer selbst zu akzeptieren, desto wahrscheinlicher werden diese dem Schattenaspekt unserer Persönlichkeit zugeschlagen.

Der Spaltungsprozeß wird kompliziert durch die Tatsache, daß negative Gefühle, die wir verdrängen oder verleugnen, eine besonders starke, wenn auch unbewußte emotionale Aufladung erhalten. Es liegt in der Natur der Psyche, daß nichts von irgendwie emotionaler Relevanz sich wirklich «begraben» läßt, wenn wir uns vielleicht auch der Form nicht bewußt sind, in der wir es äußern. Obwohl diese abgelösten Eigenschaften also unbewußt sind, veranlaßt ihre besondere emotionale Ladung sie, nach Ausdruck zu «drängen». Ein unbewußter Inhalt kann sich dann als *Projektion* manifestieren. Was wir verleugnet haben, wird auf andere projiziert, die wir dann ablehnen, weil sie irgendwie «anders» als wir oder uns als unterlegen erscheinen. Diese Projektionen werden immer von starken, oft negativen Gefühlen begleitet wie Abscheu, Ekel, Wut oder Angst – unsere zuvor verdrängten emotionalen Reaktionen auf unsere eigenen unannehmbaren Eigenschaften. Unsere Projektionen sind also die geächteten Elemente unsere eigenen Persönlichkeit. Deshalb zeigen wir, wenn wir den Träger irgendeiner abgespaltenen Schatteneigenschaft treffen, eine so starke und oft irrationale emotionale Reaktion. Die Reaktion selbst weist oft darauf hin, daß ein *Schatten* aktiviert wurde.

Der kollektive Schatten

Der Schatten wird kollektiv, wenn er sich in den Einstellungen und im Verhalten ganzer Gruppen manifestiert oder wenn ein Individuum ihn repräsentiert und das kollektive Böse verkörpert. Zu den Personifizierungen des kollektiven Schattens gehören Napoleon, Hitler, Mussolini, Lenin, Stalin und Jim Jones vom People's Temple. Bemerkenswert scheint, daß alle diese Männer ursprünglich (zumindest oberflächlich betrachtet) von politischen, religiösen oder philosophischen Vorstellungen motiviert waren, mit denen sie ein utopisches Ideal erreichen wollten. Sie alle betrachteten sich als Förderer unbedingt notwendiger Reformen, die letztlich ihrer Gruppe oder sogar der ganzen Menschheit zugute kommen würden. Doch in jedem Fall bestand gleichzeitig eine ebenso starke Besessenheit, aus diesem Idealzustand (mit welchen Mitteln auch immer) jene Elemente auszuschließen, die sie als mit ihrem Standpunkt unvereinbar, widersprüchlich oder gegensätzlich ansahen.

Krieg ist vielleicht eines der besten Beispiele für ein Schattenproblem, das in einer kollektiven Arena gegenseitiger Projektion ausgetragen wird. Bei der Vorbereitung und Durchführung von Kriegen wird wenig individuelles Bewußtsein geäußert. Im Krieg sind Männer wieder einmal gründlich vom Weiblichen und von der Natur abgespalten, sowohl in der Art, wie sie handeln, als auch darin, wie sie ihre Gegner sehen. Ich glaube nicht, daß sich die Dynamik ihrem Wesen nach sehr von den Possen und Leidenschaften bei einem Fußballspiel unterscheidet, wo die Anhängerschaft sich mehr nach der Stadt richtet, in der man lebt, als nach den Vorzügen der betreffenden Mannschaft. Der springende Punkt ist oft verletzter Narzißmus, der versucht, sich mittels «gerechtfertigter» Rache zu heilen.

Die Geschichte der Zivilisation ist überreich an Beispielen für die bedauerlichen Folgen des Sündenbock-Unwesens, etwa die Hexenverfolgung, die Ermordung der Juden durch die Nazis, die spanische Inquisition und andere Greueltaten gegen Minderheiten und Frauen.

Der Spaltungsprozeß spielt häufig eine zentrale und entscheidende Rolle bei Massenbewegungen und Glaubenssystemen, die dazu dienen, die Identität, die Überzeugungen und Wertmaßstäbe der Gruppe aufrechtzuerhalten. Auf diese Weise wird der Standpunkt der Gruppe zwanghaft dogmatisch, arrogant, diktatorisch und immer intoleranter gegen alles, was davon abweicht. Ob dieser Standpunkt ein politischer, religiöser oder wissenschaftlicher ist – er beginnt, narzißtisch einen Anspruch auf das zu erheben, was «richtig» ist, während er gleichzeitig eine Definition der Realität aufstellt, die zu wissen behauptet, was falsch, irrig, unmoralisch und böse ist.

Wo also liegt das Übel wirklich? Vielleicht wie die Schönheit im Auge des Betrachters. Einen universalen Konsens über das, was böse ist, gibt es nicht.

Der persönliche Schatten

Auf persönlicher Ebene findet man den Schatten oft in Träumen, Phantasien und natürlich als Projektion auf andere. Wenn der Schatten projiziert wird, kann er von einem einzelnen oder von einer ganzen Gruppe getragen werden. Der Schatten wird oft in Form negativer Werturteile erlebt, begleitet von starken negativen Gefühlen. Der Schatten wird fast immer aus der Perspektive identifiziert, wie man selbst nicht gesehen werden möchte, weder von sich selbst noch von anderen, also als «Nicht-Ich».

Die Schattengestalt eines Mannes wird meist als männliche

Figur dargestellt, aber es gibt viele Fälle, in denen der Schatten auch als Frau mit besonders negativen Eigenschaften auftreten kann. In diesen Fällen ist der Schatten vielleicht von irgendeinem Aspekt der Anima des Mannes oder seiner Mutter kontaminiert. Dies läßt sich auch an einem Traum erkennen, in dem eine Frau, die der Mann persönlich kennt und bewundert, sich in Gesellschaft von «Unerwünschten» befindet. Dann kann der Mann oft nicht verstehen, warum diese Frau sich in so «schlechte Gesellschaft» begibt, weil seine bewußten Assoziationen zu ihr so positiv sind. Als Antwort kommen verschiedene Möglichkeiten in Betracht. Eine ist, daß der Träumer sich eventuell gewisser negativer Gefühle dieser Person gegenüber nicht bewußt ist und sie auch nicht zur Kenntnis nehmen darf, damit er seine bewußte, positivere Einstellung zu ihr beibehalten kann. Eine zweite Möglichkeit ist, daß der Träumer vielleicht inakzeptable Wünsche oder Impulse im Hinblick auf diese Frau hat, die er sich in bewußtem Zustand nicht gestatten darf, und so schließt er einen Kompromiß, indem er die bewunderte Person in die Gesellschaft «dieser anderen» bringt, die einige Aspekte seines Schattens tragen. In diesem zweiten Fall ermöglicht ihm der Traum, sich allmählich der unterdrückten Wünsche oder Impulse bewußt zu werden, und zwar in einer Form, die diese wenigstens anfänglich noch auf Distanz hält. Eine dritte Möglichkeit, warum diese Traumsituation entstehen kann, wäre, daß der Träumende diese Frau unrealistisch positiv gesehen hat; der Traum erfüllt dann vielleicht eine kompensatorische Funktion und modifiziert die enthusiastische Wahrnehmung des Träumers. Die Traumsituation kann ähnlich aussehen, wenn es um einen anderen Mann geht.

Der Schatten kann auch in einer Reihe unterschiedlicher Verkleidungen auftreten, menschlicher oder nichtmenschlicher Art. Der Schatten eines Mannes kann als Kind erscheinen, als erwachsener oder alter Mann, wobei jeder eine andere Entwicklungsebene repräsentiert. Im allgemeinen ist die Repräsentation desto primitiver, je stärker die Schatteneigenschaften abgespalten sind. Der Schatten kann Merkmale haben, die grobschlächtig, animalisch, verkrüppelt, deformiert oder sogar verstümmelt sind. Weil das Aussehen einer Schattengestalt in Träumen variiert, wird sie selten als Teil der eigenen Person erkannt, sondern eher als der bewußten Identität fremd erlebt.

Vom bewußten Standpunkt aus fällt der Träumende häufig ein Urteil über die Schattengestalt und möchte nichts mit ihr zu tun haben. Oft richtet diese Gestalt im Traum einige Verwirrung an und erzeugt starke negative Gefühle im Träumenden. Einer der Männer aus meiner Gruppe hatte beispielsweise folgenden Traum:

Ein Panzerwagen richtet seine Geschütze auf und feuert in den Nachthimmel. Ein halbes Dutzend Männer, die den Wagen flankieren, tun dasselbe mit ihren Gewehren. Ein Leuchten in der Luft erhellt den Lastwagen, und zwei Soldaten fallen im Maschinengewehrfeuer. Alle, die im Lastwagen sind, klettern heraus und kriechen unbeholfen durch einen nahen Stacheldrahtzaun. In diesem Augenblick kommt eine Gruppe von berittenen Soldaten zwischen den Hügeln hervor und kreist ihre Beute ein: Adolf Hitler und seine Spießgesellen. Alle, die aus dem Lastwagen geflohen sind, werden erschossen, darunter auch zwei Frauen. Dann nehmen die Soldaten eine elektrische Sonde zur Hand und halten sie an die Schläfen der Toten, um ihre Gehirne zu versengen. Dann wird ein Messer in die Schläfen Hitlers und eines anderen Mannes gestoßen, und etwas von ihrer Hirnmasse wird herausgeholt. Dabei schauen die Augen des toten Hitler friedlich und bittend nach oben.

Der Traum dieses Mannes stellt den Schatten in recht primitiver Form dar. Der Traum war für ihn besonders erschütternd, weil seine starke Persona und sein Ich nur wenig bewußte Gewalttätigkeit oder Wut zuließen. Seine Eltern – beide Akoholiker – hatten sämtlichen Familienmitgliedern verboten, in irgendeiner Form Wut zu zeigen; infolgedessen nahm er Wut als besonders böses und gefährliches Gefühl wahr. Sein Traum zeigt seinen Schatten in archetypischen Proportionen als Hitler. Der Schatten muß ganz und gar «abgetötet» werden. Das Friedliche steht für den Erfolg der Persona bei der Beruhigung des Schattens, aber das Bittende könnte sich auf das Bedürfnis des Schattens beziehen, zur Kenntnis genommen zu werden. Der Träumende muß sich seiner Wut wirklich bewußt werden und sie akzeptieren; dann kann er seine Selbstwahrnehmung und die Tiefe seiner Gefühle intensivieren. Dadurch wird auch verhindert, daß er die Wut in irgendeiner unbewußten Form ausagiert.

Die Anerkennung der starken Gefühle, die mit dem Schatten verbunden sind, bedeutet nicht, daß ein Mann nach ihnen handeln muß oder auch nur wollte. Sie bietet vielmehr Gelegenheit, sie als Teil des komplexen emotionalen Repertoires zu akzeptieren, das sein psychisches Leben ausmacht. Je mehr ihm diese Gefühle bewußt sind und ihm «gehören», desto besser kann er emotionale Schlüsselkonflikte erkennen, oft zum erstenmal. Wenn man dagegen Gefühle verdrängt, die für das Ich oder die Persona unannehmbar sind, so entstehen psychische und manchmal physische Symptome, die das Ich anstelle der verdrängten Gefühle erlebt. Ständige Unterdrückung kann den allgemeinen Energiepegel des Menschen beeinflussen und führt oft zu Mißmut, Reizbarkeit, Depression, irrationalen Ängsten, Phobien und Todesgedanken.

Es kostet auch eine Menge psychischer Energie – in Form von Abwehr, übertriebener Wachsamkeit und Argwohn –, den eigenen Schatten auf andere zu projizieren und dann einen davon abgelösten Zustand nichtreflexiven Bewußtseins aufrechtzuerhalten. Bei solchen Menschen sehen wir oft eine rigide Selbstgerechtigkeit. «Wahre Gläubige» und solche, die sicher sind, die «Wahrheit» zweifelsfrei zu kennen, reagieren schockiert auf jede Abweichung von ihren Wahrnehmungen, und zwar in erster Linie deshalb, weil ein anderer Standpunkt ihr

Image, ihr Selbstwertgefühl und ihre Grundüberzeugungen bedroht.

Wenn das Ich eines Mannes nicht stark genug ist, seine abgespaltenen Gefühle zurückzuhalten, dann reichen seine grundlegenden Abwehrmechanismen nicht aus, um den abgespaltenen Zustand aufrechtzuerhalten. In diesem Falle ist die Wahrscheinlichkeit größer, daß er den oder die Träger seines Schattens attackieren wird, weil er meint, der andere *sei* so, wie er ihn wahrnimmt, ganz gleich, wie irrational oder eigenwillig diese Wahrnehmung auch sein mag.

Kulturelle Beiträge zum Schatten des Mannes

Die Schatteneigenschaften des Mannes werden sowohl durch Mißbilligung von Verhaltensweisen geprägt als auch durch Lob jenes Verhaltens, das von den Eltern und der Gesellschaft im allgemeinen belohnt oder verstärkt wird. So lernen Jungen in der westlichen Kultur, bestimmten Verhaltensmustern zu entsprechen, die als «männlich» definiert sind. Kleine Jungen werden beispielsweise häufig für Aggressivität gegenüber anderen Jungen belohnt; man erwartet von ihnen, daß sie in der Lage sind, sich selbst zu verteidigen, und nicht weinend nach Hause kommen. Ein Junge, der sich nicht wehrt, gilt als Schwächling und wird oft von seinen Eltern, vor allem vom Vater, und den Altersgenossen gedemütigt.

In der Innenstadt von Chicago, wo ich aufwuchs, basierte die Kompetenz eines Jungen nicht auf seinen guten Schulleistungen, sondern auf seiner Fähigkeit, sich erfolgreich gegen andere durchzusetzen. «Zäh» zu sein war eine Tugend, die von den Gleichaltrigen bewundert wurde. Es verlieh eine gewisse Sicherheit und Selbstvertrauen – sehr erstrebenswert, wenn man buchstäblich täglich mit Gewalt konfrontiert ist. (Als Kind habe ich selbst miterlebt, wie ein Mann seine Frau erschoß und ihre Leiche dann die Straße entlang zerrte.)

Als ich zum erstenmal nach einem verlorenen Kampf nach Hause kam, mit zehn Jahren, gab mir mein Stiefvater zu verstehen, ich müsse wieder hinausgehen und dem anderen Jungen Saures geben, und wenn ich das nicht täte, würde *er mich* verprügeln. Also ging ich zurück und tat «meine Pflicht» – nicht, weil ich das wollte, sondern um nicht selbst von meinem Stiefvater verprügelt zu werden, der mich schon verächtlich genug behandelt hatte, weil ich nicht gleich als Sieger heimgekommen war. Mein Stiefvater hatte aus dem Zweiten Weltkrieg einen Orden und eine Kriegsneurose mitgebracht, unter der er noch viele Jahre seines Lebens litt, und er sagte mir, auch für mich würde die Zeit des Krieges kommen. Doch obwohl er durch seine Erfahrung traumatisiert war, wollte er nicht darüber reden. Er behauptete einfach, wenn meine Zeit käme, würde ich eben dienen und «meine Pflicht» tun. Menschen zu töten, um mein Land zu verteidigen, schien ein Teil dessen zu sein, was es bedeutete, ein «Mann» zu sein, aber es war ein Teil, den ich insgeheim fürchtete und verabscheute, obwohl ich mich zu sehr schämte, das auszusprechen. Trotz dieser Ängste wurde ich als Teenager Anführer einer Jugendbande, deren Mitglieder außer mir sämtlich schon Bewährungsstrafen hinter sich hatten. Erst als ich bei einem Kampf beinahe umgebracht worden wäre, merkte ich, wie ich unbewußt versuchte, in der Familie und in der Gruppe der Gleichaltrigen an Ansehen zu gewinnen.

Als «meine Zeit» für den Krieg (Vietnam) schließlich kam, wurde ich wegen eines schweren Gehörschadens nicht eingezogen. Obwohl ich mich in der Antikriegsbewegung engagierte, hatte ich anfänglich Schuldgefühle, weil ich nicht mitkämpfte. Nachdem ich dies schließlich meinen Antikriegsfreunden gestanden hatte, erfuhr ich, daß sie genauso empfanden; wir alle fühlten uns schuldig, obwohl wir den Krieg aus moralischen Gründen ablehnten. Wir hatten auch ungeheures Mitgefühl für unsere «Brüder», die gehen mußten, aus welchen Gründen auch immer.

Jungen erhalten in unserer Gesellschaft oft mehr positive

Verstärkung und weniger Strafe für aggressives Verhalten als Mädchen. Tatsächlich schlagen, kreischen und weinen Jungen und Mädchen im Alter von zwei Jahren nahezu gleich häufig, doch mit vier Jahren schlagen Jungen öfter zu und weinen weniger als Mädchen. Mädchen werden im Laufe der Zeit gewöhnlich verbal aggressiver als Jungen, während Jungen körperlich aggressiver werden.[4] Andere Forschungsarbeiten lassen erkennen, daß Wutausbrüche im Vorschulalter bei Jungen aggressives Verhalten in der Adoleszenz und im Erwachsenenalter prognostizieren, nicht aber bei Mädchen. Andere Untersuchungen zur kindlichen Entwicklung zeigen, daß Aggression durch Nachahmung verstärkt wird; das bedeutet, daß Kinder, die schon früh aggressives Verhalten bei Eltern und Erwachsenen erleben, sich selbst aggressiver verhalten, auch wenn sie dafür nicht belohnt werden.[5]

Diese Studien zeigen, daß Männer, die Gewalt zwischen ihren Eltern erlebt haben, mit fast dreimal so großer Wahrscheinlichkeit ihre Ehefrauen schlagen wie jene, die dergleichen nicht kennenlernten. Die Söhne der gewalttätigsten Eltern wiesen hinsichtlich der eigenen Ehefrauen eine *tausendmal* höhere Mißhandlungsquote auf als die Söhne nichtgewalttätiger Eltern.[6] In mehreren anderen Untersuchungen wurde auch festgestellt, daß das Miterleben von Mißhandlungen zwischen Eltern die stärkste Determinante für eigene spätere Gewalttätigkeit ist, vor allem wenn der Mann als Kind selbst mißhandelt wurde. Interessanterweise ist das übereinstimmendste Merkmal, das man bei mißhandelten Ehefrauen festgestellt hat, daß diese Frauen in ihrer Jugend Gewalt zwischen ihren Eltern miterlebt hatten.[7]

Wir sehen also, daß kulturelle und familiäre Einflüsse das individuelle männliche Verhalten auf fatale Weise prägen. Das, was oft kollektiv als «männliches» Verhalten betrachtet wird, beschreibt zum Beispiel eine unreflektierte Art des In-der-Welt-Seins.

Die folgende Charakterskizze erscheint in der psychologischen Literatur als Versuch, das Problem eines Jungen zu beschreiben; sie versäumt es jedoch, seine Beziehung zum Weiblichen, oder vielmehr das, was ihm an Weiblichkeit fehlt, zu erklären.

B. J., fünf Jahre alt, bezeichnete seine kombinierten sexuellen und aggressiven Impulse als seine «Räuber»-Gefühle; er beschrieb, wie er als Polizist ständig darum kämpfen mußte, die Räuber im Gefängnis zu halten. Da sein unreifes Überich mehr eine strafende Funktion zu haben schien, als ihm bei der Kontrolle seiner Impulse zu helfen, meinte er gewöhnlich, der Polizist sei zum Kaffeetrinken fortgegangen, wenn er am meisten gebraucht wurde, aber er werde die Räuber bestimmt bestrafen, wenn sie die Macht übernähmen.

Die fehlende Integration sexueller und aggressiver Impulse in ein akzeptables Selbst-Bild als «verantwortlich» unterminiert das Selbstvertrauen, erhöht die Angst vor Strafe, und die projizierte Aggression steigert die Kastrationsangst. Es kann zu einer defensiven Fassade von Männlichkeit kommen, gekennzeichnet durch aggressive Sexualität und abwertende oder chauvinistische Einstellung Frauen gegenüber, ein unübersehbares Element beim übertriebenen «Macho»-Charakter.[8]

Soziale und kulturelle sowie psychische männliche Klischees haben oft einen kollektiven Effekt auf die Schattenprobleme von Männern. Zahlreiche Beispiele hierfür findet man in der psychologischen Arbeit mit heranwachsenden Jungen, die noch kein stabiles Identitätsgefühl entwickelt haben und sich noch bemühen, sich selbst nach den Begriffen der vorherrschenden kulturellen Sterotype zu definieren. Diese gesellschaftlichen Werte üben einen starken Einfluß auf das Identitätsgefühl eines Jungen aus und verstärken geschlechtsspezifische Einstellungen und Verhaltensweisen.

Das Rollenspiel von Männern in der Geschäftswelt ist ein

fest etabliertes Muster. Emotionale Verletzbarkeit (ein Aspekt der Anima) ist in diesem Kontext ein definitives Zeichen von «Schwäche», wie Frauen, die in die Welt der Konzerne eingedrungen sind, nur zu rasch merken. Anzeichen starker Gefühle, insbesondere Weinen im Büro, gelten als Indikatoren von «geringer Glaubwürdigkeit» am Arbeitsplatz.

Männer können auch von ihrer sexuellen Leistungsfähigkeit sprechen und einander sogar offen oder verdeckt dazu ermutigen, aber über Impotenz können sie nicht reden. Die Anima könnte sie «weich» machen. Ein Patient von mir rang mehrere Sitzungen lang mit sich, ob er das Thema seiner sexuellen Impotenz nun anschneiden sollte oder nicht. Als er es schließlich tat, fragte ich ihn, wieso es für ihn denn so schwierig sei, darüber zu sprechen. Er meinte schließlich, es sei deshalb so schwierig, weil er fürchte, ich könne ihn für unmännlich halten. Ein anderer Patient, ein erfolgreicher leitender Angestellter, der bei einem Autounfall verletzt worden war, hielt das Ausmaß seiner körperlichen Schmerzen und der daraus resultierenden physischen und psychischen Beeinträchtigungen vor seinen Vorgesetzten geheim, weil er fürchtete, in seiner Firma Glaubwürdigkeit und Status zu verlieren. Er hatte Angst, man könne denken, er sei nicht mehr «Manns genug» für den Job. Es gibt viele andere Beispiele für sozial konditionierte Einstellungen, die Männer belasten und Teil des allgemeinen männlichen Schattenproblems sind. Emotionale Verletzbarkeit, Zeichen körperlicher Defekte und sexuelle Impotenz sind nur einige der «Schwächen», die Männer aus Angst, Scham und der Furcht, als minderwertig zu gelten, verstecken.

Der Sohn als Träger des väterlichen Schattens

Dem Schatten eines Mannes können manchmal auch Probleme inhärent sein, die aus ungelösten Konflikten seines Vaters stammen. (Sie können tatsächlich sogar mehrere Generationen zurückreichen.) In solchen Fällen sagen wir, daß die Persönlichkeit des Sohnes vom Schatten des Vaters *kontaminiert* ist. In meiner Praxis zum Beispiel wird ein Junge mit einem besonders schwierigen Schattenproblem im Kontext der Persönlichkeit seines Vaters (der dessen Einstellungen zur Männlichkeit einschließt) und anhand der intellektuellen Fähigkeiten, der emotionalen Ausstattung und der Lebenserfahrungen des Jungen beurteilt. Wenn ein Vater seine eigenen Unzulänglichkeiten und Verletzlichkeiten nicht bewußt «besitzt», dann werden diese Probleme oft an seinen Sohn weitergegeben. Manchmal lebt der Sohn vielleicht unbewußt den Schatten seines Vaters aus, was zur Folge hat, daß der Vater nicht nur eine gewisse Erleichterung empfindet, diese Eigenschaften außerhalb seiner selbst zu sehen, sondern auch den Sohn kritisiert, weil dieser nicht so ist, wie der Vater ihn «haben will». Damit ist der Junge natürlich in der unhaltbaren Position, Schatten- *und* Animaeigenschaften seines Vaters tragen zu müssen und gleichzeitig dafür kritisiert und abgelehnt zu werden. Er steht vor der Alternative, sich entweder selbst auch abzulehnen oder gegen seinen Vater zu rebellieren. In beiden Fällen verliert er. Der Sohn kommt oft in die Therapie, wenn er den Schatten des Vaters trägt. Doch wenn statt des Sohnes der Vater behandelt werden kann, scheint das «Problem» des Sohnes zu verschwinden. Wenn der Sohn ohne den Vater behandelt wird und es ihm bessergeht, wird das Problem des Vaters deutlich. (Im Idealfall sollten beide behandelt werden, doch leider ist das nicht immer möglich.) Natürlich kann auch die Mutter zu den Schwierigkeiten des Sohnes beitragen, indem sie unbewußt ihre eigenen Schattenprobleme an das Kind weitergibt.

Wenn ein Junge versucht, sich emotional dem dominierenden Einfluß seiner Mutter zu entziehen, wird der Vater noch wichtiger für die Bildung seines männlichen Identitätsgefühls.

Der Soziopath: Archetypus des Bindungslosen

Die verheerendste Erscheinungsform einer völligen Ablösung von der Anima ist dann zu sehen, wenn ein Mann eine soziopathische Persönlichkeit entwickelt. Ein solcher Mensch hat wenige Freunde und sehr häufig Schwierigkeiten mit Autoritäten und dem Gesetz. Sein hervorstechendster Zug ist ein Mangel an Liebesfähigkeit, gepaart mit einer Unfähigkeit, Schuld oder Gewissensbisse zu empfinden. Es ist, als seien die grundlegenden Attribute von Liebe und Empathie in seiner Persönlichkeit einfach leere Stellen. Dieser Defekt tritt bei Männern dreimal so oft auf wie bei Frauen, und noch häufiger findet man ihn bei Männern, deren Väter ebenfalls Soziopathen waren. Soweit wir wissen, bilden sich soziopathische Persönlichkeiten schon sehr früh im Leben; gegen Ende der Adoleszenz ist das antisoziale Verhaltensmuster fest etabliert und oft durch kriminelles und ausbeuterisches Handeln sowie Oberflächlichkeit in allen Beziehungen gekennzeichnet. Dieser tragische Zustand wird noch verschlimmert durch die Tatsache, daß er am häufigsten in Familien auftritt, in denen Armut und Not herrschen.

Die soziopathische Persönlichkeit entspricht einer archetypischen Konstellation männlicher Negativität und wird daher in unserer Gesellschaft leicht zum Träger des männlichen Schattens, vor allem, wenn sie bei einem politischen, sozialen oder religiösen Führer auftritt.[9] Gewissenlose Massenmörder wie Charles Manson, Richard Speck und Ted Bundy gehören zu den sensationelleren Vertretern dieses Typs. Doch Soziopathen findet man auch unter geachteten Geschäftsleuten, Politikern und in anderen Berufen, und zwar als Menschen, die fähig sind, ihre Opfer zu bezaubern, während sie sie gleichzeitig erpressen, ausbeuten, täuschen und erniedrigen.

Vielleicht mehr als bei jeder anderen Persönlichkeitsstörung finden wir hier den Defekt, zu anderen als «Objekten» in Beziehung zu treten. Ihre Liebe ist nicht pervertiert, wie es den Anschein hat, sondern einfach nicht vorhanden. Vielleicht ist das die Antithese der Liebe: Wie Erich Fromm feststellt, ist das Gegenteil von Liebe nicht Haß, sondern Gleichgültigkeit.[10] Die fehlende Liebe des Soziopathen zu anderen wird nicht durch Selbstliebe ausgeglichen, wie sein in der Regel selbstzerstörerisches Leben häufig bestätigt. Sein ganzes Leben scheint ein fortgesetzter liebloser Akt zu sein, der auf die eine oder andere Weise in Selbstdestruktion kulminiert.

Die Soziopathie ist noch immer ein Rätsel unter den Persönlichkeitsstörungen; wir kennen ihre Ursache noch nicht genau. Sie bleibt eine der wenigen Störungen, für die es bislang absolut kein Heilmittel gibt, trotz der Tatsache, daß sie das meistuntersuchte und -erforschte aller Persönlichkeitsprobleme ist. Ein Grund dafür ist vielleicht, daß soziopathische Persönlichkeiten kein Bedürfnis nach Behandlung empfinden, weil sie das Gefühl haben, mit ihnen sei alles in Ordnung.

Die soziopathische Persönlichkeit ist eine dramatische Herausforderung. Wenn Liebe, wie Fromm gesagt hat, aus Fürsorge, Verantwortung, Respekt und dem Kennen des anderen besteht, wie sollen wir als Individuen und als Gesellschaft dann dem Soziopathen begegnen? Vielleicht ist dieses Dilemma die existentielle Probe auf das christliche Wort: «Was ihr einem meiner geringsten Brüder getan, das habt ihr mir getan.»

Integration des Schattens

Für Jung ist die Anerkennung des Schattens ein wesentlicher Schritt im Individuationsprozeß; sie ist ein Mittel, in tiefere und oft weniger zugängliche Schichten der Psyche vorzudringen, wo als Vermittlerin des kreativen Unbewußten die Anima anzutreffen ist.

Der Schatten, obwohl per definitionem eine negative Figur, läßt öfters positive Züge oder Beziehungen erkennen, welche auf einen anders gearteten Hintergrund deuten. Es ist, wie wenn er unter einer minderwertigen Hülle bedeutsame Inhalte versteckte. Die Erfahrung bestätigt die Vermutung, und zwar besteht das anscheinend Verheimlichte in der Regel aus zunehmend numinoseren Figuren. Das nächste, was hinter dem Schatten steht, ist meist die Anima, welcher eine erhebliche Faszination und Possessivkraft zukommt . . .

Im individuellen Fall wird das durch den Schatten aufgeworfene Problem auf der Stufe der Anima, das heißt der *Beziehung*, beantwortet [Hervorhebung vom Autor].[11]

Die Integration des Schattens ist also eine konstruktive Aufgabe, die den Mann schließlich in die Lage versetzt, größere emotionale Freiheit, Selbstakzeptanz und einen größeren Grad an Autonomie in seinen Überzeugungen, Gefühlen und Einstellungen zu entwickeln, als er vorher besaß. Wenn man seine eigene dunkle Seite akzeptiert, kann man auch andere mehr respektieren und einfühlenderes Verständnis für deren Unzulänglichkeiten und Kämpfe aufbringen. Ein wichtiger Nutzen der Aufdeckung des Schattens besteht darin, daß die allgemeine Qualität menschlicher Beziehungen verbessert wird, weil wir mehr Verantwortung für uns selbst übernehmen und dadurch weniger von unserem unintegrierten Selbst auf andere projizieren. Dieser Prozeß führt zur Verbundenheit mit unseren Mitmenschen. Kurz gesagt, der ganze Vorgang hat die Wirkung, unsere Liebesfähigkeit zu steigern.

Dieser Liebesfähigkeit von Männern wollen wir uns jetzt zuwenden.

7 Das Liebesgefühl des Mannes

Kann man Liebe *haben*? Wenn man das könnte,
wäre Liebe ein Ding, eine Substanz, mithin etwas,
das man besitzen kann. Die Wahrheit ist, daß es kein
solches Ding «Liebe» gibt. «Liebe» ist eine
Abstraktion; vielleicht eine Göttin oder ein fremdes
Wesen, obwohl niemand je diese Göttin gesehen hat.
In Wirklichkeit gibt es nur den *Akt des Liebens.*
Lieben ist eine produktive Aktivität, es impliziert, für
jemanden (oder etwas) zu sorgen, ihn zu kennen, auf
ihn einzugehen, ihn zu bestätigen, sich an ihm zu
erfreuen – sei es ein Mensch, ein Baum, ein Bild, eine
Idee. Es bedeutet, ihn (sie, es) zum Leben zu
erwecken. Sein (ihr) Lebensgefühl zu steigern; es ist
ein sich selbst erneuernder und intensivierender
Prozeß.

Erich Fromm

Die Spaltung zwischen «männlich» und «weiblich» hat sich im
Laufe der menschlichen Evolution entwickelt und ist schließlich polarisiert worden zu beinahe als «unversöhnlich» gelten-
den Charakteristika. Diese Sicht hat letztlich einen starken Einfluß darauf, wie Männer zu Frauen in Beziehung treten. Wenn
wir die geschlechtsspezifischen psychischen Unterschiede als
gültig und angeboren akzeptieren, müssen wir zu dem Schluß
kommen, daß Männer und Frauen tatsächlich sehr verschie-
denartige Geschöpfe sind und daß die Art und Weise, wie

Männer Beziehungen knüpfen, unwiderruflich in ihrer Natur festgelegt ist.

Selbst der Sprache ist die Spaltung zwischen männlich und weiblich inhärent; männliches Verhalten wird definiert durch eine Betonung traditionell exogener Tendenzen. Obwohl die Wörter, die wir benutzen, vielleicht nur sprachliche Konventionen repräsentieren, dienen sie bei Beziehungstermini zur Verstärkung verhaltensmäßiger Stereotype.

Zu den Begriffen, mit denen wir psychische Merkmale von Männern beschreiben, gehören:

aggressiv, selbstbehauptend, autoritär, konkurrierend, mutig, kühn, entschlossen, dominierend, unabhängig, innovativ, selbstsicher, kraftvoll, aber auch unverblümt, großspurig, dickköpfig, streitlustig, überheblich, sadistisch, gewalttätig.

Frauen werden beschrieben als:

liebevoll, zurückhaltend, abhängig, emotional, reizbar, sanft, unlogisch, unentschlossen, intuitiv, passiv, sensibel, unterwürfig, zärtlich, unehrgeizig, aber auch gehässig, launisch, süßlich, geheimniskrämerisch, oberflächlich, unzuverlässig, wankelmütig, weinerlich und raffiniert.[1]

Der Frage, ob diese Wörter angeborene Unterschiede zwischen den Geschlechtern repräsentieren, wird selten nachgegangen; wir schließen vielmehr aus dem Gebrauch der Sprache selbst, dies sei so. Wenn wir in einem Restaurant zufällig ein Gespräch mit anhören, in dem eine Person einer anderen sagt, die Lehrkraft ihres Sohnes sei «innovativ, unabhängig, kalt, aggressiv» – welchen Schluß ziehen wir dann hinsichtlich des Geschlechts dieser Lehrkraft? Wir denken automatisch an einen Mann. Wenn die Lehrkraft jedoch als «liebevoll, intuitiv, abhängig, unterwürfig» beschrieben wird, stellen sich die meisten von uns wahrscheinlich eine Frau vor.

Was die Qualitäten angeht, die wir in menschlichen Beziehungen suchen, gibt es bestimmte Wörter und das ihnen entsprechende Verhalten, das die meisten von uns bei ihren Partnern als wünschenswert betrachten. Beispielsweise möchten gesunde Männer und gesunde Frauen sicher gleichermaßen liebevolle, emotionale, erregbare, sanfte, intuitive, sensible und zärtliche Liebespartner haben. Beide würden dagegen kalte, in erster Linie rational bestimmte, unabhängige, langweilige, grobe, achtlose, unsensible und taktlose Liebespartner ablehnen. Daraus geht eindeutig hervor, daß Männer *und* Frauen sich Partner mit mehr «femininen» als «maskulinen» Eigenschaften wünschen.

Ich versuche hier nicht darzulegen, daß männliches Verhalten allein das Produkt sprachlicher Etikettierung ist, sondern vielmehr, daß ein bestimmter Sprachduktus die Polarität zwischen «männlich» und «weiblich» sehr verstärkt und damit geschlechtstypisches Verhalten fördert. Wenn sie einmal akzeptiert sind, wirken diese Sprachstrukturen unbewußt als Muster dafür, wie Männer sich selbst wahrnehmen und welche Art von Beziehungsverhalten man ihnen beibringt.

Mutter und Narzißmus

Wie wir oben sahen, ist die frühe Mutter/Kind-Beziehung meist die entscheidende Determinante für die Qualität aller späteren Liebeserfahrungen. Die Fähigkeit zu gesunder menschlicher Liebe wird bestimmt durch Gefühle frühkindlicher Sicherheit, basierend auf einer angemessenen Mutter/Sohn-Beziehung und dem Vertrauen, daß unseren Müttern stets unser größtmögliches Wohl am Herzen liegt. Bei der Beschreibung des ersten Stadiums menschlicher Entwicklung, das er als *Vertrauen versus Mißtrauen* definiert, nimmt Erik Erikson an, daß die erste und primäre Entwicklungsaufgabe emotionaler Gesundheit die Herstellung eines grundlegenden Vertrauensgefühls ist, das bei unserer Wahrnehmung der Welt und der «anderen» eine entscheidende Rolle spielt.[2] Die Mutter gibt ihrem Sohn das Gefühl, die Welt sei (wie einst ihr Schoß) eine gastfreundliche, sichere und nährende Hülle, in der er heranwachsen kann.

Ein Junge, der lernt, dieses Urvertrauen in die Welt zu haben, entwickelt ein sicheres Kernselbst, das in der Lage ist, den normalen Wechselfällen des Lebens standzuhalten. Er glaubt, er «gehöre» in die Welt – es gebe dort einen Platz für ihn, und, was vielleicht am wichtigsten ist, er brauche das nicht zu beweisen. Diese Wahrnehmung führt, bewußt oder unbewußt, zu dem Urteil, daß das Leben im Grunde gut ist und daß die Annahme vernünftig ist, seine Bedürfnisse würden tatsächlich erfüllt, sowohl durch das Entgegenkommen der anderen wie aufgrund seiner eigenen Kraft. Dies ermöglicht ihm auch, darauf zu vertrauen, daß er nicht unnötig zurückgewiesen wird. Dieses Grundgefühl wiederum führt zu einem Verhalten, das darauf ausgerichtet ist, die Erfüllung seiner emotionalen Bedürfnisse zu erreichen.

Diese gesunde Einstellung zum Leben, zu sich selbst und anderen ist ein wesentliches psychisches Paradigma für die Fähigkeit, als Erwachsener zu lieben. Wenn der Junge die Mutterliebe verinnerlicht hat, hilft ihm das später, andere zu lieben und einfühlend zu verstehen. Diese verinnerlichte Mutterliebe führt zu etwas, das manchmal als *primärer Narzißmus* bezeichnet wird – Achtung vor der eigenen Person, die Teil eines dauerhaften Selbstwertgefühls und der Selbstliebe ist. Ohne diese gesunde Liebe zu sich selbst besteht wenig Hoffnung auf eine gesunde Liebe zu anderen. Wenn die Mutterliebe durch Ambivalenz oder sogar Haß belastet ist, nehmen wir den anderen wahr, wie wir früher wahrgenommen zu werden glaubten. Dies schafft insofern ein Paradox, als das, was uns fehlt und wonach wir uns jetzt sehnen, oft schwer zu akzeptieren ist, wenn es uns angeboten wird. In diesem Fall versuchen wir, bewußt oder unbewußt, unsere gegenwärtigen Liebeserfahrungen am Modell der Vergangenheit auszurichten. Wenn aber die Mutterliebe als gesunde Selbstliebe verinnerlicht ist, sind wir fähig, den anderen wirklich als «anders» zu sehen und nicht nur als Widerspiegelung eines Teils unserer selbst oder als Rudiment unserer frühen Erfahrung. Das ist das, was Martin Buber als «Ich-Du-Beziehung» bezeichnete.

Ein sogenannter *sekundärer Narzißmus* kann auftreten, wenn die Entwicklung der primären Liebesbeziehung unvollständig oder unbefriedigend war, aus welchem Grund auch immer. Sekundärer Narzißmus manifestiert sich als übertriebenes Selbstwertgefühl, als Überschätzung der eigenen Bedeutung, manchmal an Größenwahn grenzend. Diese Gefühle dienen als Abwehrmechanismus gegen das Wahrnehmen eines schwachen oder beschädigten Selbstwertgefühls und führen zu einer Perversion der Liebe – sowohl der Liebe zur eigenen Person als auch jener zu anderen.

Mütter mit eigenen «narzißtischen Verletzungen» geben diese Wunden zwangsläufig an ihre Söhne weiter. Ungeliebte, abgelehnte und mißhandelte männliche Kinder werden für ihre eigenen Kinder instinktiv verlassende, lieblose und mißhandelnde Väter. Auf diese Weise wiederholt sich der Zyklus. John Bowlby, ein englischer Psychiater, der Bindungs- und Trennungsprozesse bei Kindern und die Folgen des Verlassenwerdens durch die Mutter sehr eingehend untersucht hat, behauptet, viele Defekte, die traditionell durch die psychoanalytische Theorie erklärt werden, ließen sich ebensogut auf Bindungsprobleme in den ersten Lebensjahren zurückführen. Er nimmt an, daß verschiedene Grade pathologischer *Bindungslosigkeit* in Kindheit und Erwachsenenalter als defensive Reaktionen zu verstehen sind, um den Schmerz und die Demütigung eines möglichen zukünftigen Verlassenwerdens zu vermeiden.[3]

Oft sieht der Therapeut narzißtische Verwundungen bei Menschen, die unfähig sind, Liebe zu akzeptieren oder zu geben. Das wird häufig bei Kindern deutlich, die auf eine erste Ablehnung reagieren, indem sie sich später weigern, Liebe anzunehmen, oder sich manchmal sogar weigern, überhaupt mit anderen zu kommunizieren, wie zum Beispiel adoptierte Kinder auf die Trennung von der biologischen Mutter dadurch reagieren, daß sie die Liebe der Adoptiveltern nicht akzeptieren wollen, was in extremen Fällen bis zur Bildung von autistischen oder schizophrenen Symptomen führen kann. Obwohl es keine definitiven Untersuchungen gibt, die darauf hindeuten, daß Männer empfindlicher auf emotionale Ablehnung reagieren, gewinnt man anhand der scheinbaren emotionalen Distanziertheit von Männer und ihres häufigen Leugnens, verletzt worden zu sein, den Eindruck, dies könnte der Fall sein. Man könnte diese Tendenzen als defensive Reaktion auf die Angst vor dem Verlassenwerden betrachten.

Die Rolle des Vaters beim Liebesgefühl des Mannes

Der Vater ist der zweite kritische Faktor, der die Liebesfähigkeit eines Mannes prägt. Wir könnten sagen, daß die Mutter bei der Entwicklung der Fähigkeit des Mannes, Liebe *anzunehmen*, die größere Rolle spielt, der Vater dagegen bei seiner Fähigkeit, Liebe zu *geben*.

Traditionell wird die Liebe eines Vaters zu seinem Sohn dadurch beeinflußt, wie gut der Sohn die Werte seines Vaters widerspiegelt und dessen Erwartungen entspricht. Im Unterschied zu der Liebe, die der Sohn von seiner Mutter bekommt und die gewöhnlich bedingungslos ist, wird die Liebe des Vaters durch die erfolgreiche Erfüllung der väterlichen Erwartungen verdient.

Aufgrund der exogenen Orientierung des Mannes werden die Erwartungen des Vaters an seinen Sohn in hohem Maße von Werten bestimmt, die mit Produktivität und Erfolg in Schule, Beruf und Gesellschaft zu tun haben. Als Vermittler zwischen Heim und Welt draußen setzt der Vater so objektive Maßstäbe, denen sein Sohn entsprechen soll. Ein Sohn lernt früh, daß er etwas «leisten» muß, um sich die Liebe des Vaters zu erhalten. Dies wird ein Paradigma dafür, wie Jungen und später Männer miteinander umgehen. Der positive Aspekt dieses Beziehungsmodells ist, daß es gesunden Wettbewerb und die Entwicklung von Kompetenz fördern kann. Der negative Aspekt liegt darin, daß es Neid und Rivalität sowohl zwischen Vätern und Söhnen als auch zwischen Männern überhaupt verstärkt. Wenn der Vater zu autoritär ist und nicht genug Raum für Fehler und Experimente läßt, lehnt sich der Sohn vielleicht auf, indem er die Liebe seines Vaters verleugnet, um sein Identitätsgefühl zu schützen. Dieses Modell von Vater/Sohn-Liebe führt ein destruktives Potential ein, das in Erscheinung tritt, wenn Liebe und Macht verschmelzen.

Wie wir oben sahen, besteht eine entscheidende Entwicklungsaufgabe des Jungen in dem Übergang vom Mutter-identifizierten zum Vater-identifizierten Sohn. Er muß sich schließlich von der Mutter trennen, gleichzeitig aber «Teile» von ihr wahren, die später Aspekte seines eigenen Selbstgefühls werden. Die Rolle des Vates ist hier von größter Bedeutung, weil seine Einstellung zu seiner Frau (und zu seiner eigenen Mutter) darüber bestimmt, welche Aspekte der Mutter der Sohn gefahrlos wahren zu können meint. Tatsächlich ist das gesamte Verhaltensrepertoire des Vaters Frauen gegenüber entscheidend für die Qualität der Beziehungen, die sein Sohn einmal zu Frauen haben wird. Wir sahen schon bei den Initiationsriten der Knaben, wie wichtig es ist, sich nicht nur von der Mutter zu trennen, sondern auch – durch Beschneidung und Subinzision – symbolisch Aspekte der Mutter zu wahren.

Wie schon gesagt, ist die frühe psychoanalytische Position die, daß der Sohn durch Furcht vor der Vergeltung des Vaters veranlaßt wird, die Bindung an seine Mutter schließlich aufzugeben. Ich würde vorschlagen, daß nicht die Angst vor der Vergeltung des Vaters, sondern die Zurückweisung der Mutter (und von Frauen im allgemeinen) durch den Vater als Modell für den Sohn dient, der dann Schwierigkeiten haben wird, eine angemessene Liebesbeziehung zu *seiner* Mutter aufrechtzuerhalten. Wenn ein Vater nicht fähig war, ein gesundes Weiblichkeitsgefühl zu integrieren, wird er unbewußt seinen Mangel an Achtung vor dem Weiblichen an seinen Sohn weitergeben.

Wenn die frühe Erfahrung des Sohnes mit der Mutter so war, daß er die positive Mutter (und folglich das positive Weibliche) nicht als Teil seiner selbst verinnerlichen konnte, *und* wenn der Vater die Mutter und das Weibliche ebenfalls ablehnte, dann sorgt diese Kombination zwangsläufig dafür, daß das Weibliche kein integraler Bestandteil des Selbst des jungen Mannes sein wird. Wenn dies der Fall ist, kann er das Weibliche nur in der Außenwelt ansiedeln – als Objekt, das er begehrt, aber auch als Aspekt seiner selbst, der abgespalten und entwertet ist. Dies führt zu einer fundamentalen Ambivalenz Frauen gegenüber: Frauen sind Objekte des Begehrens, aber gleichzeitig auch Objekte des Spotts. Außerdem steht diese Ambivalenz im Mittelpunkt dessen, was viele Männer als Fehlen eines gefestigten «Innenlebens» erfahren, das so passend durch das Mutterprinzip symbolisiert wird. Wenn der Vater seine eigene Weiblichkeit akzeptiert, kann sein Sohn Respekt vor Frauen und darüber hinaus auch vor seinem eigenen Innenleben haben, so daß er sich nicht allein auf das maskuline exogene Prinzip zu verlassen braucht.

Ausdrucksformen von Liebe

Liebe ist eines der verwirrendsten Wörter unserer Sprache. Es ist interessant, daß Männer (meiner Erfahrung nach) das Wort in normalen Gesprächen viel seltener benutzen als Frauen, egal, ob von Menschen oder von Gegenständen die Rede ist.

Immer wenn ich Patienten zum erstenmal das Wort *Liebe* aussprechen höre, frage ich, was sie eigentlich damit meinen. Viele antworten einfach so etwas wie: «Na ja, wissen Sie, ich *liebe* sie.» Andere erklären es mit Synonymen wie *gernhaben* und dergleichen. Oft denken Menschen nicht viel darüber nach, was *Liebe* wirklich für sie bedeutet. Noch häufiger haben zwei Menschen, die behaupten, sie liebten sich, gar keine Ahnung, daß sie zwar dasselbe Wort benutzen, daß aber jeder von ihnen etwas ganz anderes damit meint. Sie mögen sich «lieben» und völlig verschiedene Erwartungen damit verbinden.

In der Therapie habe ich oft die schmerzliche Enttäuschung und Verwirrung beobachtet, die zwangsläufig die Folge ist, wenn ein Paar schließlich entdeckt, daß es unterschiedliche Erwartungen hat. Das, was ein Mann von sich selbst als liebendem Partner erwartet, kann stark von der traditionellen Vorstellung des «Versorgens» bestimmt sein, so daß er das Gefühl hat, er *sei* liebevoll, wenn er diese Erwartungen erfüllt. Er ist dann überrascht und auch verletzt, wenn seine Partnerin Enttäuschung über sein Verhalten äußert. Ein Mann begegnet den Vorwürfen seiner Frau, er liebe sie nicht, in der Regel mit dem Hinweis auf all die Dinge, die er *getan* hat, um sie glücklich zu machen. Er führt vielleicht an, daß er die Kinder auf eine Privatschule schickt und dergleichen, aber nichts davon entspricht der Vorstellung seiner Frau von dem, was es bedeutet, sich von ihm geliebt zu fühlen. Selbst der Gedanke, «Dinge gemeinsam zu tun», kann für jeden von beiden etwas ganz anderes bedeuten. Eine Frau wünscht sich vielleicht, daß ihr Mann mehr Zeit mit ihr oder den Kindern verbringt. Für ihn bedeutet es wahrscheinlich, etwas zusammen zu *tun*, während es für sie heißen kann, nichts zu tun, sondern nur zusammen zu *sein*. Einmal sagte mir ein Patient, er habe endlich der Forderung seiner Frau nach etwas mehr gemeinsamer Zeit nachgegeben. Als ich ihn fragte, was das für ihn heiße, sagte er, er habe ihr vorgeschlagen, zusammen fernzusehen oder ins Kino zu gehen, aber das hätte sie nicht gewollt. Tatsächlich lehnte sie alle seine Vorschläge ab, und am Ende blieben sie einfach zu Hause und redeten. Obwohl sie das sehr genoß, konnte er nicht begreifen, wieso «Nichtstun» für sie so wichtig war.

Wenn ein Mann dieser Art des Zusammenseins aus dem Weg geht, spiegelt das manchmal sein Unbehagen angesichts der Intimität wider, die entsteht, wenn keine Aktivitäten ablenken. Doch viele Männer glauben einfach, etwas «Produktives» machen zu müssen, um das Gefühl zu haben, daß sie *wirklich* etwas tun. Man sieht das sogar daran, wie Väter und Mütter ihre Kinder begrüßen, wenn sie aus der Schule nach Hause kommen. Die Mütter fragen meist: «Wie war dein Tag?» Und die Väter fragen: «Was hast du heute *gemacht*?»

Es scheint so, als würden Männer Liebe (verbal und nonverbal) anders ausdrücken als Frauen. In einer Studie bewerteten beide, Männer und Frauen, den Sexualakt als wichtigen Aspekt der Liebe, doch Männer taten das viermal häufiger als Frauen. Gewiß schätzen Männer öfter den «Sex um seiner selbst willen», während Frauen ihn anscheinend als Mittel schätzen, die Intimität zu fördern. Das soll nicht heißen, daß nicht auch Frauen gelegentlich Sex um seiner selbst willen wollen, aber im großen und ganzen scheinen sie Sex im Kontext von Verständnis und Zärtlichkeit zu bevorzugen. Bei dieser Umfrage betonten die Frauen auch doppelt so häufig wie die Männer die Bedeutung von Treue und Vergebung. Als persönliche Aktivposten nannten Männer viermal so oft wie Frauen ihre finanziellen und materiellen Mittel. Beide Geschlechter sahen in der Ehe gleichermaßen einen Akt der Liebe, doch Frauen legten viermal häufiger als Männer Wert darauf, Kinder zu haben.[4]

Liebe und Psychotherapie

Für ein abgespaltenes, übertrieben männliches Bewußtsein scheint das Material der Analyse auf das endogene Reich der *furchtbaren Mutter* beschränkt zu sein – das Reich des irrationalen und Aufgegebenen, der Träume, Phantasien, freien Assoziationen und verdrängten Erinnerungen aus der Vergangenheit. Oft ist es auch das Reich des *verwundeten inneren Sohnes*, der vom *verlassenden Vater* in die Schattenwelt des Unbewußten verbannt wurde. Wenn ein Mann sich der inneren

Arbeit der Psychoanalyse unterzieht, so kann dies seine hilflosen und hoffnungslosen Gefühle mobilisieren, die er auf die Mutter und auf andere Frauen zu projizieren gelernt hat. Ohne *guten Vater* fühlt er sich vielleicht wirklich durch die Analyse geschwächt und entmannt. Weil schon allein der Gedanke an Psychoanalyse seinem normalen Umgang mit der Welt so fremd ist, bedroht er vielleicht sein Bedürfnis, alles unter Kontrolle zu haben.

In der Regel wollen Männer wissen, wie lange die Analyse dauern wird, was man von ihnen erwartet, auf welche Weise es von ihnen erwartet wird, welche «Regeln» es gibt und so weiter. Oft erleben sie den Abstieg ins Unbewußte als Fall in «Leere und Nichts». Für einen Mann, der sich nie ganz von seiner realen Mutter gelöst hat, ist in diesem Kontext die Analogie von der Rückkehr in den Mutterschoß oder zur «dunklen Mutter» vollkommen angemessen. Noch besser paßt sie, wenn wir die Bedeutung des verlassenden Vaters betrachten.

Die Schwierigkeiten, die ein Mann mit seinen Beziehungen zu Frauen hat, bringen ihn oft überhaupt erst in die Analyse. Hier «trifft» er vielleicht zum erstenmal die innere Weiblichkeit, die ihm helfen kann, sein äußeres Problem zu verstehen. Die Tatsache, daß auch die Möglichkeit einer tiefen und emotionalen Beziehung zum Analytiker besteht, beinhaltet eine Konfrontation mit dem Problem der Liebe, die sich von der gewöhnlichen Art des Liebens unterscheidet.

Im Vergleich zu Frauen, denen es eher gestattet ist, «emotional» oder «schwach» zu sein, fällt es Männern viel schwerer zuzugeben, daß sie Hilfe brauchen oder mit ihrem Gefühlsleben nicht klarkommen. Aus diesem Grunde sind Männer häufig tief deprimiert oder sogar ernstlich krank, bevor sie sich zu einer Analyse entschließen, und selbst dann noch wird dieser Schritt als Versagen und als Unfähigkeit angesehen, das eigene Leben zu bewältigen. Die männliche Aufgabenorientierung ist der Analyse abträglich, denn ein großer Teil des analytischen Prozesses ist ein langsamer, sich fast im Kreis drehender Weg, der eine Konfrontation mit dem Unbewußten und dem irrationalen Erfahrungsbereich umfaßt, welcher oft bewußter Kontrolle nicht zugänglich ist.

Die Analyse von Männern durch männliche Analytiker wirft häufig das Problem der Übertragungsbeziehung auf, bei der die besonderen Eigenschaften der ursprünglichen Vater/Sohn-Beziehung reaktiviert werden. In dieser Situation zieht der Analytiker die Vaterprojektionen des Patienten auf sich, die anfänglich oft negativ und von den gleichen Gefühlen gekennzeichnet sind, die der Patient in seiner Kindheit erlebte. Wenn er und sein Vater keine starke, positive emotionale Bindung hatten, charakterisiert durch Vertrauen und gegenseitigen Respekt, wird der negative Teil der Vater/Sohn-Bindung auf den Analytiker projiziert und dieser dann als kritisch, mißtrauisch, konkurrierend und übermächtig empfunden. (Weibliche Analytiker dagegen tragen eher die Mutterprojektionen, die anfangs oft positiv sind, später aber den Kampf mit der *negativen Mutter* charakterisieren.) Zu Beginn der Behandlung, wenn der Mann sich mit seinen Wahrnehmungen des negativen Vaters konfrontiert sieht, ist die Übertragung oft ein entscheidender Faktor dafür, ob er in Analyse bleibt. In der Mitte und am Ende der Behandlung kann die Übertragung ein entscheidender Heilungsfaktor sein, da sie die Gelegenheit bietet, den Analytiker als endogene, behütende und nährende Gestalt zu erleben, was zur Lösung des Komplexes des Patienten beitragen kann.

Männer in Analyse sind möglicherweise nicht bereit, Macht an den Analytiker abzutreten, es sei denn, sie können sich bewußt dazu entschließen, zum Nutzen der Arbeit zeitweilig ihren Kampf um die Kontrolle über die Beziehung aufzugeben. Sam beschreibt dieses Problem und schildert, wie er es bewußt lösen konnte:

Bei meiner ersten ernsthaften Beziehung nach meiner Scheidung wurde mir klar, daß in jeder Beziehung ein Geben und Nehmen von Macht stattfindet, sei es nun zwischen Liebenden, Eltern und Kind, Geschäftspartnern, Freunden oder Analytiker und Patient. Ich hatte Julia sehr viel Macht über mich gegeben (wie sie ihrerseits mir über sich). Sie hatte das Recht, meinen Körper sexuell zu erforschen; sie durfte erwarten, daß ich keinen Sex mit anderen Frauen hatte, da wir eine exklusive Beziehung hatten; sie hatte einen Schlüssel zu meinem Haus, und sie hatte das Recht, eine aufrichtige und offene Antwort auf Fragen zu erwarten, die meine Hoffnungen, meine Frustrationen, meine Träume und meine Mißerfolge betrafen. Doch als unsere Beziehung ins zweite Jahr ging, stellte ich fest, daß ich immer größeren Groll gegen sie hegte. Erst nach Ende der Beziehung erkannte ich, daß die Hauptquelle dieses Grolls darin bestand, daß ich einen großen Teil der Macht, die ich Julia gegeben hatte, ganz unbewußt eingeräumt hatte – ohne Nachdenken, ohne klare Entscheidung und Vorsatz.

Auch in meiner Analyse bei Loren empfand ich Groll. Er konnte in mir lesen wie in einem Buch. Er konnte meine Reaktionen vorhersagen. Ich fühlte mich verpflichtet, bei unseren Sitzungen Material für die Diskussion zu liefern. Ich hatte Schuldgefühle, wenn ich mich längere Zeit an keinen Traum erinnern konnte. Ich war sogar böse, wenn er sich darüber freute, daß ich eine wichtige Einsicht gewonnen hatte, eine «Aha»-Erfahrung gemacht hatte. Meine Arbeit mit ihm stagnierte, und ich zog ernsthaft in Erwägung, die Behandlung abzubrechen. Dann hatte ich eines Abends beim Nachdenken ein «Aha»-Erlebnis: Ich hatte Loren eine ungeheure Macht über mich eingeräumt, aber ich hatte sie ihm unbewußt gegeben – ohne Nachdenken, ohne klare Entscheidung und Vorsatz.

Ich löste das Problem auf folgende Weise: Ich dachte über die Macht nach, die ich Loren gegeben hatte, und die Macht, die er brauchte, um unsere Arbeit fortzusetzen. Ich untersuchte meine Einstellung zu ihm. Ich traf die klare Entscheidung, daß er die Macht haben sollte, die notwendig war, da-

227

mit die Analyse einen Sinn hatte. Dann kaufte ich eine ge-
schliffene Kristallpyramide. Sie war aus ganz klarem Glas mit
ein paar Flecken darin. Sie spiegelte das Sonnenlicht wider
und warf bunte Strahlen an die Wände des Behandlungszim-
mers. Sie war sehr schön und fühlte sich für mich sehr männlich an. Ich brachte Loren die Pyramide zu einer Sitzung mit
und schenkte sie ihm. Ich sagte ihm, sie sei ein Symbol seiner
Macht über mich. Sie sei etwas, das mir gehörte, das ich aber
ihm gäbe und eines Tages wieder abholen würde. Aber ich
sagte, er solle sie haben und im Behandlungszimmer aufstel-
len. Loren sagte, die Pyramide würde ihren Platz im Raum
finden. Also wanderte die Pyramide mehrere Wochen lang
von einer Stelle zur anderen, bis sie schließlich ihren festen
Platz fand, an dem sie mehr als zwei Jahre lang blieb.
Meine Einstellung zu Loren ist jetzt völlig anders als vorher.
Ich empfinde keinen Groll und keine Schuldgefühle mehr.
Ich sehe ihn als Analytiker, den ich bezahle und der mir mittels seiner Einsicht, Erfahrung und Intelligenz bei der analytischen Arbeit helfen kann. Meine Handlung war eindeutig
eine entscheidende Wendung in unserer Beziehung.

Meine eigene Erfahrung ist, daß Frauen in den Anfangsstadien
der Analyse mit viel größerer Wahrscheinlichkeit warm, für-
sorglich und «verbunden» handeln als Männer. Oft idealisieren
sie den Analytiker und lassen ihn ihre Projektionen des guten
Vaters tragen. Diese anfänglich positive Übertragung kann zu
einer negativen Übertragung werden, wenn sie beginnen, eine
größere Akzeptanz gegenüber den selbstbehauptenden und ag-
gressiveren Teilen ihrer selbst zu empfinden. Männer dagegen
lernen anscheinend, tiefer zu lieben, wenn die ursprünglich negative Übertragung in der analytischen Beziehung durch zunehmende Verwundbarkeit, Zärtlichkeit und Wärme ersetzt wird.
In beiden Fällen kommt es schließlich zu einem Gleichgewicht
und einer Integration männlicher und weiblicher Eigenschaften.

In der Dynamik von Männer- bzw. Frauengruppen ist die anfängliche Disposition ähnlich, und es kommt schließlich auch zu einem ausgleichenden und integrierenden Prozeß. Ehe in meiner Männergruppe dieser Integrationsprozeß beginnen konnte, erfolgte innerhalb der Gruppe selbst eine Spaltung zwischen dem Männlichen und dem Weiblichen. Diese Gruppe hatte keine stützende Funktion, sondern legte den Nachdruck auf intensive psychische Konfrontation. Es gab nur zwei «Regeln». Die erste lautete, daß das Hauptaugenmerk auf individuelle Interaktionen *innerhalb* der Gruppe gerichtet bleiben sollte und «äußere» Themen den Einzelsitzungen vorbehalten waren (alle Mitglieder waren auch in Einzeltherapie). Die zweite Regel lautete, es dürfe keinerlei körperliche Gewalttätigkeit geben, ganz gleich, wie hitzig eine Diskussion auch werden sollte. Beide Regeln erwiesen sich als wichtig. Als die Gruppe anfing sich zu treffen, lag etwas von Konkurrenz und Auftrumpfen in der Luft. Als zum erstenmal eine gewisse Zärtlichkeit aufkam, reagierte einer der Männer mit den Worten: «Wenn wir uns hier gegenseitig Honig ums Maul schmieren sollen, dann gehe ich!»

Die vertraute Spaltung zwischen männlich und weiblich trat innerhalb der Gruppe in Erscheinung, als drei der Männer eine eher «maskuline» Haltung einnahmen und die drei anderen eine eher «feminine». Daraus ergab sich ein Prozeß gegenseitiger Projektionen, als jede Untergruppe anfing, ihre Schattenqualitäten auf die andere zu projizieren. Eine der Manifestationen dieser Spaltung bestand darin, daß innerhalb der beiden Untergruppen eine Allianz entstand, die verdeckt und manchmal auch offen gegen die andere Untergruppe ausagiert wurde. Es wurde deutlich, daß alle sechs Männer gestörte Beziehungen zu ihren Vätern hatten; diese waren zwar in vieler Hinsicht verschieden, wurden aber allgemein als unemotional, distanziert und kritisch charakterisiert und hatten an die Männer, als sie noch Jungen waren, hohe Anforderungen gestellt. Keiner der Väter hatte eine anhaltend positive oder emotional entwickelte Beziehung zu seinem Sohn gehabt.

Die Unterschiede zwischen den Untergruppen schienen auf den frühen Beziehungen der Männer zu beruhen, und zwar nicht zu ihren Vätern, sondern zu ihren Müttern. Die männlichere Untergruppe hatte Mütter, die ebenfalls viel von ihren Söhnen erwarteten und an deren Leistungen und Möglichkeiten stark interessiert waren. Söhne, die die doppelten Erwartungen von Mutter und Vater tragen, neigen dazu, sehr viel selbstkritischer zu sein und empfindlicher auf das Urteil anderer zu reagieren. Äußere Leistungen werden zwar anfangs angestrebt, scheinen aber hinsichtlich der inneren Akzeptanz wenig zu bieten, als könne kein noch so großer schulischer oder beruflicher Erfolg das Bedürfnis nach hohem Selbstwertgefühl befriedigen. Einige dieser Männer untergraben unbewußt ihren eigenen Erfolg, um ihre innere psychische Integrität nicht den Forderungen und Erwartungen ihrer Eltern zu opfern. Wenn solche Männer dennoch Karriere machen, bleibt ihre innere Welt häufig weiterhin öde und ohne Wärme und Selbstakzeptanz. Tatsächlich hat der äußere Erfolg oft zur Folge, daß ihr Gefühl innerer Leere und Verzweiflung *sich vertieft*. Diese Diskrepanz zwischen Außenwelt und innerem Selbst kam in unserer Gruppe auf bestürzende Weise zum Ausdruck, als eines der «erfolgreichsten» Mitglieder Selbstmord beging. In seinem Abschiedsbrief schrieb er: «Wenn sie mich aufschneiden, werden sie feststellen, daß ich innerlich schon tot war.»

Wir sehen an diesem Beispiel, wie übertriebene exogene Erwartungen und die «Erfolgsethik» das emotionale Leben vieler Männer belasten. Die wachsende Diskrepanz zwischen ihrer inneren und äußeren Welt führt schließlich zu einer überwältigenden Depression. Dies geschieht oft, wenn ein Mann sich zu sehr darauf konzentriert hat, ein «guter Versorger» zu sein, die Beziehungsseite seines Familienlebens aber nicht entwickelt hat. Dann hat er im Pensionsalter das Gefühl, das gute Leben irgendwie verpaßt zu haben, wie auch immer es hätte aussehen sollen. Die Selbstmordraten scheinen das widerzuspiegeln: Zwar begehen Männer im allgemeinen drei- bis viermal häufiger Selbstmord als Frauen, doch in der Altersgruppe von fünfundsechzig Jahren und darüber ist die Quote bei Männern *siebenmal* höher als bei Frauen.[5] Wenn der häufigste Stimulus für den Suizid tatsächlich «unerträglicher psychischer Schmerz» und der «allgemeine Stressor unerfüllte psychische Bedürfnisse» sind,[6] welche traurigen Aussichten müssen Männer dann vor sich sehen, wenn sie das Ende ihres Berufs- und Geschäftslebens erreichen?

Die Mitglieder der weiblicheren Untergruppe hatten Mütter, die die Leistungen ihrer Söhne für weniger wichtig hielten und die sich vielleicht besser mit der traditionellen Mutterrolle abgefunden oder diese akzeptiert hatten. Diese Männer wurden von ihren Müttern offener emotional unterstützt, und es wurden weniger exogene Erwartungen an sie herangetragen. Dies schien bei ihnen die Tendenz zu fördern, Beziehungen als Quelle von Selbstwertgefühl stärker zu besetzen und sensibler für die Billigung anderer zu sein. Obwohl sie auch Aktivitäten und Leistungen in der Außenwelt betonten, war die Ausrichtung auf Familienleben, positiv oder negativ, stärker. Sie waren warmherziger und etwas gelassener als die maskulinere Untergruppe. Sie zeigten auch mehr emotionale Verwundbarkeit und konnten leichter Bindungen herstellen.

Männer und Freundschaft

Therapeutische Männergruppen können Männern Gelegenheit bieten, tiefere Beziehungen zueinander zu entwickeln – eine Gelegenheit, die im Alltag fehlt, wo Beziehungen zu anderen Männern oft auf den beruflichen Bereich beschränkt sind. Amerikanische Männer haben gewöhnlich «ungefährliche» Beziehungen zueinander, bei denen Geschäft, Sport und Banalitäten des Familienlebens diskutiert, aber kaum emotionale oder persönliche Dinge mitgeteilt werden. Emotionale Nähe zwischen Männern wird durch unausgesprochene rigide Verhaltensnormen eingeschränkt, die oft gedankenlos ritualisiert werden. Ein häufiges Beispiel ist die Art, in der Männer, die Freunde sind, sich begrüßen oder voneinander verabschieden. Obwohl Frauen, die befreundet sind, sich fast immer umarmen und manchmal auch küssen und Männer befreundete Frauen ebenfalls umarmen und manchmal küssen, achten Männer untereinander in der Regel auf Distanz, indem sie sich nur die Hände geben. In unserer Kultur sind Umarmungen zwischen Männern selten, und Küsse werden strikt vermieden, außer unter besonderen Umständen. Und selbst dann gibt es immer ein paar Männer, die Distanz wahren oder bei der Aussicht, umarmt zu werden, verkrampfen.

Freundschaft zwischen Männern wird außerdem belastet durch *Homophobie* – die Angst, selbst homosexuell zu sein, oder Angst vor Homosexuellen. Männer sind so daran gewöhnt, emotional auf phallische Weise in Beziehung zu treten, daß sie Angst haben, Nähe zu Männern könnte in Sexualität «umschlagen», wie es so oft geschieht, wenn sie mit einer Frau Kontakt haben. Ein Teil der Schwierigkeiten beruht darauf, daß Männer wenige oder gar keine Vorbilder dafür haben, wie sie sich verhalten sollen, wenn sie für einen anderen Mann Zärtlichkeit empfinden. Wir wissen nur zu gut, wie wir handeln müssen, wenn wir auf andere Männer wütend sind oder uns von ihnen bedroht fühlen, und wir wissen, wie man konkurrierend, intellektuell oder prahlerisch ist, aber die meisten von uns sind ratlos, wenn es darum geht, Zärtlichkeit gegenüber anderen Männern zu äußern.

Stuart Miller schildert dieses Dilemma, das er im Umgang mit einem von ihm bewunderten Mann selbst erlebt hat, in seinem Buch *Men and Friendship*:

Wenn wir eine für uns wichtige Beziehung zu einem anderen Menschen haben, durchläuft ein Gefühl der Erregung unseren ganzen Körper. Wir empfinden ein diffuses Auftauen, eine generalisierte Lust. Und wir wissen nicht, wie wir das nennen sollen. Nicht mehr. Also nennen wir es heutzutage Sex.

Doch obwohl es gelegentlich in diese Richtung gehen mag, ist es mehr und anderes als Sex. Es ist nicht eigentlich Begehren – im sexuellen Sinne –, was ich gestern für Wreston empfand. Es ist Liebe, Zärtlichkeit – gemischt mit Bewunderung, Verständnis und sogar Dankbarkeit. Aber wir haben nicht mehr die Mittel, eine solche Emotion einem anderen Mann gegenüber auszudrücken.

Also blieb ich, das Lächeln noch im Gesicht, stumm auf meinem Stuhl sitzen und fühlte, was ich fühlte. Aber ich streichelte diesen müden Kopf nicht. Dabei hätte er es vermutlich brauchen können.[7]

Männer müssen lernen, daß Intimität nicht unbedingt sexuell bestimmt ist, wie auch Frauen uns oft zu erklären versuchen.

Homosexuelles und homophobisches Verhalten

Es existiert wohl keine Kultur auf der Welt, in der man Homosexualität nicht kennt. In manchen Kulturen wird Homosexualität jedoch nicht als pathologische Verhaltensform angesehen, und es gibt sogar einige Kulturen – wie die Sambias in Neuguinea –, in denen eine Art Übergangs-Homosexualität institutionalisiert ist und zur Mannwerdung des Jungen gehört.

Die traditionelle psychoanalytische Betrachtungsweise manifester Homosexualität ist in Fachkreisen in jüngster Zeit kritisiert und neu bewertet worden. Es hat Einwände gegen die Klassifikation der Homosexualität als pathologisches Verhalten gegeben, die deren soziales Stigma verstärkt hat. Unter dem Druck (vor allem schwuler Aktivisten), homosexuelle Beziehungen nur als eine unter vielen möglichen Formen menschlicher sexueller Verbundenheit zu betrachten, hat die American Psychiatric Association (im Jahre 1973) die Diagnose «Homosexualität» schließlich aus der Liste der geistig-seelischen Störungen gestrichen, die im Handbuch der psychiatrischen Berufe, dem DSM III, verzeichnet ist. Eine der Folgen davon war, daß viele Fachleute sich nun hüten, Homosexualität als psychologisches Problem anzugehen, weil sie fürchten, man könnte ihnen vorwerfen, sie hielten dieses Verhalten für «pathologisch».

Obwohl Homosexualität offiziell also nicht mehr als pathologische Störung gilt, sind ihre Ursachen noch immer fraglich.[8] Psychoanalytiker glauben im allgemeinen weiterhin, daß frühe Einflüsse aus der Umgebung am bedeutsamsten sind, und liefern die sehr geläufige Erklärung, ein homosexuell orientierter Mann identifiziere sich mit einer dominierenden Mutter und sei gleichzeitig unfähig, eine angemessen positive Identifikation mit dem Vater herzustellen, der häufig herrisch, kalt, distanziert und am unmittelbaren Familienleben nicht interessiert war. Mit anderen Worten: Diese Dynamik der ersten Lebensjahre führe dazu, daß der Sohn den Ödipuskomplex nicht lösen kann. Einige Analytiker glauben, Homosexualität sei angeboren, aber sie wissen auch, daß schwule Männer sich nach einer befriedigenden Beziehung zu ihren Vätern zu sehnen scheinen. Sie spekulieren jedoch, der Vater lehne den Sohn einfach aufgrund von dessen Homosexualität ab.[9]

Die Ablehnung des homosexuellen Sohnes durch den Vater wirft eine interessante Frage auf. Was ist so schrecklich an der Homosexualität, daß es einen Vater veranlassen kann, sein eigen Fleisch und Blut zu verstoßen? Könnte eine solche Zurückweisung auf der tiefen Angst des Vaters vor den weiblichen Eigenschaften seines Sohnes beruhen? In unserer Gesellschaft werden Homosexuelle abgelehnt, gedemütigt und sogar physisch mißhandelt, weil sie als «effeminiert» wahrgenommen werden. Da Homosexuelle so oft stereotyp als «effiminiert» angesehen werden, ist man meist höchst überrascht, daß es auch «maskuline» Homosexuelle gibt. Die Angst vor der Homosexualität ist in unserer Kultur so stark, daß Jungen, die von Männern sexuell belästigt wurden, oft nichts von diesem Mißbrauch sagen, weil sie Angst haben, sonst selbst für homosexuell gehalten zu werden.[10] Homosexuell orientierte Männer sind besonders empfänglich für die negativen Projektionen heterosexueller Männer, vor allem solcher, die ein übertrieben männliches sexuelles Bild von sich haben. Es ist interessant, daß Frauen männlicher Homosexualität im allgemeinen toleranter gegenüberstehen als Männer, während Männer eine großzügigere Einstellung zu weiblicher als zu männlicher Homosexualität haben.

Obwohl der Widerwille gegen Homosexuelle als eine Form der Homophobie betrachtet wird, könnte man ihn ebensogut als *Feminophobie* bezeichnen, da dies die Angst des Mannes vor der Anima viel besser charakterisiert. Warum hören wir nichts von einer entsprechend intensiven Homophobie bei Frauen? Frauen scheinen Schwule und Lesben viel offener zu akzeptieren als Männer, weil sie selbst eine positivere Identifikation mit dem Weiblichen haben. Wie wir oben sahen, muß sich ein Mann auf ziemlich dramatische Weise von seiner Mutter lösen, um seine männliche Identität zu finden. Das Problem der Trennung ist für die Frau wesentlich undramatischer, und zwar aufgrund einer bereits bestehenden weiblichen Identität, die sie mit ihrer Mutter teilt. Ich würde mutmaßen, daß Männer, die am heftigsten auf Homosexuelle reagieren, am stärksten von ihrer eigenen weiblichen Natur abgespalten sind und die größte Angst davor haben, eine Männlichkeit zu verlieren, die nicht auf einer stabilen und sicheren Vater/Sohn-Beziehung beruht.

Doch was ist so angsterregend an der von homophobischen Männern wahrgenommenen Weiblichkeit? Vom Standpunkt eines fixierten, überentwickelten männlichen Bewußtseins aus stellt die Weiblichkeit den Gegenpol dar, der auch als minderwertig betrachtet wird. Kurz gesagt, Homophobie ist ein ziemlich kindliches, egozentrisches Denkmuster, das als Abwehrmechanismus gegen das emotionale Bedürfnis nach einem anderen Mann dient. Der homophobische Mann projiziert auf den homosexuellen Mann sein Bedürfnis nach der tiefen emotionalen Bindung, die in seiner frühen Entwicklung fehlte, und auch die Verleugnung dieses Bedürfnisses. Das Dilemma so vieler Männer in unserer Kultur besteht darin, daß, wenn sie ihre primäre emotionale Bindung an die Mutter aufgeben, ihre Väter nicht da sind, um «einzuspringen» und ihnen bei der Entwicklung einer männlichen Identität zu helfen. Wenn diese Söhne Väter werden, dann reagieren sie ebenfalls phobisch auf die Intensität des emotionalen Bedürfnisses des Sohnes nach ihnen. Dieses Muster wird in unserer Kultur seit vielen Generationen zwischen Vätern und Söhnen durchgespielt.

Illustrieren wir dies mit einem Beispiel. Mike, einer meiner Patienten, sagte mir, während der High-School-Zeit seien er und seine «Kumpel» oft über den Hollywood Boulevard gezogen und hätten nach Homosexuellen Ausschau gehalten, um sie zu verprügeln. Mike war der einzige Sohn, sein Vater ein sehr erfolgreicher Geschäftsmann. Seine Mutter beschrieb er als «absoluten Engel». Sie sei immer für ihn dagewesen, habe aber ihre eigene, erfolgversprechende Karriere aufgegeben, um Hausfrau zu sein. Mikes Vater stellte extrem hohe Anforderungen an ihn, dabei war er emotional distanziert und mißhandelte ihn sogar körperlich. Die Erwartungen seines Vaters hatten nichts mit dem zu tun, was Mike mit seinem eigenen Leben anfangen wollte. Er wäre gern Musiker oder Schauspieler geworden, während sein Vater ihn als Geschäftsmann in spe sah. Der Vater drohte, er würde ihm das College nicht bezahlen, wenn er keine kaufmännische Ausbildung machte. Mike fügte sich, schloß eine kaufmännische Ausbildung ab und heiratete dann.

Nicht lange nach der Eheschließung fing Mike an, zahlreiche Affären zu haben, und behauptete, er könne «pausenlos vögeln», wenn sich nur die Gelegenheit dazu biete. Als Mike vierzig Jahre alt war, beging sein Vater Selbstmord. Der Rest von Mikes eigenem Leben war von chronischer Unzufriedenheit gekennzeichnet. Er hatte nie das Gefühl, erfolgreich genug zu sein (obwohl er es zum Millionär gebracht hatte), und war stets auf der Suche nach neuen Unternehmungen, die noch mehr Geld einbringen würden. Seine Beziehungen zu anderen Männern waren immer oberflächlich und beschränkten sich hauptsächlich auf Geschäftskollegen. Zwei Sorgen schienen ihn zu quälen: seine Frau, der er extrem besitzergreifend gegenüberstand, könne ihn verlassen, und wenn er anfinge, anderen Männern näherzukommen, könnten sich diese als homosexuell erweisen. Als er fünfzig war, begann er zu spüren, daß seine Frau sich emotional von ihm entfernte; kurz darauf beging er tragischerweise Selbstmord.

Wie so oft beruhte Mikes Selbstmord nicht auf mangelndem Erfolg, sondern auf einem frühen Mangel an emotionaler Erfüllung, der sein ganzes späteres Leben andauerte. Daß es ihm nicht gelungen war, die Liebe und Zustimmung seines Vaters zu gewinnen, sowie seine mangelnde emotionale Trennung von der Mutter, die später auf seine Frau übertragen wurde, führten zu einem unterentwickelten Selbstwertgefühl, an dem aller äußere Erfolg nichts ändern konnte. Sein Leben wurde eine «phallische Suche», bei der kein Maß an finanzieller Sicherheit oder sexueller Aktivität ihm die emotionale Nahrung geben konnte, nach der er sich sehnte. Mikes Angst vor Homosexualität war ein Abwehrmechanismus gegen sein verleugnetes emotionales Bedürfnis nach seinem Vater, das zu einer phallischen Bedrohung wurde, weil es so abgespalten war. Wie es in der Psyche immer geschieht, kehrte das Abgespaltene in negativer und übertriebener unbewußter Form zurück. Mikes Wut auf seinen Vater, mit dem er sich unbewußt identifizierte und den er gleichzeitig ablehnte, richtete sich schließlich gegen ihn selbst. Er schoß sich eine Kugel ins Herz.

Die phallische Orientierung

Die herrschende Mythologie perpetuiert die Vorstellung vom Mann als Versorger und vom Gebrauch seiner Sexualität als Werkzeug. Dieser Begriff, den ich als *negative phallische Orientierung* bezeichnen würde, führt zu der Tendenz, Frauen und die Welt als solche als zu erobernde Objekte zu betrachten. Beim kleinen Jungen kann das als Sorge um die Penisgröße als Maß zukünftiger Potenz beginnen. Später wird sexuelle Leistung ein kritisches Thema: Der Mann fühlt sich gezwungen, seine Partnerin zum Orgasmus zu «bringen» – als Kriterium seiner Leistungsfähigkeit. Die negative phallische Orientierung ist verdächtig, weil es ihr an *Eros* mangelt, der Qualität der Verbundenheit. Ohne Eros ist Liebe narzißtisch und eine isolierte «Leistung».

Männliche Impotenz als psychogene Störung ist für Selbstachtung und Selbstwertgefühl vieler Männer eine Bedrohung. Das liegt daran, daß Männer Sexualität leider mit Macht assoziieren. Sogar das Wort *impotent,* mit seinen Synonymen *schwach, machtlos, hilflos* und dergleichen, ist eine Widerspiegelung der allgemeinen Ansicht, ein Mann müsse stark und leistungsfähig sein. Wir sagen nicht, daß Frauen impotent sind – ein weiteres sprachliches Äquivalent angenommener geschlechtsbedingter Unterschiede. In der Sexualität wie auf anderen Gebieten hat man die Männer gelehrt, Wert auf eine exogene Orientierung mit der Betonung des *Ziels* statt des *Weges* zu legen.

Penisneid, Kastrationsangst und andere phallische Konzepte der frühen Psychoanalyse haben sich in die gegenwärtige Psychologie des Mannes «hinübergerettet», wobei die Auswirkung dieser Vorstellungswelt auf die männliche Psyche und die Vater/Sohn-Beziehung zuwenig beachtet wurde. Wie wir gesehen haben, stammt die Hypothese über den Penisneid der Frau von Freud. Im Zuge meiner eigenen klinischen Arbeit hat sich gezeigt, daß entsprechende Vorstellungen am häufigsten bei

Töchtern von herrischen, dominierenden und «kastrierenden» Vätern auftreten, die sich ihrer persönlichen, emotionalen und spirituellen Stärke nicht sicher waren. Diese Väter projizierten nach «gutem altem» patriarchalischem Brauch ihre Unzulänglichkeiten auf ihre Töchter, während sie die Großartigkeit des Penis ihrer Söhne überbetonten. Soweit ich das seinen eigenen Werken und dem, was über ihn geschrieben wurde, entnehmen kann, unterschied Freud sich psychisch nicht sehr von diesen Vätern. Er war gewiß ein intellektueller Pionier auf dem Gebiet der Erforschung des Unbewußten, blieb aber als Mensch das Produkt einer stark patriarchalisch geprägten Gesellschaft und Familie, und ein großer Teil seiner Psychologie spiegelt diese Tradition wider. Seine Überbewertung des Penis hat den Begriff des Penisneides auf die Frau projiziert und ist in gewissem Maße verantwortlich für die gegenwärtige phallozentrische Orientierung der Männer.

Eine extreme Manifestation dieser Orientierung ist die Vergewaltigung. Vergewaltigung hat weder etwas mit Fortpflanzungstrieb oder mit Liebe zu tun, selbst wenn sie bei der Freundin oder Ehefrau stattfindet. Sie ist ein Akt ohne Eros, weil sie «unverbunden» ist und das Opfer im schlimmsten Sinne als Objekt behandelt. Sie hat nichts mit der betreffenden Person als solcher zu tun; der unbewußte Haß und die Aggression des Vergewaltigers richten sich gegen seine symbolische Mutter. Die innere Weiblichkeit des Vergewaltigers ist im Stadium eines wütenden und hilflosen Kindes steckengeblieben. Sein Neid auf die Mutterbrust führt schließlich zu einer genitalen Attacke auf die symbolische kalte, verweigernde Mutter, um sich das zu nehmen, dessen er sich beraubt fühlt. Man könnte den Vergewaltiger als endogen hilflosen Mann sehen, der versucht, sein inneres Gefühl der Machtlosigkeit durch einen exogenen Kraft-Akt gegen ein allmächtiges Mutterobjekt zu überwinden, das er nur durch seine Projektionen wahrnimmt. Er ist unfähig, zu seinem Opfer oder zu sonst jemandem als Person in Beziehung zu treten, weil er «Ich-Du»-Verbundenheit nie erlebt hat.

Kastrationsangst ist ein weiterer Begriff, der unser Verständnis der negativen phallischen Orientierung von Männern behindert hat. Freud zufolge wendet der Junge aus primärer Angst vor der Eifersucht und Rache des Vaters seine Aufmerksamkeit von der Mutter ab. Ein Vater jedoch, dessen Anima einigermaßen gut integriert ist, kann seinem Sohn helfen, sich von der Mutter zu trennen und gleichzeitig wichtige Aspekte seiner Beziehung zu ihr zu bewahren. Durch diese Beziehung entwickelt der Sohn die Fähigkeit zu emotionaler Verbundenheit, die wir als *Eros* kennen. Im Vater findet er die Verkörperung des *Phallos* – der kreativen Energie des Männlichen, die eine spirituelle und eine physische Komponente hat. Wie Jung sagt: «Der Vater ist der Vertreter des Geistes, welcher sich der Triebhaftigkeit hindernd in den Weg stellt.»[11] James Wyly bezeichnet den *phallos* als «die Energie, mit der man die Individualität mobilisert».[12] Und, wie Jung auch schreibt: «So bedeutet ein phallisches Symbol nicht das Sexualorgan, sondern die Libido, wie dieses auch, wo es klar als solches erscheint, nicht etwa sich selber meint, sondern ein Symbol für die Libido darstellt.»[13]

Eine positive phallische Orientierung ist also eine, die sowohl Eros wie *phallos* umfaßt, basierend auf einem sicheren Männlichkeitsgefühl. Dann benutzt ein Mann sein Gefühl der Kraft körperlich und emotional ohne das adoleszente Bedürfnis, gegen die Macht der Mutter zu protestieren, und ohne das Bedürfnis, die reale Frau zu übertrumpfen oder zu besitzen.

Beziehung als Wandlung

Die «Wahl» eines Liebespartners ist immer ein Versuch (so sehr er auch fehlschlagen mag), ein tiefes emotionales und auch spirituelles Bedürfnis zu erfüllen. Ob wir in unserer Orientierung heterosexuell oder homosexuell sind – diese Wahl wird weit stärker durch unbewußte als durch bewußte Faktoren bestimmt; wir wissen selten genau, warum wir gerade den Partner wählen, den wir wählen. Eine Neigung, die beiden Geschlechtern angeboren zu sein scheint und die einen starken Einfluß ausübt, selbst auf unsere unbewußten Entscheidungen, ist der Drang zu individueller Ganzheit oder Vollständigkeit. Die Suche nach einem Partner ist immer auch der Versuch, etwas zu gewinnen, was einem innerlich fehlt. Und wenn die Beziehung fehlschlägt oder fehlzuschlagen droht, müssen wir uns hüten, der realen Person zuviel Schuld daran zu geben, da ein Teil dessen, was geschieht, die Funktion unserer Inneren Frau ist. Wie John Beebe sagt: «Initiation durch die Anima bedeutet, sich schmerzlichen Erfahrungen von Betrug und Enttäuschung auszusetzen, wenn die Projektionen, die sie mit ihrer Fähigkeit zur Illusion erzeugt, kein Glück hervorrufen. Den eigenen Schmerz angesichts dieser Erfahrungen zu akzeptieren, ist ein wesentlicher Bestandteil der Integration der Anima.»[14]

Eine Liebesbeziehung mit all ihrer Hoffnung, ihrer Lust und ihrem Schmerz repräsentiert ein Streben auf tiefster psychischer Ebene nach einer lebenswichtigen emotionalen Komponente, die weit über die biologischen oder sogar «sexuellen» Bedürfnisse des einzelnen hinausgeht. Auf spiritueller Ebene führt die Liebeserfahrung im Idealfall zur *coniunctio*, das heißt zu einer Vereinigung nicht nur der Individuen selbst, sondern auch der männlichen und weiblichen Gegensätze innerhalb ihrer beider Persönlichkeiten. Auf diese Weise kann die Liebesbeziehung potentiell als psychischer und spiritueller Transformator wirken. Dieser Aspekt der Beziehung muß im Vordergrund des Bewußtseins sowohl der Gesellschaft als auch des einzelnen stehen. Wie Marie-Louise von Franz anhand des Mythos von Eros und Psyche darlegt, wird aus der Liebe mit ihrer Leidenschaft und ihrem Schmerz der Drang zur Individuation; deshalb gibt es keine wirkliche Individuation ohne die Erfahrung der Liebe, denn Liebe quält und läutert die Seele.[15]

Epilog

> Aber wo, wo war dies Ich, dies Innerste, dies Letzte?
> Es war nicht Fleisch und Bein, es war nicht Denken
> noch Bewußtsein, so lehrten die Weisesten. Wo, wo
> also war es? Dorthin zu dringen, zum Ich, zu mir,
> zum Atman – gab es einen anderen Weg, den zu
> suchen sich lohnte? Ach, und niemand zeigte diesen
> Weg, niemand wußte ihn, nicht der Vater, nicht die
> Lehrer und Weisen, nicht die heiligen Opfergesänge!
> Alles wußten sie, die Brahmanen und ihre heiligen
> Bücher, alles wußten sie . . . aber war es wertvoll,
> dies alles zu wissen, wenn man das Eine und Einzige
> nicht wußte, das Wichtigste, das allein Wichtige?
> *Hermann Hesse*

Die Zivilisation begann im wesentlichen innerhalb einer matrilinearen und matrifokalen Gruppe, und erst später, mit zunehmend komplexer Werkzeugherstellung und Metallurgie und dem Aufkommen des Königtums, etablierte sich das Patriarchat. Nun, nur etwa kurze viertausend Jahre später, sieht es so aus, als neige sich das patriarchalische Zeitalter mit seinem ödipalen Vater dem Ende zu, und wir entwickelten uns in Richtung einer psychischen Androgynie. Die männliche Psyche muß unbedingt die weiblichen Teile ihrer selbst integrieren, die während dieser Zeitspanne der Menschheitsgeschichte abgespalten wurden. Diese Konfrontation und dieser Versuch, das Weibliche zu integrieren, führt letztlich zum Prozeß der Individuation und zur Erfahrung des Selbst.

Das Selbst

Für Jung lag der Sinn des Lebens in der Erkenntnis des Selbst, das für jedes Individuum eine andere Bedeutung und ein anderes Schicksal hat. Die treibende Kraft hinter dem Individuationsprozeß ist der Archetyp des Selbst. In diesem Sinne kulminiert der Individuationsprozeß nicht in einem Leben um seiner selbst willen, wie es durch das Ich bestimmt wird, oder in der Erkenntnis der «Göttlichkeit des Lebens», sondern in der Erfahrung des «Göttlichen» in der eigenen Person. Und das ist der Kern der Sache: Im Individuationsprozeß kommt das Ich – das für den größten Teil des Lebens als Mittelpunkt der Persönlichkeit erlebt wird – zu der Erkenntnis, daß es nicht so absolut ist, wie es den Anschein hatte, sondern von einer Erfahrung des archetypischen Selbst überlagert wird. Dieser Archetyp wirkt dann als ausgleichende oder zentrierende Kraft im Leben und trägt uns über die Grenzen des gewöhnlichen Ichbewußtseins hinweg. Eine Folge davon ist die Fähigkeit zu selbstreflektierendem Bewußtsein, das unsere Aufmerksamkeit ablenkt vom Ich als Mittelpunkt von Bewußtheit, Werten und Sinn und so eine neue, transzendente Bewußtseinsperspektive schafft. Eine weitere mögliche Folge ist, daß die Erfahrung des Selbst ein Gegengewicht bildet zu den Erfahrungen des gewöhnlichen Bewußtseins und die Tendenz des Ich zur Einseitigkeit überwindet.

Neurotische Symptome, Depressionen, unerklärliche Stimmungswechsel und suizidale Krisen können als Funktion des Selbst betrachtet werden, das unbewußt versucht, einen Zustand emotionalen, psychischen und sogar physiologischen Gleichgewichts herzustellen.

Erinnerungen, Träume, Gedanken ist ein Bericht über Jungs eigene lebenslange innere Kämpfe von der frühesten Kindheit an und wie er damit fertig wurde. Bilder des Selbst aus seinen Träumen, aktive Imagination, mediale Erfahrungen und seine Mandala-Zeichnungen halfen ihm, einen Entfaltungspro-

244

zeß bewußt darzustellen. Durch diesen Prozeß gelangte er zum Verständnis der psychischen und spirituellen Dimensionen seines Lebens. In diesem Sinn war Jungs eigenes Leben vielleicht das beste Beispiel für seine Theorie. In *Aion*, dem Band seiner Gesammelten Werke, der im wesentlichen dem Bild des Selbst gewidmet ist, schreibt Jung: «Das Selbst als Individualität ist einmalig und einzigartig, als archetypisches Symbol dagegen ist es ein Gottesbild, also allgemein und ‹ewig›.»[1]

Jungs Konzept der Individuation

Jungs Vorstellung vom *Individuationsprozeß* war der Eckpfeiler seiner ganzen Theorie. Er beschrieb diesen Vorgang als das Leben selbst: «Jedes Leben ist schließlich eine Verwirklichung eines Ganzen, das heißt eines Selbst, weshalb man die Verwirklichung auch als Individuation bezeichnen kann.»[2] Der Individuationsprozeß ist die «progressive Verwirklichung von Ganzheit» im Leben eines Menschen, ausgedrückt in Form einer andauernden Begegnung zwischen dem Bewußten und dem Unbewußten, dem Ich und dem Archetyp des Selbst.[3] Jung postulierte, daß das Selbst der Vorläufer des Ich ist und daß das Ich entwicklungsmäßig aus dem Selbst hervorgeht, um «Ordnung» in die Gesamtheit der Erfahrungen zu bringen. Das Ich ist das Medium bewußter Erfahrung und ebenso wesentlich wie das Selbst; ohne das Ich könnte es keine Beobachtung oder «Aufzeichnung» von Lebenserfahrung geben und daher keinen Individuationsprozeß, und ohne das Ich gäbe es kein Vehikel für die Reflexion und keine Bewußtheit der Inhalte des Bewußtseins. Das Ich «schafft» also auch das Selbst, und auf diese Weise kommt es zu einer gegenseitigen Abhängigkeit von Ich und Selbst. Durch bewußte Wahrnehmung und Reflexion über die Inhalte des Unbewußten, wie sie in Träumen, Phantasien und aktiver Imagination auftauchen, werden die Inhalte des Unbewußten «aktualisiert», ins Dasein gebracht. Indem es also die Bilder des Unbewußten einschließlich derer des Selbst und unserer Reflexion darüber beobachtet, wird das Selbst zu einer gelebten Aktualität statt zu einem abstrakten Potential. Dies ist das, was ich als *selbstreflexives Bewußtsein* bezeichnet habe.

Für Jung implizierte der Individuationsprozeß eine Teleologie des Lebens – eine Bewegung von einem Punkt zu einem anderen, ein Gefühl, daß das Leben eine Richtung und einen Sinn hat. Obwohl das griechische Wort *telos* oder *teleos* ein «Ziel» beinhaltet, habe ich den Eindruck, daß Individuation sich auch als natürliche Entfaltung über das Ich hinaus in Richtung auf eine Bewußtheit des Selbst betrachten läßt. Die Logos-Orientierung des Menschen mag viele von uns von dieser Erkenntnis entfernt haben; wir sind heute mehr auf exogene lineare Prozesse mit scheinbar klarem Anfang, Mitte und Ende hin ausgerichtet.

Wendepunkte

Selbstreflexives Bewußtsein – der Prozeß der Integration des Unbewußten in das bewußte Leben – ist meiner Ansicht nach im wesentlichen das, was Jung meinte, als er von Individuation sprach. Selbstreflexives Bewußtsein unterscheidet sich vom passiven Registrieren dessen, was im Leben kommt und geht, und seiner eingeengten Einschätzung durch das Ich. Es ist ein aktiver Prozeß der Beachtung jener unbewußten Inhalte unserer Psyche, die mittels Träumen, Phantasien und Erfahrungen aufsteigen – vor allem «schlechter» Inhalte. Es ist das Erleben der Spannung zwischen dem Leben des Lebens in seiner alltäglichen Nüchternheit und der Suche nach den archetypischen Mustern, die sich enthüllen, wenn sie von unten her, aus dem Unbewußten, wirken. Wir tun dies, um zu sehen, ob sich vor uns wirklich eine «Richtung» entfaltet.

Diese Richtung wird durch größere emotionale Ereignisse

symbolisiert, die unsere *Wendepunkte* sind. Wir betrachten diese Ereignisse und fragen uns einfach: «Was bedeutet das für mich?» und: «Was hat das Unbewußte dazu zu sagen?» Einmal (in der Mitte meiner Analyse) träumte ich, ich beschriebe mit den Fingernägeln immer wieder einen Kreis auf meiner Brust. Als ich aufwachte, tat ich das wirklich; man sah sogar einen deutlichen Kreis von Kratzern. Im Aufwachen wiederholte ich immer wieder ein Wort – «circulare, circulare, circulare» –, fast synchron zur Bewegung meiner Hand. Die Bedeutung des Wortes war mir nicht bekannt; ich war verblüfft. Ich suchte in Wörterbüchern und Lexika und fand schließlich in einem Buch über Alchimie das lateinische Wort *circulatio* und zahlreiche Hinweise darauf, der Prozeß der Alchimie sei «kreisförmig» («Der Vorgang der Herstellung des Goldes ist kreisförmig»).

Jung zufolge verfügt die Alchimie über einen reichen Symbolismus im Hinblick auf den Prozeß der Individuation. Mein Traum erwies sich als ziemlich aufschlußreich, weil er mir sagte, daß der Individuationsprozeß von der Dynamik her *kreisförmig* ist – das genaue Gegenteil eines linearen Prozesses. Unser Leben hat tatsächlich eine *Richtung*, aber die Bewegung ist spiralförmig – aufwärts und abwärts und im Kreis und nach vorn. Für Männer, die die Verbindung zur Natur und ihren periodischen Zyklen von Tod und Wiedergeburt anscheinend verloren haben, kann der Begriff von der Kreisförmigkeit des Lebens ein wesentlicher Schlüssel zum Verständnis des Lebenssinnes sein.

Der Sinn unseres Lebens wird uns durch einen zirkulären Prozeß enthüllt, in dem wir unsere einzigartigen Wendepunkte identifizieren und sie dann immer und immer wieder berühren, sie tatsächlich umkreisen. Wie T. S. Eliot in den *Vier Quartetten* schrieb:

Wir werden nicht nachlassen in unserm Kundschaften
und das Ende unseres Kundschaftens

wird es sein, am Ausgangspunkt anzukommen
und den Ort zum erstenmal zu erkennen.[4]

Wenn wir uns etwas Zeit nehmen, die wichtigen Wendepunkte
in unserem Leben zu betrachten, vielleicht beginnend bei unserer ersten Erinnerung, dann sehen wir allmählich, wie unser Leben mit dem Prozeß der Sinnfindung verbunden ist. Zu solchen Wendepunkten kann der Tag gehören, an dem wir in die Schule kamen, ein Todesfall in der Familie, eine Heirat, der Zeitpunkt, zu dem jemand uns verlassen hat oder wir jemanden verlassen haben und so weiter. Wir werden feststellen, daß mit jedem dieser Anlässe bestimmte Bilder und Affekte oder starke Gefühle verbunden sind. Jedes dieser Geschehnisse hat einen archetypischen Kern, der häufig eine Beziehung zu einem Elternteil oder zu beiden umfaßt.

Lassen Sie mich ein Beispiel aus meiner eigenen Erfahrung anführen. Meine erste Erinnerung ist die an meinen Vater, der uns verließ, als ich drei Jahre alt war. Als er aus der Ausfahrt fuhr, rannte meine Mutter hinaus, um ihn aufzuhalten, und griff nach der Autotür. Sie fiel hin, und das Hinterrad des Wagens rollte über eines ihrer Beine. Ich erinnere mich, wie ich mit meiner Mutter am Straßenrand saß, sie zu trösten versuchte und sagte: «Mach dir keine Sorgen, Mam, ich werde mich schon um dich kümmern.» Ich sah meinen Vater nie wieder. (Jetzt wissen Sie, warum ich dieses Buch geschrieben habe!) Das war der erste Wendepunkt in meinem Leben. Der archetypische Kern dieser Erfahrung besteht aus zwei Bildern: dem «verlassenden Vater» und der «verwundeten Mutter». Diese beiden Bilder hatten einen starken Einfluß auf die Richtung, die mein Leben nahm. Wenn ich andere Wendepunkte betrachte, sehe ich, wie sie entweder auf diese Erfahrung zurückverweisen oder neue archetypische Kerne bilden.

Wir kehren immer wieder zu diesen archetypischen Kernen zurück, obwohl wir selten wissen, daß wir das tun oder daß es irgendeine Beziehung zwischen ihnen und unserem gegenwärtigen Leben gibt. Diese kardinalen Erfahrungen bilden den emotionalen, psychischen und spirituellen Stoff, aus dem ein großer Teil unserer späteren Lebenserfahrung besteht. Unser Leben stellt ein kompliziertes Gewebe dar, in das diese Erfahrungen eingewirkt werden: Wir folgen den gleichen Mustern und benutzen nur andere Farben, neue Variationen der gleichen Themen.

Das Ich mit seinem manchmal täuschend vereinfachenden Blick erlaubt uns nicht, direkt über diese Wendepunkte zu reflektieren, weil sie zu schmerzhaft waren. Das Unbewußte jedoch vergißt nie. Und so sind es oft Träume, Phantasien und spätere Erfahrungen, die diese Wendepunkte schließlich aufdecken.

Im Extremfall nehmen leider spezifische unbewußte Erfahrungen, die Stolpersteine für unsere zukünftige Entwicklung sind, die Form von Zwängen an. Dazu gehören die Mißhandlungen, die wir erleiden und dann paradoxerweise wieder ausagieren, manchmal bei jenen, die wir am meisten lieben. Trotz der tragischen Konsequenzen, die sich daraus ergeben können, bestätigt diese Tendenz die vorausschauende Natur der Psyche: Zwanghaftes Verhalten ist möglicherweise der einzige Weg, auf dem diese Erfahrungen das Bewußtsein erreichen können.

Jung stellte die Individuation in den Mittelpunkt unseres Lebens, was ihre Bedeutung für psychisches und spirituelles Wachstum betrifft – größtenteils deshalb, weil dieser Vorgang eine tiefe Bedeutung für sein eigenes Leben hatte. Die Aufgabe, wie er sie sah, bestand darin, Sinn durch das Verstehen der individuellen Erfahrungen sowie durch die Erkenntnis zu finden, daß das Ichbewußtsein durch ein Bewußtsein unserer spirituellen und psychischen Bedürfnisse ersetzt werden muß.

Entwicklungsaufgaben des Mannes von heute

Der Weg der Individuation ist, zumindest für die meisten von uns, mit den angesammelten und unerfüllten Forderungen unserer frühen Entwicklung sowie den Komplikationen gepflastert, die sie im erwachsenen Leben erzeugt haben. Werden diese kritischen Aufgaben nicht erkannt und wird nicht an ihrer Lösung gearbeitet, dann hat das großen Einfluß auf das Verhalten des Mannes und letztlich auf die Qualität seines Lebens. Ihre bewußte Kenntnisnahme dagegen ermöglicht dem Mann, psychisch und spirituell zu wachsen.

Was also müssen Männer tun? Wie gehen wir an die Aufgaben heran, die vor uns liegen? Der zukünftige männliche Mythos hängt davon ab, ob Männer sich der Entwicklung einer neuen Werteskala verpflichten können. Dazu gehören:

1. selbstreflexives Bewußtsein als grundlegendes erstrebenswertes Ziel;
2. eine bewußte Anstrengung, sich von der mütterlichen Hülle zu befreien, um ein echtes Gefühl emotionaler Unabhängigkeit zu erlangen;
3. das Wiedereinsammeln und die Integration von Projektionen des verleugneten Schattens;
4. eine Neuorientierung in Richtung auf eine kompetentere Vaterschaft als ebenso wichtige Aufgabe wie Karriere und Beruf;
5. eine Beziehung zum Weiblichen als *innerer* Realität;
6. die Herstellung liebevoller Beziehungen zu anderen Männern;
7. ein stärkeres Bewußtsein der spirituellen Dimension unseres Lebens durch Relativierung von Ich und Persona.

Die Vereinigung von Gegensätzen im männlichen Bewußtsein

Der gegenwärtige Charakter von «Männlichkeit» und «Weiblichkeit» wurde durch biologische, historische, kulturelle und psychische Determinanten geschaffen und geformt. Aus der Sicht der Bewußtseinsentwicklung war dieser Charakter niemals fixiert oder statisch, sondern immer dynamisch, ja «magnetisch».

Heute könnte sogar das Überleben der Spezies Mensch von der erfolgreichen Integration der positiven Seiten des Männlichen bzw. Weiblichen abhängen, und zwar sowohl bei den Männern als auch bei den Frauen. Wir müssen in uns selbst einen Neuen Vater und eine Neue Mutter finden als archetypische Strukturen, die fähig sind, innerlich ein psychisch eher androgynes Kind zur Welt zu bringen.

Diese Integration ist im kollektiven Bewußtsein wie auch im individuellen, selbstreflexiven Bewußtsein möglich; sie wird erreicht, indem wir uns ständig weiterentwickeln, uns erforschen und neu einschätzen. Durch gewissenhaftes Bemühen und emotionale Aufrichtigkeit können Männer vielleicht anfangen, ihre Werte neu zu ordnen und einen neuen Glauben an sich selbst zu finden.

Der gegenwärtige Zeitpunkt ist für uns Männer von größter Bedeutung, vor allem wenn wir neu zu definieren und zu formulieren versuchen, wer und was wir sind. Die Herausforderungen sind groß, die potentiellen Fallstricke zahlreich. Besonders wichtig ist, daß wir uns der allgegenwärtigen Tendenz bewußt sind, uns von uns selbst abzuspalten und defensive Positionen einzunehmen, die bis zum unbewußten Protest gegen die tiefe innere Arbeit gehen können, die getan werden muß, damit wir uns wirklich selbst entdecken. Es sieht so aus, als müßten die Männer lernen, das zu entwickeln, was der christliche Mystiker Meister Eckhart im 13. Jahrhundert so ausdrückte: «Ein reiches Potential für Sensibilität, eine großartige Verwundbarkeit.»

Die neue Aufgabe für jeden Mann besteht also darin, den äußeren Kampf nach innen zu wenden, vielleicht sogar – seinem Gefühl nach – rückwärts zu wenden, hin zu seiner wirklichen Seelengefährtin, der Anima. An sie muß er appellieren, damit sie ihn in die Unterwelt seiner Psyche geleitet, zu der sie den Weg zu kennen scheint.

Unsere Herzen müssen offen und ungeschützt sein. Das ist die schwierigste Kunst des Menschseins und vor allem des Mannseins. Wir müssen vermeiden, bei irgendwelchen absoluten «Wahrheiten» Zuflucht zu suchen, und statt dessen bereit sein, unsere Erfahrungen zu umkreisen; wir müssen unsere Belange stets im Auge behalten, unsere Ängste bei der Hand nehmen und tief in unsere «dunklen Herzen» schauen.

Dank

Ich hatte immer das Gefühl, daß ein Buch nicht nur den Leser etwas lehren soll, sondern auch den Autor. In meinem Fall hatte ich das Glück, Unterstützung, Ermutigung und unmittelbare Hilfe durch eine Reihe von Personen zu erfahren, die während der langen schöpferischen Arbeit an diesem Werk auf verschiedene Weise zu meiner Entwicklung beigetragen haben. Die Männer, mit denen ich in Gruppentherapie und Analyse gearbeitet habe, verhalfen mir zum «Herzstück» dieses Buches, indem sie mir großzügig ihre Träume und Phantasien erzählten bzw. ihre Tagebuchaufzeichnungen überließen. Vieles, was ich in den letzten sieben Jahren über die Psychologie des Mannes gelernt habe, verdanke ich ihnen und den tiefgreifenden Erfahrungen, die wir alle gemeinsam durchlebt haben.

Ich bin meiner Agentin Rosalie Siegel Dank schuldig für ihre freundliche Unterstützung und ihre erfolgreiche Suche nach dem Verleger, der am besten geeignet war, dieses Buch zu veröffentlichen. Auch meiner Lektorin Emily Hilburn Sell schulde ich Dank; ihr Scharfsinn und ihre gute Laune machten unsere Zusammenarbeit zum Vergnügen. Ihre Tüchtigkeit und Genauigkeit als Lektorin haben mich viel über das Schreiben gelehrt.

Mein Dank gilt auch meinem Kollegen und guten Freund Frank R. Wilson, M. D., dessen Unterstützung und Ermutigung nebst gemeinsamen Mittagessen in der «Autorenecke» von Speidini's meine Lust am Schreiben wachhielten; John Beebe, M. D., Jean Bolen, M. S., Joseph L. Henderson, M. D., Wayne

Detloff, M. D., Eric Greenleaf, Ph. D., und Alexander J. Nemeth, Ph. D., für die Lektüre von Manuskriptentwürfen und für ihre Ratschläge; Anne Francis, deren Kompendien für meine Recherchen ungeheuer hilfreich waren; Ruth Pierce für ihre Unterstützung und die zahlreichen wichtigen Lektürevorschläge, die sie in den letzten beiden Jahren machte; Gerald P. Macdaid vom Center for the Applications of Psychological Type für die Freundlichkeit, mit der er viele Fragen über psychologische Typen und das Myers-Briggs Type Inventory beantwortete.

Mein Dank gilt auch allen Verlagen, Institutionen und Autoren für die Erlaubnis, Material abzudrucken, für das sie die Rechte besitzen.

Schließlich bin ich vor allem Karen Diane unendlichen Dank schuldig für die unzähligen Stunden, die sie auf Recherchen und Kritik verwandte, und für ihre Toleranz in den beiden letzten Jahren.

Anmerkungen

Einführung

1 Warren Farrell, *Why Men Are the Way They Are*.
2 B. F. Skinner, *Beyond Freedom and Dignity* (deutsch: *Jenseits von Freiheit und Würde*).
3 Edward F. Edinger, *Ego and Archetype*.

1 Anima: Der Mann und seine Innere Frau

1 James Hillman, *Anima: An Anatomy of a Personified Notion*; Verena Kast, *Paare: Beziehungsphantasien oder wie Götter sich in Menschen spiegeln*; und Andrew Samuels, *Jung and the Post-Jungians*.
2 C. G. Jung, *Erinnerungen, Träume, Gedanken*, S. 191.
3 Das Thema der Geschlechtsidentität wird kompliziert durch die Tatsache, daß jungianische Analytiker die Anima traditionell als gegen*geschlechtliche* Charakteristika des Mannes beschrieben haben – jene Eigenschaften, die kulturell als weiblich definiert sind. Um größerer Klarheit willen ist vorgeschlagen worden, wir sollten statt dessen von den gegen*psychischen* Eigenschaften sprechen. Der englische Analytiker Andrew Samuels sieht die Anima daher so: «Jungs Gebrauch von Animus und Anima ist besser zu verstehen, wenn man sie als archetypische Strukturen oder Fähigkeiten betrachtet. In diesem Sinne bringen Anima und Animus Bilder hervor, die einen angeborenen Aspekt von Männern bzw. Frauen repräsentieren – *den* ihrer Aspekte, der irgendwie anders ist als die ihnen bewußten Züge; etwas anderes, Fremdes, vielleicht Geheimnisvolles, aber gewiß voller Möglichkeiten und Potentiale.» (Samuels, *Jung and the Post-Jungians*, S. 212).
4 Hillman, *Anima*, Kapitel 4.
5 *Webster's Dictionary*, Second College Edition. (Springfield, Mass.: Merriam-Webster, 1983.)

6 Siehe James Hillmans Gedanken über *Anima-Gefühle* in Marie-Louise von Franz und James Hillman, *Lectures on Jung's Typology.*

7 Arthur Miller, *Tod eines Handlungsreisenden.*

8 C. G. Jung, *Psychologie und Alchemie*, GW, Bd. 12, S. 209, Fußnote 120.

9 Marie-Louise von Franz, *Projection and Recollection in Jungian Psychology.*

10 James S. Grotstein, *Splitting and Projective Identification.*

11 Somerset Maugham, *Of Human Bondage* (deutsch: *Das Ewig Menschliche*), zitiert in *Cliffs Notes on Maugham's Of Human Bondage* (Lincoln, Neb.: Cliffs Notes, 1963), S. 58.

12 Michael Gazzaniga, *Mind Matters: How the Mind and Brain Interact to Create Our Conscious Lives*, S. 35.

13 Vance Packards Buch *The Hidden Persuaders*, New York: Washington Square Press, 1980 (deutsch: *Die geheimen Verführer*), ist eine dramatische Dokumentation über die unterschwellige Wahrnehmung und den tiefgreifenden Einfluß, den diese auf menschliches Verhalten hat, sowie über ihren umstrittenen Einsatz in der Werbung. Siehe auch Wilson Bryan Keys *Subliminal Seduction* (New York: New American Library, 1972).

14 Paul Watzlawick, *Wie wirklich ist die Wirklichkeit?*

15 Harry Guntrip, *Schizoid Phenomena, Object Relations and the Self.*

16 Das mythologische Äquivalent dieses modernen Vaters ist Uranus, der griechische Himmelsvater, dessen Domäne der ferne Kosmos des grenzenlosen Raums ist. Er ißt seine eigenen Kinder entweder im Augenblick der Geburt oder zwingt sie zurück in den Schoß ihrer Mutter.

17 Monica Furlong, *Merton: A Biography.*

18 Ibid., S. 232.

19 Ibid., S. 274–75.

2 Das Auftauchen der Großen Mutter

1 Siehe Roger Lewin, *Human Evolution: An Illustrated Introduction.*

2 Mikrofossilien und molekulare Daten scheinen darauf hinzuweisen, daß die ersten Lebensformen innerhalb weniger hundert Millionen Jahre nach dem Abkühlen des Planeten entstanden. Für die nächsten etwa zwei Milliarden Jahre wurde die Erde von einfachen Algen und Bakterien bewohnt, die als *Prokaryoten* bekannt sind, winzige einzelne Zellen ohne Zellkern, jedoch mit einem Satz von genetischem Material innerhalb einer einzigen Schlinge der DNS. Die Vermehrung erfolgte durch einfache Teilung einer Zelle in zwei «Tochter»zellen mit genau der gleichen DNS wie die Elternzelle. Diese Urform der Fortpflanzung war völlig asexuell.

3 Das Zeitalter der Reptilien umspannte die Zeit von vor etwa dreihundert

Millionen bis vor etwa fünfundsechzig Millionen Jahren. Darauf folgten die Dinosaurier, die schließlich ausstarben, weil das Klima sich veränderte (so lautet jedenfalls eine von mehreren zur Zeit diskutierten Hypothesen). Nach ihrem Aussterben kam das für unsere Evolution so entscheidende Zeitalter der Säugetiere – denn ohne sie gäbe es heute keine Menschen auf der Erde.

4 Vor dem *Homo habilis* betrug das Gehirnvolumen der nächsten potentiellen Vorläuferlinie der späteren Menschen, der *Australopithecines*, nur etwa 450–550 cm³. Der *Homo habilis* hatte schon ein Volumen von 650–800 cm³. Der *Homo erectus*, der vor etwa 1,6 Millionen Jahren erschien, konnte bereits mit 900 bis 1000 cm³ aufwarten, und der *Homo sapiens* erreichte ca. 1360 cm³.

Zwar haben einige Paläanthropologen und Anthropologen die Hypothese aufgestellt, daß das Hirnwachstum eine Folge der zunehmend komplexen Anforderungen der sozialen Interaktion war, doch mir scheint es reduktiv und auch irreführend, die phänomenale Zunahme der Hirnmasse nur einem oder einigen wenigen Faktoren zuzuschreiben. Das Potential, das sich aus diesem Anwachsen der Hirnmasse ergab, ging weit über alle bekannten Bedürfnisse – sozial, intellektuell oder spirituell – unserer sämtlichen Vorfahren hinaus. Noch heute schätzt man, daß der Anteil unserer Hirnkapazität, von dem wir tatsächlich Gebrauch machen, nicht mehr als fünfzehn Prozent beträgt.

Im Laufe der Jahre haben die anthropologischen Versuche, das Hirnwachstum zu erklären, zu mehreren Hypothesen geführt. Eine davon, als *Jagdhypothese* bekannt, nimmt an, daß die zum Jagdverhalten erforderliche Aggression die Linie *Homo* von ihren hominiden Vorfahren trennte. Es gibt jedoch kaum Nachweise, die die Annahme stützen, daß es vor zwei Millionen Jahren Jagdverhalten gab: Die ersten Beweise, die auf organisiertes und kooperatives Jagen hindeuten, stammen aus der Zeit des *Homo erectus*. Eine weitere Hypothese, die sogenannte *Sammelhypothese*, postuliert, daß die Bindung zwischen Müttern und Nachkommen, die bei allen Primaten stark war, die evolutionäre Veränderung hervorgerufen habe. Glynn Isaac nimmt mit seiner *Hypothese der Nahrungsteilung* an, daß das Teilen der Nahrung samt der sich daraus ergebenden sozialen Aktivität ein wesentlicher Faktor zur Umstrukturierung des sozialen und ökonomischen Verhaltens der Hominiden im Vergleich zu den Affen war. Die jüngste Vermutung, die *Hypothese von der Nahrungssuche an einem zentralen Platz*, scheint die Theorie der Nahrungsteilung verworfen und durch die Annahme ersetzt zu haben, daß die Hominiden vor eineinhalb Millionen Jahren nicht ganz so «menschlich» waren, wie wir ursprünglich hofften.

5 Der Verlust des Brunftzyklus bei den Frauen erfolgte während des Übergangs von den Protohominiden zu den Hominiden.

6 Menschliche Säuglinge kommen mit einem Gehirnvolumen von etwa 350 cm³ zur Welt, was der Gebärfähigkeit des weiblichen menschlichen Beckens entspricht. Im Gegensatz zu allen anderen Primaten, die postnatal ihre Hirnkapazität verdoppeln, wächst die des Menschen nach der Geburt um das Vierfache. Wäre dem nicht so, hätten wir noch immer das Gehirnvolumen des *Homo erectus*, das heißt etwa 700 cm³.

7 Siehe beispielsweise die Studie von Spitz und Wolf über getrennt von ihren Müttern aufgezogene Säuglinge und deren «Nicht-Gedeihen», das oft zum vorzeitigen Tod der nicht-bemutterten Kinder führte (René A. Spitz und Ken Wolf, «Anaclitic Depression», in *The Psychoanalytic Study of the Child*, hrsg. von Anna Freud u. a., Bd. 2, New York: International Universities Press, 1946, S. 313–342). Wir wissen auch, daß diese frühe Deprivation eine direkte Beziehung zur Schwere emotionaler Schädigungen des heranwachsenden Kindes hat: je früher der Abbruch der Eltern/Kind-Bindung, desto größer die psychopathologischen Konsequenzen. Dies sieht man auch bei den psychischen Auswirkungen, die es hat, wenn Mütter ihre Kinder zur Adoption freigeben, selbst wenn die Adoptiveltern ebenso liebevoll oder psychisch und emotional ebenso geeignet sind, wie natürliche Eltern es sein könnten.

8 Man hat spekuliert, unsere Vorfahren hätten einen sexuellen und anatomischen *Dimorphismus* – einen Unterschied in der Körpergröße zwischen Männern und Frauen – entwickelt, weil es unter den Männern einen intensiven Wettbewerb um die Frauen gab. Es gibt Hinweise darauf, daß der sexuelle Dimorphismus bis zu den späteren *Australopithecines* zurückreicht, was darauf hindeutet, daß es zu dieser Zeit eine Konkurrenz zwischen den Männern um die Frauen gab. Sexueller Dimorphismus ist auch noch beim *Homo habilis* eindeutig nachgewiesen; auch hier war wohl also der Wettbewerb stark. Erst beim *Homo erectus* sehen wir eine Veränderung in der Körpergröße. Der Mann ist noch immer größer als die Frau, aber die Größenunterschiede ähneln eher denen, die man bei Schimpansen findet. Das moderne männliche Kind hat bei der Geburt noch immer mehr Muskelmasse als das weibliche, ein Unterschied, der lebenslänglich bestehen bleibt. Der Mann ist im Schnitt um zwanzig Prozent größer als die Frau. Auch bei vielen Primatenarten findet man parallel zur Arbeitsteilung diese Unterschiede in Größe und Gewicht. Heute besteht kein biologischer Grund mehr für den anatomischen Dimorphismus beim Menschen; er ist ein Erbe unserer Vorfahren.

9 Wie bei den meisten Tierarten und beim Auftauchen der Hominiden war die Polygynie der Männer der Vorläufer monogamer Beziehungen oder *serieller Monogamie*, wie sie heute bekannt ist. Soziobiologen haben vermutet, Polygynie sei ein Ausdruck des männlichen Bedürfnisses gewesen, den «Fortpflanzungserfolg» zu maximieren, und vertreten die Ansicht, noch

heute erkläre dieser Hintergrund die Schwierigkeiten von Männern, sich in Beziehungen zu etablieren – trotz der Tatsache, daß die biologischen Determinanten der Polygynie bis zu den *Dryopithecines* vor mehreren Millionen Jahren zurückzuverfolgen sind.

10 Der Totemismus kann auch als Erfüllung endogener und exogener Bedürfnisse des Stammes oder Clans betrachtet werden, denn das Totem trägt dazu bei, Verwandtschaft oder Mitgliedschaft in der Gruppe zu definieren (ein endogenes Bedürfnis), und verbietet, daß Mitglieder derselben Totemgruppe oder «Familie» untereinander heiraten (ein exogenes Bedürfnis).

11 Die frühere anthropologische Theorie, die Exogamie sei ein natürlicher selektiver Vorteil gewesen, indem sie genetische Defekte reduzierte, hat kein Gewicht, denn es gibt wenig bis keine Nachweise für substantiell schädliche Auswirkungen von Inzucht. Jene Defekte, die auftreten, brauchen Hunderte von Generationen, um manifest zu werden. Andere frühe Theorien, die ebenfalls Erklärungen für die Exogamie vorschlugen, wurden unter anderem von Briffault und Thomson aufgestellt, wie in John Jacksons Buch *Man, God and Civilization* zitiert wird (Secaucus, N. J.: Citadel Press, 1972): «Exogamie ... war die natürliche Folge der matriarchalischen Grundlage der primitiven Gesellschaft. Die Männer lebten mit dem Clan, in den sie einheirateten, und waren verpflichtet, ihre Produkte den Mitgliedern dieses Clans zu überlassen. So versetzt die Praxis, Ehemänner aus anderen Clans zu wählen, den eigenen Clan in die Lage, seine Ernährung zu erweitern, denn er erhält Zugang zu Nahrungsmitteln, die er nicht selbst produziert. Die ursprüngliche Funktion der Exogamie bestand darin, die Nahrungsvorräte in Umlauf zu bringen.» Dies mag als sozioökonomischer Grund gültig sein, aber das Thema umfaßt mehr als nur die Beschaffung von Nahrungsmitteln.

12 Gaston Bachelard, *Water and Dreams*.

13 C. G. Jung, *Symbole der Wandlung*.

14 Joseph Campbell, *The Power of Myth*; deutsch: *Die Kraft der Mythen: Bilder der Seele im Leben des Menschen*.

15 Marija Gimbutas, *The Goddesses and Gods of Old Europe: Myths and Cult Images*, S. 17.

16 Siehe ibid.; Riane Eisler, *The Chalice and the Blade: Our History, Our Future*; und Monica Sjoo und Barbara Mor, *The Great Cosmic Mother, Rediscovering the Religion of the Earth*.

17 Erich Neumann, *Die Große Mutter. Eine Phänomenologie der weiblichen Gestaltungen des Unbewußten*, S. 150.

18 Gimbutas, *Goddesses and Gods of Old Europe*, S. 181.

19 Ibid., S. 182.

20 Erich Neumann, *Ursprungsgeschichte des Bewußtseins*.

21 Erich Neumann, *Die Große Mutter*, S. 148.

22 Nor Hall, *The Moon and the Virgin: Reflections on the Archetypal Feminine*, S. 118.

23 Erich Neumann, *Die Große Mutter*, S. 263.

24 Mircea Eliade, *Schamanismus und archaische Ekstasetechnik*, S. 52.

25 Ibid.

26 C. G. Jung, *Psychologie und Alchimie*, GW Bd. 12, S. 268.

27 Der physische Leib eines Mannes und seine verschiedenen Organe tragen oft die unbewußten Projektionen emotionaler Themen, die er in sein Bewußtsein integrieren muß. Diese Symptome können ihn zu einer tiefen Kommunikation mit sich selbst führen, wenn er sie als Anzeichen der Notwendigkeit sieht, die Strenge und Enge seiner bewußten Einstellungen zu opfern.

28 C. G. Jung, *Studien über alchemistische Vorstellungen*, GW Bd. 13.

29 C. G. Jung, *Die Dynamik des Unbewußten*, GW Bd. 8, Absatz 723.

30 C. G. Jung, *Symbole der Wandlung*, GW Bd. 5, Absatz 508.

3 Mythen, Initiationsriten und Männlichkeit

1 Joseph Campbell, *The Power of Myth*, S. 165; deutsch: *Die Kraft der Mythen*.

2 Harry Jerison, zitiert in Roger Lewin, *Human Evolution*, S. 87.

3 Ob die Hirnentwicklung oder zunehmend komplexe soziale Anforderungen primär für die Entwicklung der Sprache verantwortlich waren, ist nicht ganz geklärt.

4 Albert Cook, *Language and Myth*, S. 3.

5 Mircea Eliade, *Rites and Symbols of Initiation*.

6 Bruno Bettelheim, *Symbolic Wounds: Puberty Rites and the Envious Male*; deutsch: *Die symbolischen Wunden. Pubertätsriten und der Neid des Mannes*.

7 Sigmund Freud, *Totem und Tabu. Einige Übereinstimmungen im Seelenleben der Wilden und der Neurotiker*, GW Bd. IX, S. 180.

8 John Layard, «Homo-eroticism in Primitive Society as a Function of The Self», *Journal of Analytical Psychology* (1959).

9 Bettelheim, *Die symbolischen Wunden*, S. 143.

10 Joseph L. Henderson, *Thresholds of Initiation*, S. 98.

11 Campbell, *Die Kraft der Mythen*, Teil 4.

12 Henderson, *Thresholds of Initiation*.

13 Robert Johnson, *He: Understanding Masculine Psychology*; deutsch: *Der Mann: auf dem Weg zu ihrem Selbst*.

14 Henderson, *Thresholds of Initiation*, S. 188.

15 Erich Neumann, *Ursprungsgeschichte des Bewußtseins*, S. 81.

4 Die ödipale Wunde

1 Peter Gay, *Freud: A Life for Our Time*; deutsch: *Freud – eine Biographie für unsere Zeit*.

2 Ibid., Kapitel 6.

3 Ernest Jones, *Das Leben und Werk von Sigmund Freud*, Bd. I, S. 376.

4 Freuds Brief an Wilhelm Fließ vom 13. Mai 1897, aus Jones, *Das Leben und Werk von Sigmund Freud*.

5 Jones, *Das Leben und Werk von Sigmund Freud*.

6 Ibid.

7 Erich Fromm, *Sigmund Freuds Sendung*, Kapitel 2.

8 Gay, *Freud*.

9 Ibid.

10 Jones, *Sigmund Freud*, Kapitel 10. Es ist schade, daß die Briefe aus der fünfjährigen Verlobungszeit vom Sigmund-Freud-Archiv nie freigegeben wurden.

11 Gay, *Freud*.

12 Fromm, *Sigmund Freuds Sendung*.

13 Sigmund Freud, *Die Traumdeutung*.

14 Freuds Vaterkomplex dominierte auf verschiedenste Weise sein äußeres Leben, während sein Mutterkomplex sein Innenleben beherrscht zu haben scheint. Wenn man versucht, seinen Erfolg bei der Lösung dieser Komplexe einzuschätzen, indem man das untersucht, was über sein privates und berufliches Leben bekannt ist, so findet man keine einfachen Antworten. Bewertungen dieser Art sind ziemlich gefährliche Unterfangen. Aber es gibt genug Nachweise aus seinem Leben und den Auswirkungen seines Werkes, um sich eine Meinung zu bilden über den Einfluß, den er auf unser Verständnis der Psychologie des Mannes und vor allem der Vater/Sohn-Beziehung ausübte.

Freuds Bedürfnis nach absoluter Autorität, trotz seiner eingestandenen Unsicherheit, seine tiefe Verwundbarkeit durch Verlassenwerden und Zurückweisung, seine Angst, für unzulänglich gehalten zu werden – all das scheinen Komponenten seines Vaterkomplexes zu sein. Seine eigene Abspaltung vom Weiblichen und sein unbewußtes Bedürfnis, Frauen zu verunglimpfen, sprechen dafür, daß es ihm nicht gelang, sich von seiner Mutter zu trennen, und verraten eine Angst vor der Regression auf einen von der Mutter dominierten Zustand der Machtlosigkeit. Sein inzestuöses Verlangen nach seiner Tochter bestätigt seine mangelnde Anima-Entwicklung.

15 C. G. Jung, *Symbole der Wandlung*, GW Bd. 5, Absatz 508.

16 Das Inzestverbot ist aus evolutionärer Sicht faszinierend, weil selbst die Männchen gewisser Affenarten (Rhesus) und wilde Gorillas sich nicht mit ihren Müttern oder Schwestern paaren, sonst aber mit allen anderen Weib-

chen der Gruppe. Diese Tendenz ist vermutlich der instinkthafte Vorläufer des späteren Inzesttabus, das bei den Menschen universal zu sein scheint.

17 Freuds besonderes Interesse am Totemismus hing direkt mit seinem Interesse am Inzesttabu zusammen. In der Eingeborenengruppe, auf die Freud sich bezog, bestanden Totemismus und Tabu nebeneinander; das heißt, daß Mitglieder derselben Totemgruppe nicht untereinander heiraten durften.

18 Sigmund Freud, *Totem und Tabu*, GW Bd. IX, S. 188/9.

19 Robert Stein, «On Incest and Child Abuse», in *Spring 1987* (Dallas: Spring Publications, 1987), S. 64.

20 Jeffrey Masson, *The Assault on Truth*; deutsch: *Was hat man dir, du armes Kind, getan?* Masson, der früher das Freud-Archiv leitete, greift Freud und das psychoanalytische Establishment an wegen des Versuchs, die Verführungstheorie eingemottet in den Archiven zu halten, während die Verführung von Kindern als soziale und psychische Krankheit grassiert. Sein schärfster Vorwurf ist vielleicht der, daß es die Eltern selbst sind, überwiegend die Väter, die sich bei ihren Kindern sexuelle Lust holen. Massons These lautet, daß Freuds ursprüngliche Verführungstheorie so umstritten war, daß sie der Ausbreitung der psychoanalytischen Bewegung geschadet hätte, wenn Freud sich nicht von ihr distanziert hätte. Masson meint, die Verführungstheorie müsse «freigelegt» und im Licht der zunehmenden Berichte über den sexuellen Mißbrauch von Kindern durch ihre Eltern neu bewertet werden.

21 Die Statistiken sind persönliche Mitteilungen von Katie Bond von der American Humane Association; siehe auch J. James, W. M. Womack und F. Strauss, «Physician Reporting of Sexual Abuse of Children», (*Journal of the American Medical Association*, Bd. 240, 1978, S. 1145–1146). Eine andere Studie von D. E. H. Russell, «The Incidence and Prevalence of Intrafamilial and Extrafamilial Sexuel Abuse of Female Children», (*Child Abuse and Neglect*, Bd. 7, 1983, S. 133–146) anhand einer Stichprobe von 933 Frauen aus der Gegend um San Francisco ergab, daß 38 Prozent vor Erreichen ihres achtzehnten Geburtstages sexuell mißbraucht worden waren; in 16 Prozent dieser Fälle waren Familienmitglieder die Täter.

Kee MacFarlane und Jill Waterman legen in *Sexual Abuse of Young Children* (New York: Guilford Press, 1986) dar, daß es beträchtliche Unterschiede in der Einschätzung der Prozentzahlen von ihren Vätern mißbrauchter Kinder gibt. David Finkelhors Studie «The Sexual Abuse of Children: Current Research Reviewed» (*Psychiatric Annals: The Journal of Continuing Psychiatric Education*, Bd. 17, Nr. 4, 1987) ergab, daß 6 bis 8 Prozent der inzestuösen Beziehungen Väter oder Stiefväter betreffen, während andere Familienmitglieder, vor allem Onkel und Brüder, weitere 16 bis 42 Prozent der Täter ausmachen. Ein anderer Bericht von M. D.

Schecter und L. Roberge, «Sexual Exploitation» (in *Child Abuse and Neglect: The Family and the Community*, 1976), kam zu dem Schluß, daß 78 Prozent der bekanntgewordenen Inzestfälle zwischen Vätern und Töchtern stattgefunden haben.

Da die Literatur über sexuellen Mißbrauch erst in letzter Zeit größer zu werden beginnt und aus verschiedenen Arten von Untersuchungen besteht – einige beruhen auf regionalen Studien, andere auf rückblickenden Berichten –, sind die Statistiken sehr unterschiedlich und machen es schwer, die Häufigkeit solcher Vorfälle exakt zu bestimmen. Dies, gepaart mit methodologischen Problemen, erschwert eine Einschätzung der Gesamtlage, obwohl die meisten Kliniker den tatsächlichen Ernst des Problems aus erster Hand kennen.

22 Weder Freud noch Jung hatten Zugang zu Statistiken über den sexuellen Mißbrauch von Kindern, weil es solche damals einfach nicht gab. Doch noch heute ist die Diskussion über «realen» oder «phantasierten» Mißbrauch aktuell. Seit der Veröffentlichung von Massons Buch sowie der Bücher von Alice Miller (*Das Drama des begabten Kinds, Du sollst nicht merken* und *Das verbannte Wissen*) wird darüber gestritten, ob Inzest als tatsächliches oder als phantasiertes Ereignis psychisch bedeutsam ist. Die verschiedenen Diskussionen über das Thema werden hitzig geführt, was darauf hindeutet, daß hier stark aufgeladene Komplexe berührt werden. Einige Analytiker warnen, die *Gegenübertragung* müsse genau untersucht werden, um den Grad der unbewußten Identifikation mit den «Opfern» sexuellen Mißbrauchs zu bewerten (Paul Kluger, «Childhood Seduction», in *Spring 1987*, Dallas: Spring Publications, 1987).

Was mir recht merkwürdig erscheint, ist die Tatsache, daß immer dann, wenn über Inzest als «realen» Akt diskutiert wird, entweder intensive und emotionale oder aber flache, überintellektualisierte Reaktionen erfolgen – ob nun die Opfer selbst diskutieren, die Mütter, die Täter, die Sozialarbeiter oder die Therapeuten. Am auffallendsten ist die Emotionalität einiger Analytiker, die anscheinend versuchen, die Empörung jener zu zügeln, die angesichts der Häufigkeit sexuellen Mißbrauchs von Kindern entsetzt sind.

Jung sprach vor vielen Jahren von der heftigen Mißbilligung der Beschäftigung der Psychologie mit dem Symbolismus; vielleicht stehen wir vor einer *Enantidromia*, einem Umkippen der nüchternen Mißbilligung ins Gegenteil. Wenn das der Fall ist, haben wir vielleicht unabsichtlich wieder abgespalten. Möglicherweise kommt dies von der allzu starken «Phantasiebefrachtung» des Inzestkomplexes als nur symbolischem Pol des Inzests. Der Archetyp des Inzests ist zweipolig; der nüchterne, negative und häßliche endogene Pol will auch beachtet sein. Mir scheint, er ist ebenso relevant, ebenso zwingend und ganz gewiß ebenso wichtig.

5 Söhne und Väter

1 Joseph L. Henderson, «Der moderne Mensch und die Mythen», in *Der Mensch und seine Symbole*, hrsg. von C. G. Jung.
2 Erich Neumann, *Amor und Psyche. Deutung eines Märchens. Ein Beitrag zur seelischen Entwicklung des Weiblichen.*
3 Murray Stein, «The Devouring Father», S. 65.
4 Ibid., S. 71.
5 Ibid., S. 73.
6 Henderson, «Der moderne Mensch und die Mythen».
7 Eine der bemerkenswertesten Erscheinungsformen hiervon sieht man in Kinderträumen. Gefühle und Einstellungen eines Elternteils zum anderen werden in Kinderträumen oft lebhaft wiedergegeben, selbst wenn diese Einstellungen und Gefühle dem Kind gar nicht bewußt sind.
8 Shere Hite, *The Hite Report on Male Sexuality*; deutsch: *Der Hite-Report. Das sexuelle Erleben des Mannes.*
9 Frank A. Pedersen u. a., «Parent-Infant and Husband-Wife Interactions Observed at Five Months».

6 Der Mann als Mörder: Die dunkle Seite der Männlichkeit

1 Sigmund Freud, *Jenseits des Lustprinzips*, GW, Bd. 8.
2 Elisabeth Young-Bruehl, *Anna Freud: A Biography.*
3 C. G. Jung, *Zur Psychologie westlicher und östlicher Religion*, GW, Bd. 11, Absatz 131.
4 N. Feshbach und S. Feshbach, «Children's Aggression».
5 A. Bandura, Hrsg., *Psychological Modelling: Conflicting Theories.*
6 M. Strauss, R. J. Gelles und S. K. Steinmetz, *Behind Closed Doors.*
7 G. T. Hotaling und D. B. Sugarman, «An Analysis of Risk Markets in Husband to Wife Violence; The Current State of Knowledge».
8 Siehe Phyllis Tyson, «Male Gender Identity: Early Developmental Roots», in *Toward a New Psychology of Men: Psychoanalytic and Social Perspectives*, hrsg. von R. Friedman und L. Lerner, eine Sonderausgabe von *The Psychoanalytic Review*, 73, Nr. 4 (Winter 1986).
9 Hervey Cleckley, *The Mask of Sanity.*
10 Erich Fromm, *Die Kunst des Liebens.*
11 C. G. Jung, *Die Archetypen und das kollektive Unbewußte*, GW Bd. 9/I, Absatz 485, 487.

7 Das Liebesgefühl des Mannes

1 Mary Ritchie Key, *Male/Female Language*, S. 26.
2 Erik Erikson, *Childhood and Society*; deutsch: *Kindheit und Gesellschaft.*
3 John Bowlby, *A Secure Base.*
4 David M. Buss, «Love Acts: The Evolutionary Biology of Love».
5 Paul C. Holinger, *Violent Deaths in the United States*; und United States Bureau of Census, *Statistical Abstract of the United States*, 1988.
6 Edwin Shneidman, *Definition of Suicide.*
7 Stuart Miller, *Men and Friendship*, S. 140–41; deutsch: *Männerfreundschaft.*
8 Psychologische Erklärungen reichen von der Betrachtung der Homosexualität als völlig normaler sexueller Orientierung bis hin zu ihrer Einschätzung als ziemlich schwere Form von Psychopathologie. In letzter Zeit gab es den Trend, Homosexualität als biologisch oder angeboren zu sehen. Einige Erklärungen führten das biologische und evolutionäre Konzept der inhärent bisexuellen oder ambisexuellen Natur des Gehirns an. Ein genetischer Beitrag zur Homosexualität könnte eine Möglichkeit bleiben, aber die Untersuchung eineiiger männlicher Zwillinge ergab keine eindeutige Unterstützung für eine rein genetische Erklärung. Entwicklungsabnormitäten und Chromosomenabweichungen kommen gewiß vor, doch sie sind relativ selten, und ihr Beitrag zur Homosexualität ist nicht unbedingt signifikant. Wieder haben Psychobiologen versucht, eine evolutionäre Basis der Homosexualität zu konstruieren auf der logischen Grundlage des Überlebens adaptiver Merkmale. Die Tatsache jedoch, daß Homosexuelle so wenige Kinder haben, läßt die Frage, ob es eine eindeutig «homosexuelle Adaptation» gibt, zweifelhaft erscheinen. Siehe Edward Wilson, *On Human Nature* (Cambridge: Harvard University Press, 1978); deutsch: *Biologie als Schicksal. Die soziobiologischen Grundlagen menschlichen Verhaltens*, und vom selben Autor *Sociobiology: The New Synthesis* (Cambridge: Harvard University Press, 1975).
Andere Studien, die eine neuroendokrine Grundlage der Homosexualität anführen, sind oft wenig schlüssig oder widersprüchlich. Bestenfalls stellen sie fest, daß es einige biologische Faktoren gibt, die zur Homosexualität prädisponieren können. Selbst die bewußte Hormonbehandlung bestimmter Tierarten garantiert keine spezifische sexuelle Orientierung, und dies gilt um so mehr, je höher man auf der evolutionären Leiter steigt. Wie bei anderen Arten komplexen menschlichen Verhaltens sind biologische Determinanten wesentlich weniger wichtig als soziales Lernen. Siehe dazu John Money, *Gay, Straight and In-Between: The Sexology of Erotic Orientation* (Oxford und New York: Oxford University Press, 1988).
Die Homosexualität ist ebensowenig frei von reduktiven Erklärungsversu-

chen wie andere komplexe menschliche Verhaltensweisen. Angemessene Erklärungen menschlichen Verhaltens, vor allem solchen Verhaltens, das sich von sozial akzeptiertem Verhalten unterscheidet, erfordern einen vielschichtigen Ansatz, der die Subtilitäten und Komplexitäten der individuellen Lebensgeschichte erklärt. Menschliches Verhalten ist seiner Natur nach komplex und erfordert komplexe Erklärungen. Der größte Teil der Verhaltensforschung jedoch ist voreingenommen infolge der Tatsache, daß die Experimentatoren offen oder verdeckt daran interessiert sind, einen bestimmten Gesichtspunkt zu vertreten. Dichotomes Denken führt zu der Annahme, Verhalten sei entweder durch dies oder durch jenes zu erklären, statt durch beides oder keines von beiden. Die zunehmende Spezialisierung der westlichen Wissenschaft führt dazu, daß die Kommunikation unter den Wissenschaftlern noch weiter abnimmt. Und außerdem sind trotz der gegenwärtigen Betonung des Ganzheitlichen in der Praxis viele Ansätze zur Untersuchung menschlichen Verhaltens und geistig-seelischer Gesundheit noch immer von der kartesianischen Dualität, der Trennung zwischen Geist und Körper, bestimmt.

9 Richard A. Isay, *Being Homosexual: Gay Men and Their Development*.
10 Kee MacFarlane und Jill Waterman, *Sexual Abuse of Young Children*, S. 9.
11 C. G. Jung, *Symbole der Wandlung*, GW Bd. 5, Absatz 396.
12 James Wyly, *The Phallic Quest: Priapus and Masculine Inflation*, S. 17.
13 C. G. Jung, *Symbole der Wandlung*, GW Bd. 5, Absatz 329.
14 John Beebe in seiner Einleitung zur englischen Ausgabe *Aspects of the Masculine* von C. G. Jung, S. XIII.
15 Marie-Louise von Franz, *An Interpretation of Apuleios' Golden Ass*, S. 66.

Epilog

1 C. G. Jung, *Aion*, GW Bd. 9/II, Absatz 116.
2 C. G. Jung, *Psychologie und Alchemie*, GW, Bd. 12, Absatz 330.
3 Edward F. Edinger, *Ego and Archetype*.
4 T. S. Eliot, *Four Quartets*, deutsch: *Vier Quartette*, S. 335.

Bibliographie

Alvarez, A., *The Savage God: A Study of Suicide*. New York: Bantam Books, 1972.

Anthony, Dick; Ecker, Bruce; und Wilber, Ken (Hrsg.), *Spiritual Choices: The Problem of Recognizing Authentic Paths to Inner Transformations*. New York: Paragon House, 1987.

Arieti, Silvano, *Creativity: The Magic Synthesis*. New York: Basic Books, 1976.

Arraj, James, *Christian Mysticism in the Light of Jungian Psychology: St. John of the Cross and Dr. C. G. Jung*. Chiloquin, Oregon: Tools for Inner Growth, 1986.

Babcock, Winifred, *Jung, Hesse, Harold: The Contributions of C. G. Jung, Hermann Hesse and Preston Harold to a Spiritual Psychology*. New York: Harold Institute, 1983.

Bachelard, Gaston, *Water and Dreams*. Dallas: The Pegasus Foundation, 1983.

Bachofen, J. J., *Mutterrecht und Urreligion*. Stuttgart: Kröner, 6. erw. Auflage 1984.

Bandura, Albert (Hrsg.), *Psychological Modelling: Conflicting Theories*. New York: Aldine-Atherton, 1971.

Beauvoir, Simone de, *Das andere Geschlecht. Sitte und Sexus der Frau*, Reinbek: Rowohlt, 1951.

Begg, Ean, *Myth and Today's Consciousness*, London: Conventure, 1984.

Bell, Donald H., *Being A Man: The Paradox of Masculinity*. San Diego: Harcourt Brace Jovanovich, 1984.

Benjamin, Jessica, *The Bonds of Love: Psychoanalysis, Feminism, and the Problem of Domination*. New York: Pantheon Books, 1988.

Bennet, E. A., *What Jung Really Said*. What They Really Said Series, hrsg. von A. N. Gilkes. New York: Schocken Books, 1967.

Bettelheim, Bruno, *Symbolic Wounds: Puberty Rites and the Envious Male*.

Rev. ed. New York: Collier Books, 1962; deutsch: *Die symbolischen Wunden. Pubertätsriten und der Neid des Mannes.* München: Kindler, 1975.

Birkhäuser-Oeri, Sibylle, *Die Mutter im Märchen.* Herausgegeben und mit einem Vorwort versehen von Marie-Louise von Franz. Stuttgart: Bonz, ²1977.

Bolen, Jean Shinoda, *Goddesses in Everywoman: A New Psychology of Women.* San Francisco: Harper & Row, 1984.

- *Gods in Everyman: A New Psychology of Men's Lives and Loves.* San Francisco: Harper & Row, 1989.

- *The Tao of Psychology: Synchronicity and the Self.* San Francisco: Harper & Row, 1979.

Bowlby, John, *A Secure Base: Parent-Child Attachment and Healthy Human Development.* New York: Basic Books, 1988; deutsch zum selben Thema erhältlich: *Bindung. Eine Analyse der Mutter/Kind-Beziehung.* München: Kindler, 1975; *Trennung. Psychische Schäden als Folge der Trennung von Mutter und Kind.* München: Kindler, 1976; *Verlust. Trauer und Depression.* Frankfurt a.M.: S. Fischer, 1983.

Bronstein, Phyllis/Cowan, Caroline Pape (Hrsg.), *Fatherhood Today: Men's Changing Role in the Family.* New York: John Wiley & Sons, 1988.

Browne, Angela, *When Battered Women Kill.* New York: The Free Press, 1987.

Bullock, Alan, *Hitler: A Study in Tyranny.* Gekürzte Ausgabe. New York: Harper & Row, 1971.

Buss, David M., «Love Acts: The Evolutionary Biology of Love». In *The Psychology of Love*, hrsg. von R. Sternberg und M. L. Barnes. New Haven: Yale University Press, 1968.

Campbell, Joseph, *The Hero With A Thousand Faces.* Bollingen Series 17. Princeton: Princeton University Press, 1988.

- *The Power of Myth.* New York: Doubleday, 1988; deutsch: *Die Kraft der Mythen: Bilder der Seele im Leben des Menschen.* Zürich/München: Artemis, 1989.

- (Hrsg.), *The Mystic Vision: Papers from the Eranos Yearbooks.* Bollingen Series 30, Bd. 6. Princeton: Princeton University Press, 1968.

Carotenuto, Aldo, *The Vertical Labyrinth: Individuation in Jungian Psychology.* Toronto: Inner City Books, 1985.

Cherfas, Jeremy/Gribbin, John, *The Redundant Male: Is Sex Irrelevant in the Modern World?* New York: Pantheon Books, 1984.

Cicchetti, Dante/Hesse, Petra (Hrsg.), *Emotional Development.* New Directions for Child Development Series, Bd. 16 (Juni 1982). Hrsg. von William Damon. San Francisco: Jossey-Bass, 1982.

Cleckley, Hervey, *The Mask of Sanity*. New York: New American Library, 1982.

Colman, Arthur/Colman, Libby, *The Father: Mythology and Changing Roles*. Wilmette, Ill.: Chiron, 1988.

Cook, Albert, *Language and Myth*. Bloomington: Indiana Univ. Press, 1980.

Cowan, Connell/Kinder, Melvyn, *Women Men Love, Women Men Leave: Why Men Are Drawn to Women and What Makes Them Want to Stay*. New York: Clarkson N. Potter, 1987.

Diagnostic and Statistic Manual of Mental Disorders. Washington, D. C.: APA, [3]1980.

Dieckmann, Ute; Bradway, Katherine; und Hill, Gareth, *Male and Female, Feminine and Masculine*. San Francisco: C. G. Jung Institute of San Francisco, 1974.

Dinnerstein, Dorothy, *The Mermaid and the Minotaur: Sexual Arrangements and Human Malaise*. New York: Harper & Row, 1976.

Dooling, A. M. (Hrsg.), *A Way of Working: The Spiritual Dimension of Craft*. New York: Parabola, 1986.

Dourley, John P., *The Illness That We Are: A Jungian Critique of Christianity*. Toronto: Inner City Books, 1984.

Downing, Christine, *The Goddess: Mythological Images of the Feminine*. New York: Crossroad, 1981.

Dubos, René, *A God Within*. New York: Charles Scribner's Sons, 1972.

Dunne, Edward J.; McIntosh, John L.; und Dunne-Maxim, Karen (Hrsg.), *Suicide and Its Aftermath: Understanding and Counseling the Survivors*. New York: W. W. Norton, 1987.

Eaton, S. Boyd; Shostake, Marjorie; und Konner, Melvin, *The Paleolithic Prescription: A Program of Diet and Exercise and a Design for Living*. New York: Harper & Row, 1988.

Edinger, Edward F., *Anatomy of the Psyche: Alchemical Symbolism in Psychotherapy*. LaSalle, Ill.: Open Court, 1985; deutsch: *Der Weg der Seele: der psychotherapeutische Prozeß im Spiegel der Alchemie*. München: Kösel, 1990.

– *The Christian Archetype: A Jungian Commentary on the Life of Christ*. Toronto: Inner City Books, 1987.

– *The Creation of Consciousness: Jung's Myth for Modern Man*. Toronto: Inner City Books, 1984; deutsch: *Schöpferisches Bewußtwerden: C. G. Jungs Mythos für den modernen Menschen*. München: Kösel, 1986.

– *Ego and Archetype*. New York: G. P. Putnam's, 1972.

– *Encounter with the Self: A Jungian Commentary on William Blake's Illustrations of the Book of Job*. Toronto: Inner City Books, 1986.

Eisler, Riane, *The Chalice and the Blade: Our History, Our Future*. San Francisco: Harper & Row, 1987; deutsch: *Von der Herrschaft zur Partnerschaft: weibliches und männliches Prinzip in der Geschichte*. München: Bertelsmann, 1989.

Eliade, Mircea, *Rites and Symbols of Initiation*. New York: Harper & Row, 1958.

– *Shamanism: Archaic Techniques of Ecstasy*. Bollingen Series 76. Princeton: Princeton University Press, 1972; deutsch: *Schamanismus und archaische Ekstasetechnik*. Frankfurt a.M.: Suhrkamp, 1975.

Eliot, T. S., *Four Quartets*. London: Faber and Faber, 1944; deutsch in: *Gesammelte Gedichte*. Frankfurt a.M.: Suhrkamp, 1988. Die vier Quartette wurden ins Deutsche übertragen von Nora Wydenbruck.

Erikson, Erik H., *Childhood and Society*. New York: Norton, [2]1963; deutsch: *Kindheit und Gesellschaft*. Stuttgart: Klett-Cotta, 1987.

Farrell, Warren, *Why Men Are the Way They Are*. New York: McGraw Hill, 1986.

Fausto-Sterling, Anne, *Myths of Gender: Biological Theories About Women and Men*. New York: Basic Books, 1985; deutsch: *Gefangene des Geschlechts? Was biologische Theorien über Mann und Frau sagen*. München u. a.: Piper, 1985.

Feinstein, David/Krippner, Stanley, *Personal Mythology: The Psychology of Our Evolving Self*. Los Angeles: Jeremy P. Tarcher, 1988; deutsch: *Persönliche Mythologie: die psychologische Entwicklung des Selbst*. Basel: Sphinx, 1987.

Feshbach, N./Feshbach, S., «Children's Aggression». In *The Young Child: Reviews of Research*, Bd. 2, hrsg. von W. W. Hartrup. Washington, D. C.: National Association for the Education of Young Children, 1972.

Fisher, Helen, *The Sex Contract: The Evolution of Human Behavior*. New York: Quill, 1983.

Fordham, Michael, *Explorations into the Self*. The Library of Analytical Psychology, Bd. 7, hrsg. von Michael Fordham u. a. Orlando, Flor.: Academic Press, 1985.

Forward, Susan/Torres, Joan, *Men Who Hate Women and the Women Who Love Them*. New York: Bantam Books, 1987.

Frank, Robert H., *Passions Within Reason: The Strategic Role of the Emotions*. New York/London: W. W. Norton, 1988.

Franz, Marie-Louise von, *Der Schatten und das Böse im Märchen*. München: Kösel, 1985.

– *Ausgewählte Schriften*. Zürich: Daimon, 1985.

Freud, Sigmund, «Die Traumdeutung», enthalten in Bd. II/III der *Gesammelten Werke*, Frankfurt a.M.: S. Fischer, [7]1987.

- «Totem und Tabu. Einige Übereinstimmungen im Seelenleben der Wilden und der Neurotiker», Bd. IX der *Gesammelten Werke*. Frankfurt a.M.: S. Fischer, ⁷1986.

Friedan, Betty, *The Feminine Mystique*. New York: W. W. Norton, 1963; deutsch: *Der Weiblichkeitswahn oder die Selbstbefreiung der Frau*. Reinbek: Rowohlt, 1966.

Friedman, Robert M./Lerner, Leila (Hrsg.), *Toward a New Psychology of Men: Psychoanalytic and Social Perspectives*. Sonderausgabe der *Psychoanalytic Review* 73, Nr. 4 (Winter 1986).

Friedman, Sonja, *Men Are Just Desserts*. New York: Warner Books, 1983; deutsch: *Such erst dich, dann deinen Mann*. München: Tomus, 1984.

Fromm, Erich, *The Anatomy of Human Destructiveness*. New York: Holt, Rinehart and Winston, 1973; deutsch: *Anatomie der menschlichen Destruktivität*. Stuttgart: Deutsche Verlags-Anstalt, 1974.

- *The Art of Loving*. New York: Harper, 1956; deutsch: *Die Kunst des Liebens*. Stuttgart: Deutsche Verlags-Anstalt, 1956; neue Übersetzung: Frankfurt a.M./Berlin/Wien: Ullstein, 1980.

- *Über die Liebe zum Leben*. Rundfunksendungen, hrsg. von H. J. Schulz. Stuttgart/München: Deutscher Bücherbund, 1985.

- *Sigmund Freud's Mission*. New York: Harper & Bros., 1959; deutsch: *Sigmund Freuds Sendung*. Frankfurt a.M.: Ullstein, 1967.

Furlong, Monica, *Merton: A Biography*. San Francisco: Harper & Row, 1980; deutsch: *Alles, was ein Mensch sucht: Thomas Merton, ein exemplarisches Leben*. Freiburg i.Br. u. a.: Herder, 1982.

Garfinkel, Perry, *In A Man's World: Father, Son, Brother, Friend and Other Roles Men Play*. New York: New American Library, 1985.

Gay, Peter, *Freud: A Life for Our Time*. New York: W. W. Norton, 1988; deutsch: *Freud – eine Biographie für unsere Zeit*. Frankfurt a.M.: S. Fischer, ²1989.

Gazzaniga, Michael S., *Mind Matters: How the Mind and Brain Interact to Create Our Conscious Lives*. Boston: Houghton Mifflin Co., 1988.

Gimbutas, Marija, *The Goddesses and Gods of Old Europe: Myths and Cult Images*. Berkeley und Los Angeles: University of California Press, 1982.

- *The Language of the Goddess*. San Francisco: Harper & Row, 1987.

Goldberg, Herb, *The Hazards of Being Male: Surviving the Myth of Masculine Privilege*. New York: American Library, 1977.

- *The Inner Male: Overcoming Roadblocks to Intimacy*. New York: New American Library, 1988.

- *The New Male: From Macho to Sensitive but Still All Male*. New York: New American Library, 1980; deutsch: *Man(n) bleibt Mann. Möglichkeiten und Grenzen der Veränderung*. Reinbek: Rowohlt, 1986.

Goldbrunner, Josef, *Individuation. Die Tiefenpsychologie von C. G. Jung.* Krailling b. München, 1949.

Groth, A. N., «The Incest Offender». In *Handbook of Clinical Intervention in Child Sexual Abuse,* hrsg. von S. M. Sgroi. Lexington, Mass.: Lexington Books, 1982.

Grotstein, James S., *Splitting and Projective Identification.* Northvale, N. J.: Jason Aronson, 1986.

Grun, Bernard, *The Timetables of History.* Basierend auf Werner Steins Kulturfahrplan. New York: Simon & Schuster, 1979.

Guggenbühl-Craig, Adolf, *Die Ehe ist tot – lang lebe die Ehe.* Zürich: Schweizer Spiegel-Verlag, 1981.

Guntrip, Harry, *Schizoid Phenomena, Object Relations and the Self.* New York: International Universities Press, 1969.

Hall, Nor, *The Moon and the Virgin: Reflections on the Archetypal Feminine.* New York: Harper & Row, 1980.

Hannah, Barbara, *Jung: His Life and Work: A Biographical Memoir.* New York: G. P. Putnam's Sons, 1976.

Harner, Michael, *The Way of the Shaman: A Guide to Power and Healing.* San Francisco: Harper & Row, 1980.

Henderson, Joseph L., *Thresholds of Initiation.* Middleton, Conn.: Wesleyan University Press, 1967.

Hesse, Hermann, *Der Steppenwolf.* Frankfurt a.M.: Suhrkamp, [17]1982.

– *Siddharta,* Frankfurt a.M.: Suhrkamp, 1962.

Hillman, James, *Anima: An Anatomy of a Personified Notion.* Dallas, Tex.: Spring Publications, 1985.

– *Emotion. A Comprehensive Phenomenology of Theories and their Meanings for Therapy.* London: Routledge and Kegan Paul, 1960.

– *Loose Ends: Schism, Betrayal, Longing, Masturbation, Abandonment and other Primary Papers in Archetypal Psychology.* Zürich: Spring Publications, 1975.

– *Suicide and the Soul.* New York: Harper & Row, 1964; deutsch: *Selbstmord und seelische Wandlung.* Zürich/Stuttgart: Rascher, 1966.

Hillman, James, und andere, *Puer papers.* Irving, Tex.: Spring Publications, 1979.

Hite, Shere, *The Hite Report on Male Sexuality.* New York: Ballantine Books, 1981; deutsch: *Hite-Report. Das sexuelle Erleben des Mannes.* München: Goldmann, 1986.

Hobson, Robert, *Forms of Feeling: The Heart of Psychotherapy.* London/ New York: Tavistock Publications, 1985.

Hochheimer, Wolfgang, *Die Psychotherapie von C. G. Jung.* Bern/Stuttgart: H. Huber, 1966.

Hoffman, Edward, *The Way of Splendor: Jewish Mysticism and Modern Psychology*. Boulder/London: Shambala Publications, 1981.

Holinger, Paul C., *Violent Deaths in the United States: An Epidemiologic Study of Suicide, Homicide and Accidents*. New York: Guilford Press, 1987.

Hopcke, Robert H., *A Guided Tour of the Collected Works of C. G. Jung*. Boston/Shaftesbury: Shambala Publications, 1989.

Hope, Murray, *The Psychology of Ritual*. Longmead: Element Books, 1988.

Hotaling, G. T./Sugarman, D. B., «An Analysis of Risk Markers in Husband to Wife Violence: The current state of Knowledge». In *Violence and Victims* 1, Nr. 2 (1986): 101–124.

Isay, Richard A., *Being Homosexual: Gay Men and Their Development*. New York: Farrar, Straus, Giroux, 1989.

Jackson, John G., *Man, God and Civilization*. Secaucus, N. J.: Citadel Press, 1972.

Jacobi, Jolande, *Der Weg zur Individuation*. Olten u. a.: Walter ²1971.

Jacoby, Mario, *Psychotherapeuten sind auch Menschen: Übertragung und menschliche Beziehung in der Jungschen Praxis*. Olten u. a.: Walter, 1987.

– *Individuation und Narzißmus: Psychologie des Selbst bei C. G. Jung und H. Kohut*. München: Pfeiffer, 1985.

James, John, *Why Evil? A Biblical Approach*. Baltimore: Penguin Books, 1960.

Johnson, Robert A., *Femininity Lost and Regained*. New York: Harper & Row, 1990.

– *He: Understanding Mascule Psychology*. New York: Harper & Row, 1977.

– *She: Understanding Female Psychology*. New York: Harper & Row, 1977; deutsch sind die beiden letztgenannten Titel enthalten in: *Der Mann. Die Frau: Auf dem Weg zu ihrem Selbst*. München: Droemer Knaur, 1987.

– *We: Understanding the Psychology of Romantic Love*. San Francisco: Harper & Row, 1983; deutsch: *Traumvorstellung Liebe: der Irrtum des Abendlandes*. Olten u. a.: Walter, ²1986.

Jones, Ernest, *The Life and Work of Sigmund Freud*. New York: Basic Books, 1953; deutsch: *Das Leben und Werk von Sigmund Freud*. 3 Bde. Bern/Stuttgart: H. Huber, 1960.

Jung, Carl Gustav, «Studien über alchemistische Vorstellungen», *Gesammelte Werke*, Bd. 13, Olten u. a.: Walter, 1978.

– «Die Archetypen und das kollektive Unbewußte», *Gesammelte Werke*, Bd. 9/I, Olten u. a.: Walter, 1976.

– «Mysterium Coniunctionis», *Gesammelte Werke*, Bd. 14, Olten u. a.: Walter, 1968.

– «Psychologische Typen», *Gesammelte Werke*, Bd. 6, Olten u. a.: Walter, 1960.

- «Psychologie und Alchemie», *Gesammelte Werke*, Bd. 12, Olten u. a.: Walter, 1972.
- «Zur Psychologie westlicher und östlicher Religionen», *Gesammelte Werke*, Bd. 11, Olten u. a.: Walter, 1963.
- «Die Dynamik des Unbewußten», *Gesammelte Werke*, Bd. 8, Olten u. a.: Walter, 1967.
- «Symbole der Wandlung», *Gesammelte Werke*, Bd. 5, Olten u. a.: Walter, 1973.
- «Aion», *Gesammelte Werke*, Bd. 9/II, Olten u. a.: Walter, 1976.

C. G. Jung, *Erinnerungen, Träume, Gedanken*, aufgezeichnet und herausgegeben von Aniela Jaffé, Zürich/Stuttgart: Rascher, 1963.

Kaplan, Helen Singer, *Disorders of Sexual Desire and Other New Concepts and Techniques in Sex Therapy*. New York: Brunner/Mazel, 1979.

Kast, Verena, *Paare: Beziehungsphantasien oder wie Götter sich in Menschen spiegeln*. Stuttgart: Krenz, ³1985.

Katz, Jack, *Seductions of Crime: Moral and Sensual Attractions in Doing Evil*. New York: Basic Books, 1988.

Kazantzakis, Nikos, *The Saviors of God: Spiritual Exercises*. New York: Simon and Schuster, 1960.

Kelsey, Morton, *Healing and Christianity*. New York: Harper & Row, 1973.

Kelsey, Morton/Kelsey, Barbara, *Sacrament of Sexuality: The Spirituality and Psychology of Sex*. Warwick, N. Y.: Amity House, 1986.

Kerényi, Karl, *Die Mythologie der Griechen*. München: Deutscher Taschenbuch Verlag, 1984.

Kerényi, Karl; Wildgren, Geo; Maag, Victor; Franz, Marie-Louise von; Schlappner, Martin, Frey-Rohn, Liliane; Lowith, Karl; und Schmid, Karl, *Das Böse*. Herausgegeben vom Kuratorium des C. G. Jung-Instituts (Studien aus dem C. G. Jung-Institut XIII), Zürich 1961.

Key, Mary Ritchie, *Male-Female Language*. New Jersey: The Scarecrow Press, 1975.

Keyes, Margaret Frings, *Inward Journey: Art as Therapy*. La Salle/London: Open Court, 1983.

Klama, John, *Aggression: The Myth of the Beast Within*. New York: John Wiley & Sons, 1988.

Kluger, Rivkah Scharf, *Satan in the Old Testament*. Evanston, Ill.: Northwestern University Press, 1967.

Knapp, Bettina L., *A Jungian Approach to Literature*. Carbondale: Southern Illinois University Press, 1984.

Koltuv, Barbara Black, *The Book of Lilith*. York Beach, Me.: Nicolas-Hays, 1986.

Kroeger, Otto/Thuesen, Janet, *Typetalk*. New York: Delacorte press, 1988.

Lamb, Michael E., *The Role of the Father in Child Development*. New York: John Wiley & Sons, ²1981.

- (Hrsg.), *The Father's Role: Applied Perspectives*. New York: John Wiley & Sons, 1986.

Lawrence, Nathaniel/O'Connor, Daniel (Hrsg.), *Readings in Existential Phenomenology*. Englewood Cliffs, N. J.: Prentice-Hall, 1967.

Layard, John, «Homo-eroticism in Primitive Society as a Function of the Self». *Journal of Analytical Psychology*, 4 (1959): 101–115.

Lee, John H., *The Flying Boy: Healing the Wounded Man*. Deerfield Beach, Fl.: Communications, 1987.

LeGuin, Ursula, *A Wizard of Earthsea*. New York: Bantam Books, 1975; deutsch: *Erdsee*. München: Heyne, 1986.

Leonard, Linda Schierse, *Wounded Woman: Healing the Father-Daughter-Relationship*. Boulder/London: Shambala Publications, 1983.

Levinson, Daniel J., *The Seasons of a Man's Life*. New York: Ballantine Books, 1978.

Lewin, Roger, *Human Evolution: An Illustrated Introduction*. New York: W. H. Freeman and Co., 1984.

Macdonald, Gordon, *The Effective Father*. Wheaton, Ill.: Tyndale House, 1977.

Macfarlane, Kee/Waterman, Jill, *Sexual Abuse of Young Children*. New York: The Guilford Press, 1986.

McGill, Michael E., *The McGill Report on Male Intimacy*. New York: Harper & Row, 1986.

Mahdi, Louise Carcus; Foster, Steven; und Little, Meredith (Hrsg.), *Betwixt and Between: Patterns of Masculine and Feminine Initiation*. LaSalle, Ill.: Open Court, 1987.

Marone, Nicky, *How to Father a Successful Daughter*. New York: McGraw Hill, 1988.

Masson, Jeffrey, *The Assault on Truth*. New York: Penguin Books, 1984; deutsch: *Was hat man dir, du armes Kind, getan? Sigmund Freuds Unterdrückung der Verführungstheorie*. Reinbek: Rowohlt, 1984.

Mather, John M./Briggs, Dennie (Hrsg.), *An Open Life: Joseph Campbell in Conversation with Michael Toms*. Burden, N. Y.: Larson Publications, 1988.

Meyer, C. A., *Persönlichkeit: der Individuationsprozeß im Lichte der Typologie C. G. Jungs*. Olten u. a.: Walter, 1986.

Merton, Thomas, *Zen and the Birds of Appetite*. New York: New Directions, 1968.

Michaels, Leonard, *The Men's Club*. New York: Avon Books, 1978.

Michelet, Jules, *Die Hexe*. München: Rogner & Bernhard, 1974.

Miller, Alice, *Das Drama des begabten Kindes und die Suche nach dem wahren Selbst*. Frankfurt a. M.: Suhrkamp, 1981.
- *Du sollst nicht merken. Variationen über das Paradies-Thema*. Frankfurt a.M.: Suhrkamp, 1981.
- *Das verbannte Wissen*. Frankfurt a.M.: Suhrkamp, ³1988.
Miller, Arthur, *Death of a Salesman: Certain Private Conversations in Two Acts and a Requiem*. New York: Penguin Books, 1976; deutsch: *Tod eines Handlungsreisenden. Gewisse Privatgespräche in zwei Akten und einem Requiem*. Frankfurt a.M.: S. Fischer, 1986.
Miller, Stuart, *Men and Friendship*. San Leonardo, Cal.: Gateway Books, 1983; deutsch: *Männerfreundschaft*. München: Knaur-TB, o. J.
Money, John, *Gay, Straight and In-Between: The Sexology of Erotic Orientation*. Oxford/New York: Oxford University Press, 1988.
Monick, Eugene, *Phallos: Sacred Image of the Masculine*. Toronto: Inner City Books, 1987; deutsch: *Die Wurzeln der Männlichkeit. Der Phallus in Psychologie und Mythologie*. München: Kösel, 1990.
Moore, Robert L. (Hrsg.), *Carl Jung and Christian Spirituality*. New York: Paulist Press, 1988.

Neumann, Erich, *Amor und Psyche. Eine tiefenpsychologische Deutung mit dem Text des Märchens von Apuleius*. Olten u. a.: Walter, ⁶1988.
- *Kunst und schöpferisches Unbewußtes*. Einsiedeln: Daimon ²1980.
- *Die Große Mutter. Eine Phänomenologie der weiblichen Gestaltung des Unbewußten*. Olten u. a.: Walter, ⁹1989.
- *Ursprungsgeschichte des Bewußtseins*. München: Kindler, 1968.

O'Flaherty, Wendy Doniger, *The Origins of Evil in Hindu Mythology*. Berkeley: University of California Press, 1967.
Olsen, Carl (Hrsg.), *The Book of the Goddess Past and Present*. New York: Crossroad, 1983.
Ornstein, Robert, *Multimind: A New Way of Looking at Human Behavior*. Boston: Houghton Mifflin Co., 1986; deutsch: *Multimind. Wie die neue Hirnforschung unser Verhalten erklärt*. Paderborn: Junfermann, 1988.
- *The Psychology of Consciousness*. New York: Harcourt Brace Jovanovich, ²1977.
Ornstein, Robert/Ehrlich, Paul, *New World New Mind: Moving toward Conscious Evolution*. New York: Doubleday, 1989.
Osherson, Samuel, *Finding Our Fathers: How a Man's Life Is Shaped by His Relationship with His Father*. New York: Fawcett Columbine, 1986.

Parke, Ross D., *Fathers*. Cambridge, Mass.: Harvard University Press, 1981.
Peck, M. Scott, *The Road Less Travelled: A New Psychology of Love, Tradi-

tional Values and Spiritual Growth. New York: Simon and Schuster, 1978; deutsch: *Der wunderbare Weg. Eine neue Psychologie der Liebe und des spirituellen Wachstums.* München: Bertelsmann, 1986.

Peck, Robert Newton, *A Day No Pigs Could Die.* New York: Dell, 1972.

Pedersen, Frank, u. a., «Parent-Infant and Husband-Wife-Interactions Observed at Five Months». In *The Father Infant Relationship,* hrsg. von Frank A. Pedersen. New York: Praeger, 1980.

Penney, Alexandra, *How to Make Love to a Man.* New York: Dell, 1982.

Pelletier, Kenneth R., *Toward a Science of Consciousness.* New York: Dell, 1978.

Pelletier, Kenneth R./Garfield, Charles, *Consciousness: East and West.* San Francisco: Harper Colophon Books, 1976.

Perry, John Weit, *Lord of the Four Quarters: Myths of the Royal Father.* New York: Collier Books, 1970.

Pleck, Joseph H./Sawyer, Jack (Hrsg.), *Men and Masculinity.* Englewood Cliffs, N. J.: Prentice-Hall, 1974.

Ponce, Charles, *Papers Toward a Radical Alchemy: Metaphysics.* Berkeley: North Atlantic Books, 1983.

Post, Laurens van der, *Jung and the Story of Our Time.* New York: Pantheon Books, 1975.

Pruett, Kyle D., *The Nurturing Father: Journey Toward the Complete Man.* New York: Warner Books, 1987.

Puryear, Herbert B., *Sex and the Spiritual Path.* Virginia Beach, Va.: A.R.E. Press, 1980.

Qualls-Corbett, Nancy, *The Sacred Prostitute: Eternal Aspects of the Feminine.* Toronto: Inner City Books, 1988.

Rank, Otto, *Der Mythus von der Geburt des Helden.* Wien/Leipzig: 1909.

Redfearn, Joseph W.T., *My Self, My Many Selves.* Library of Analytical Psychology, Bd. 6., hrsg. von Michael Fordham, Rosemary Gordon, Judith Hubback und Kenneth Lambert. Orlando, Fl.: Academic Press, 1985.

Restak, Richard M., *The Mind.* New York: Bantam Books, 1958.

Roberts, Bernadette, *The Experience of No-Self: A Contemplative Journey.* Boston/London: Shambala Publications, 1984.

– *The Path to No-Self: Life at the Center.* Boston/London: Shambala Publications, 1985.

Rown, John, *The Horned God. Feminism and Men as Wounding and Healing.* London/New York: Routledge and Kegan Paul, 1987.

Rubin, Jerry/Leonard, Mimi, *The War Between the Sheets: What's Happening with Men in Bed and What Women and Men are Doing About It.* New York/Mahwah: Richard Marek Publishers, 1980.

Rubin, Lilian B., *Intimate Strangers: Men and Women Together*. New York: Harper Colophon Books, 1984.

Rubin, Theodore Isaac, *Understanding Your Man: A Women's Guide*. New York: Ballantine Books, 1977; deutsch: *Gegeneinander – miteinander: Beziehungsmuster analysieren und Partnerschaften aufbauen*. Landsberg am Lech: mgv, 1988.

Ruse, Michael, *Homosexuality. A Philosophical Inquiry*. Oxford/New York: Basil Blackwell, 1988.

Saggs, H. W. F., *Civilisation Before Greece and Rome*. New Haven/London: Yale University Press, 1989.

Samuels, Andrew, *Jung and the Post-Jungians*. London: Routledge and Kegan Paul, 1985.

– (Hrsg.), *The Father: Contemporary Jungian Perspectives*. New York: New York University Press, 1986.

Sanford, John A., *The Strange Trial of Mr. Hyde: A New Look at the Nature of Human Evil*. San Francisco: Harper & Row, 1987.

Sanford, John A./Lough, George, *What Men Are Like: The Psychology of Men for Men and the Women Who Live with Them*. New York/Mahwah: Paulist Press, 1988.

Sanford, Nevitt/Comstock, Craig, *Sanctions for Evil: Sources of Social Destructiveness*. San Francisco, Calif.: Jossey-Bass, 1971.

Schmookler, Andrew Bart, *Out of Weakness: Healing the Wounds That Drive Us to War*. New York: Bantam Books, 1988.

Schwartz-Salant, Nathan, *Narcissism and Character Transformation: The Psychology of Narcissistic Disorders*. Toronto: Inner City Books, 1982.

Seligmann, Kurt, *Das Weltreich der Magie*. Stuttgart: DVA, 1958.

Sheldrake, Rupert, *A New Science of Life: The Hypothesis of Formative Causation*. Los Angeles: J. P. Tarcher, 1981; deutsch: *Das schöpferische Universum: die Theorie des morphogenetischen Feldes*. München: Meyster, 1983.

– *The Presence of the Past: Morphic Resonance and the Habits of Nature*. New York: Times Books, 1988; deutsch: *Das Gedächtnis der Natur: das Geheimnis der Entstehung der Formen in der Natur*. Bern/München/Wien: Scherz, 1988.

Shengold, Leonard, *Halo in the Sky: Observations on Anality and Defense*. New York: Guilford Press, 1988.

Shneidman, Edwin, *Definition of Suicide*. New York: John Wiley & Sons, 1985.

Sjoo, Monica/Mor, Barbara, *The Great Cosmic Mother: Rediscovering the Religion of the Earth*. San Francisco: Harper & Row, 1987.

Skinner, B. F., *Beyond Freedom and Dignity*. New York: Knopf, 1971; deutsch: *Jenseits von Freiheit und Würde*. Reinbek: Rowohlt, 1973.

Smith, Homer W., *Man and His Gods*. Boston: Little, Brown and Co., 1952.

Spiro, Melford E., *Culture and Human Nature: The Theoretical Papers of Melford E. Spiro*. Hrsg. von Benjamin Kilbourne und L. I. Langness. Chicago/London: University of Chicago Press, 1987.

Stein, Murray, *In Midlife*. Dallas, Tex.: Spring Publications, 1983.

– «The Devouring Father.» In *Fathers & Mothers: Five Papers on the Archetypal Background of Family Psychology* von Augusto Vitale u. a. Zürich: Spring Publications, 1973.

Stein, Robert, *Incest and Human Love*. Dallas, Tex.: Spring Publ., 1973.

Sternberg, Robert/Barnes, Michael L., (Hrsg.), *The Psychology of Love*. New Haven/London: Yale University Press, 1988.

Stevens, Anthony, *The Roots of War: A Jungian Perspective*. New York: Paragon House, 1989.

Storr, Anthony, *Solitude: A Return to the Self*. New York: Free Press, 1988.

Stone, Merlin, *When God Was a Woman*. San Diego: Harcourt Brace Jovanovich, 1976; deutsch: *Als Gott eine Frau war: die Geschichte der Ur-Religionen unserer Kulturen*. München: Goldmann, 1989.

Strauss, M.; Gelles, R. J.; und Steinmetz, S. K., *Behind Closed Doors*. Garden City, N. Y.: Doubleday Anchor Press, 1980.

Strongman, Ken T., *The Psychology of Emotion*. New York: John Wiley and Sons, [3]1987.

Te Paske, Bradley A., *Rape and Ritual: A Psychological Study*. Toronto: Inner City Books, 1982.

Tiger, Lionel, *Men in Groups*. New York: Random House, 1969.

Tripp, C. A., *The Homosexual Matrix*. New York: McGraw-Hill, 1975.

US. Department of Justice, Bureau of Statistics, *Report to the Nation on Crime and Justice*. 2. Aufl. März 1988.

Wagenvoord, James/Bailey, Peyton, *Men: A Book for Women*. New York: Avon Books, 1978.

Watzlawick, Paul, *Wie wirklich ist die Wirklichkeit? Wahn, Täuschung, Verstehen*. München: Piper, 1981.

Wehr, Demaris S., *Jung and Feminism: Liberating Archetypes*. Boston: Beacon Press, 1987.

Welch, John, *Spiritual Pilgrims: Carl Jung and Teresa of Avila*. New York/Ramsey: Paulist Press, 1982.

Westman, Heinz, *The Springs of Creativity: The Bible of the Creative Process of the Psyche*. Wilmette, Ill.: Chiron, 1986.

Whitmont, Edward C., *Return of the Goddess*. New York: Crossroad, 1984.

– *The Symbolic Quest. Basic Concepts of Analytical Psychology*. New York: Harper Colophon Books, 1973.

Wickes, Frances G., *The Inner World of Childhood*. New York: New American Library, rev. Aufl. 1968; deutsch: *Analyse der Kinderseele*. Stuttgart: Rascher, 1969.

Wilber, Ken, *Up From Eden: A Transpersonal View of Human Revolution*. Boston: Shambala Publications, 1986; deutsch: *Halbzeit der Evolution. Der Mensch auf dem Weg vom animalischen zum kosmischen Bewußtsein*. Bern/München/Wien: Scherz, 1987.

Willeford, William, *Feeling, Imagination and the Self: Transformations of the Mother-Infant Relationship*. Evanston, Ill.: Northwestern University Press, 1987.

Wilmer, Harry A., *Practical Jung: Nuts and Bolts of Jungian Psychotherapy*. Wilmette, Ill.: Chiron, 1987.

Wilson, Edward, *On Human Nature*. Cambridge: Harvard University Press, 1978; deutsch: *Biologie als Schicksal. Die soziobiologischen Grundlagen menschlichen Verhaltens*. Frankfurt a.M.: Ullstein, 1980.

– *Sociobiology: The New Synthesis*. Cambridge: Harvard University Press, 1975.

Wilson, James Q./Herrnstein, Richard J., *Crime and Human Nature: The Definitive Study of the Causes of Crime*. New York: Simon and Schuster, 1986.

Wolman, Benjamin B./Ullman, Montague (Hrsg.), *Handbook of States of Consciousness*. New York: Van Nostrand Reinhold Co., 1986.

Woolger, Jennifer Barker/Woolger, Roger J., *The Goddess Within: A Guide to the Eternal Myths That Shape Women's Lives*. New York: Fawcett Columbine, 1989.

Wyly, James, *The Phallic Quest: Priapus and Masculine Inflation*. Toronto: Inner City Books, 1989.

Yablonsky, Lewis, *Fathers and Sons: Life Stages in One of the Most Challenging of All Family Relationships*. New York: Simon and Schuster, 1982.

Young-Bruehl, Elisabeth, *Anna Freud: A Biography*. New York: Summit Books, 1988.

Young-Eisendrath, Polly/Hall, James A. (Hrsg.), *The Book of the Self: Person, Pretext, and Process*. New York/London: New York University Press, 1987.

Personen- und Sachregister

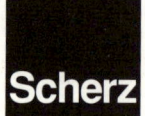